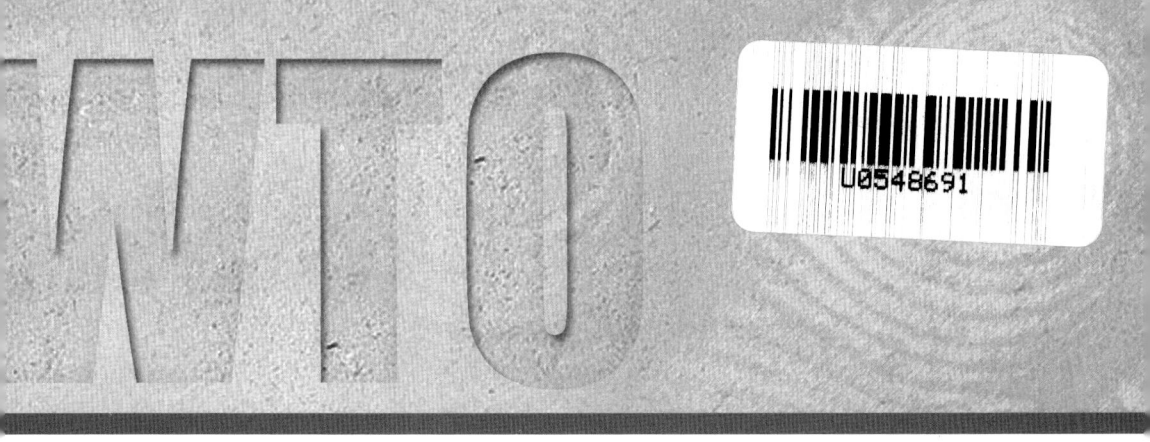

庆祝世界贸易组织成立二十周年
中国法学会世界贸易组织法研究会　组织编写

WTO法与中国研究丛书
孙琬钟　总主编

WTO《SPS协定》与我国农产品应对SPS措施对策研究

师　华　徐佳蓉◎著

知识产权出版社
全国百佳图书出版单位

图书在版编目(CIP)数据

WTO《SPS协定》与我国农产品应对SPS措施对策研究/师华,徐佳蓉著.—北京:知识产权出版社,2015.1
(WTO法与中国研究丛书/孙琬钟总主编)
ISBN 978-7-5130-3178-3

Ⅰ.①W… Ⅱ.①师… ②徐… Ⅲ.①世界贸易组织—贸易协定—影响—农产品—国际贸易—研究—中国 Ⅳ.①F752.652 ②F744

中国版本图书馆CIP数据核字(2014)第280753号

内容提要

在世界贸易组织的法律框架下,《实施卫生与植物卫生措施协定》(《SPS协定》)和农产品贸易息息相关,由《SPS协定》所产生的"卫生与植物卫生措施"(SPS措施)与国际贸易之间具有特殊的联动影响——既相互抑制又相互促进,这使得SPS措施从最初的保护人类和动植物的生命或健康的措施渐渐演变成为各国政府普遍倾向于采用的技术性贸易壁垒。

本书研究了《SPS协定》与SPS措施的理论问题,重点研究了《SPS协定》的"等效"条款、"风险评估"条款、"适用地区"条款和《SPS协定》对非政府机构的规制以及SPS领域私人标准的规制问题。通过具体分析我国水产品、肉产品和茶叶产品出口遭遇SPS措施的现状,提出了这些农产品应对SPS措施的建议和对策,同时结合形势,分析了上海自贸区检验检疫的改革新政。

责任编辑:宋 云　　　　　　责任校对:董志英
封面设计:张 冀　　　　　　责任出版:刘译文

WTO《SPS协定》与我国农产品应对SPS措施对策研究

师　华　徐佳蓉　著

出版发行:知识产权出版社有限责任公司		网　址:http://www.ipph.cn	
社　址:北京市海淀区马甸南村1号		邮　编:100088	
责编电话:010-82000860转8388		责编邮箱:songyun@cnipr.com	
发行电话:82000860转8101/8102		发行传真:010-82000893/82005070/82000270	
印　刷:三河市国英印务有限公司		经　销:各大网上书店、新华书店及相关专业书店	
开　本:787mm×1092mm　1/16		印　张:14.75	
版　次:2015年1月第1版		印　次:2015年1月第1次印刷	
字　数:254千字		定　价:45.00元	

ISBN 978-7-5130-3178-3

出版权专有　侵权必究
如有印装质量问题,本社负责调换。

《WTO 法与中国研究丛书》编委会

主　编：孙琬钟

副主编：张玉卿　王传丽

编　委：于　安　杨国华　朱榄叶　李顺德

　　　　曾令良　余敏友　张乃根　屈广清

　　　　孔庆江　左海聪　石静霞　王正明

　　　　赵学清　韩立余　史晓丽　吕晓杰

总　序

2015年1月1日是世界贸易组织（WTO）成立20周年的日子，这是一个值得庆贺的时刻。

20年来，世界贸易组织取得了举世瞩目的成就。虽然多哈回合谈判举步维艰，但是，2013年底达成的"巴厘岛一揽子协议"使我们再次看到了多边贸易体制的曙光。WTO不仅是制定自由贸易规则的平台，更是解决贸易争端的平台。成立20年来，WTO受理了将近500件贸易争端，为世界贸易的平稳发展做出了重大贡献。尽管世界贸易组织谈判中也存在强权政治和大国利益，但在争端解决程序中，任何利益的实现都要以对规则进行合理解释为基础，这是法治社会的重要表征。毋庸置疑，WTO是成功的，它推动了世界经济的发展，也为世界的和平与进步发挥了积极作用。

2001年12月11日，中国加入世界贸易组织，成为现已拥有160个成员的世界贸易组织大家庭的一分子。13年来，中国的改革开放不断深入，经济突飞猛进，社会不断进步，法制日趋完善，这与我国突破西方世界的壁垒加入到世界经济贸易的大市场是分不开的。实践充分证明，我国政府加入世界贸易组织的战略决策是英明和正确的。

13年前，正当我国即将加入世界贸易组织之际，中国法学会审时度势，向中央提出报告，经朱镕基、胡锦涛、李岚清、罗干、吴仪等领导同志的同意，成立了"中国法学会世界贸易组织法研究会"。研究会的成立，为从事世界贸易组织法研究的专家学者提供了施展才能的平台，大大促进了我国对世界贸易组织法的深入研究，扩大了世界贸易组织法的影响。随着我国经济的发展以及对世界经济贸易的深入参与，世界贸易组织法在我国逐步发展成为一个具有完整理论框架和丰富案例资源的独立法学学科，中国法学会世界贸易组织法研究会也逐步发展成为我国WTO法律事务的智囊和人才库。

  为了庆祝世界贸易组织成立20周年，中国法学会世界贸易组织法研究会将我国WTO专家学者的近期研究成果编辑成册，出版了这套《WTO法与中国研究丛书》。尽管这套丛书仅仅展示了我国WTO法研究的一个侧面，但是，我们希望这套丛书能够为有志于WTO法研究的读者们提供有价值的参考和借鉴。

  最后，我们要向为这套丛书提供出版机会的知识产权出版社表示深切的敬意！向为这套丛书的编写工作付出辛勤劳动的专家学者表示诚挚的谢意！

中国法学会世界贸易组织法研究会

2014年11月5日

目 录 CONTENTS

第一章 引 言 /1/
第一节 选题背景及研究方向 /1/
一、选题背景 /1/
二、研究方向 /2/
第二节 研究内容与意义 /3/
一、研究内容 /3/
二、研究意义 /6/
第三节 国内外研究现状 /6/
一、国外研究综述 /7/
二、国内研究综述 /8/
第四节 研究方法与创新点 /9/
一、研究方法 /9/
二、创新之处 /9/

第二章 《SPS协定》的理论研究 /10/
第一节 《SPS协定》的历史沿革 /10/
一、《SPS协定》产生的背景 /10/
二、《SPS协定》的理论基础 /11/
第二节 《SPS协定》的法律地位 /27/
一、《SPS协定》与WTO的关系 /27/
二、《SPS协定》与GATT 1994的关系 /27/

三、《SPS 协定》与《TBT 协定》 /29/
四、《SPS 协定》与 SPS 措施 /30/
第三节 《SPS 协定》对非政府机构规制的探究 /37/
一、《SPS 协定》对非政府机构的规制 /38/
二、《SPS 协定》对非政府机构规制的本质 /41/
三、《SPS 协定》对非政府机构规制的启示 /44/
第四节 SPS 领域私人标准规制问题研究 /46/
一、SPS 领域私人标准的产生和发展 /47/
二、对 SPS 领域私人标准的规制和完善 /51/
三、中国应对私人标准的实践和对策 /55/

第三章 WTO 主要成员方 SPS 管理体制研究 /59/

第一节 美国 SPS 管理体制 /59/
一、美国 SPS 相关机构及工作 /59/
二、美国 SPS 管理体系的特点 /64/
第二节 加拿大 SPS 管理体制 /66/
一、加拿大 SPS 管理体系 /66/
二、加拿大动植物产品质量监管体系 /68/
三、加拿大疫情监测和快速反应体系 /70/
第三节 欧盟 SPS 管理体制 /71/
一、欧盟新食品卫生法规变化情况 /72/
二、欧盟食品安全管理政策 /72/
三、欧盟食品安全管理机构 /75/
四、欧盟食品安全的全过程管理体系 /76/
五、欧盟食物消费安全管理模式 /77/
第四节 日本 SPS 法律体制 /79/
一、日本动植物法律法规概述 /79/
二、日本动物卫生法律体系 /79/
三、日本出入境检验检疫法律 /80/
第五节 印度 SPS 管理体制 /81/
一、印度充分利用发展中国家的身份 /81/

二、印度国内农业支持政策　　/83/
第四章　我国农产品出口现状研究　　/85/
　第一节　我国农产品出口遭遇的 SPS 措施　　/85/
　　一、我国农产品出口相关的 SPS 通报与 SPS 特别贸易关注　　/85/
　　二、我国出口农产品被扣留/召回情况　　/90/
　　三、SPS 措施对我国农产品出口企业的影响　　/91/
　　四、我国农产品出口遭遇 SPS 措施案例研究　　/92/
　第二节　我国农产品出口检验检疫制度现状　　/100/
　　一、农产品出口检验检疫历史回顾　　/100/
　　二、我国农产品卫生标准现状　　/101/
　　三、我国农产品出口检验检疫法律规定　　/101/
　　四、我国农产品出口检验检疫制度与《SPS 协定》相比存在的问题　　/102/
　第三节　我国农产品出口检验检疫制度改革建议　　/108/
　　一、协调统一立法和执法　　/108/
　　二、缩小与国际标准的差距　　/108/
　　三、建立科学支撑体系和风险评估机制　　/110/
　　四、积极参与和应对 SPS 通报评议　　/111/
第五章　以水产品为例研究我国农产品出口应对 SPS 措施的对策　　/112/
　第一节　中国水产品贸易现状分析　　/113/
　　一、水产品贸易增长较快且持续顺差　　/114/
　　二、水产品出口以深加工产品为主　　/114/
　　三、日本、美国、欧盟、韩国等为水产品出口的主要市场　　/114/
　第二节　SPS 措施对中国水产品出口贸易的影响　　/115/
　　一、控制标准提升抬高市场门槛,导致各国对农兽药和生物性
　　　病菌的控制标准不同　　/116/
　　二、检测认证项目增多推高了遵从成本,导致利润下滑和企业退出　　/118/
　　三、SPS 措施的扩散放大,导致持续大范围的贸易限制或贸易禁止　　/119/
　第三节　我国水产品出口遭受 SPS 措施的原因分析　　/121/
　　一、渔业市场主体脆弱,水产品质量安全水平与发达国家存在
　　　一定差距　　/121/

二、出口水产品的产品结构与市场结构不尽合理　　/122/
　　三、国内技术法规、标准体系不健全,检测检验手段落后　　/122/
　　四、我国水产品质量安全技术体系不够完善　　/122/
第四节　我国水产品应对SPS措施的对策思考　　/123/
　　一、完善法律法规体系,制定和实施渔业标准化战略　　/123/
　　二、针对重点水产品出口目的地国建立预警、跟踪和评估体系　　/123/
　　三、实施HACCAP管理体系,增强水产品企业突破技术
　　　　贸易壁垒的能力　　/124/

第六章　以肉产品为例研究我国农产品出口应对SPS措施的对策　　/126/
第一节　我国肉产品出口现状分析　　/126/
　　一、全球市场贸易状况　　/126/
　　二、中国肉产品出口现状　　/127/
　　三、中国肉产品出口主要竞争对手的状况　　/131/
第二节　中国肉产品生产经营现状　　/132/
　　一、中国肉产品的行业现状　　/132/
　　二、肉产品企业的经营现状　　/134/
第三节　中国对肉产品的管理现状　　/135/
　　一、中国肉产品贸易体制现状　　/135/
　　二、中国肉产品的质量管理现状　　/136/
　　三、肉产品的卫生检验检疫现状　　/137/
第四节　《SPS协定》对中国肉产品出口的影响　　/138/
　　一、《SPS协定》对中国肉产品出口的正面影响　　/139/
　　二、《SPS协定》对中国肉产品出口的负面影响　　/144/
第五节　中国肉产品出口应对SPS措施的对策　　/149/
　　一、充分、有效应用《SPS协定》　　/149/
　　二、建立完善的SPS管理体制　　/151/
　　三、促进中国畜牧业产业升级　　/153/

第七章　以茶叶为例研究我国农产品出口应对SPS措施的对策　　/156/
第一节　我国茶叶出口现状　　/156/
　　一、我国茶叶的市场现状　　/156/

二、我国茶叶出口的问题分析　　/160/
　　三、SPS措施对我国茶叶出口的影响　　/162/
第二节　美日欧针对我国茶叶出口的SPS措施分析　　/164/
　　一、美国市场针对我国茶叶出口的SPS措施　　/164/
　　二、日本市场针对我国茶叶出口的SPS措施　　/165/
　　三、欧盟市场针对我国茶叶出口的SPS措施　　/168/
　　四、中国茶叶出口频受SPS措施制约的原因分析　　/171/
第三节　我国茶叶出口应对SPS措施的对策建议　　/175/
　　一、"适当"——利用《SPS协定》的等效条款　　/175/
　　二、"适时"——开展风险评估　　/177/
　　三、"适地"——划分病虫害非疫区和低度流行区　　/178/

第八章　上海自贸区检验检疫负面清单制度与《SPS协定》相关制度比较研究　　/180/

第一节　《SPS协定》第8条及附件C的分析　　/180/
　　一、审批期限　　/181/
　　二、相关信息要求　　/182/
　　三、样品及规格　　/182/
　　四、费用要求　　/182/
　　五、投诉程序　　/183/
　　六、其他要求　　/183/
第二节　上海自贸区检验检疫负面清单制度分析　　/184/
　　一、上海自贸区检验检疫负面清单制度　　/184/
　　二、上海自贸区检验检疫负面清单制度的法律位阶　　/184/
　　三、上海自贸区检验检疫负面清单制度与上位法律规范的关系　　/185/
　　四、上海自贸区检验检疫负面清单制度中附件12的分析　　/186/
第三节　以《SPS协定》规则分析上海自贸区检验检疫制度细则　　/187/
　　一、自贸区检验检疫制度符合《SPS协定》价值目标　　/187/
　　二、自贸区检验检疫行政相对人及提交材料的规定具备合理性　　/188/
　　三、自贸区检验检疫产品的规定存在违背《SPS协定》的隐患　　/189/
　　四、自贸区检验检疫流程的考量　　/190/

附录1 WTO《实施卫生与植物卫生措施(SPS)协定》及其附件实施动植物检疫措施协定(《SPS协定》) /193/

附录2 质检总局关于支持中国(上海)自由贸易试验区建设的意见 /204/

附录3 质检总局办公厅关于支持中国(上海)自由贸易试验区建设动植物检验检疫改革措施的通知 /208/

附录4 中国(上海)自由贸易试验区进境动植物检疫审批管理细则(试行) /210/

附录5 中国(上海)自由贸易试验区进境动植物检疫审批产品名录(试行) /214/

参考文献 /218/

第一章 引 言

第一节 选题背景及研究方向

一、选题背景

我国是农业大国，农业是国民经济的基础，农产品在我国的出口贸易中占有重要地位。随着我国加入世界贸易组织（WTO），我国的农产品贸易开始面临 WTO 规则的影响，特别是受金融危机和全球经济衰退的影响，国际贸易环境发生重大变化，各国的贸易保护主义势头开始不断扩大，我国在农产品出口过程中越来越多地受到欧美等发达国家和地区的技术性贸易壁垒的限制，这些贸易壁垒不仅隐蔽性强、透明度低，而且不易监督和预测，给我国的农产品对外贸易造成很大的障碍。

在 WTO 法律框架下，《实施卫生与植物卫生措施协定》（Agreement on the Application of Sanitary and Phytosanitary Measures，以下简称《SPS 协定》）和农产品贸易息息相关，由《SPS 协定》所产生的"卫生与植物卫生措施"成为许多发达国家和地区普遍乐于采用的贸易保护手段，"卫生与植物卫生措施"（下称 SPS 措施）作为一种技术性贸易措施是《SPS 协定》所界定的一个专有概念，指的是某一国家或地区出于特殊政治或经济考虑而实施的有关人类和动植物生命和健康安全的检验检疫措施。[1] 在权利和义务方面，《SPS 协定》规定各国有权限制贸易来保护人类和动植物的健康，但所采取的措施必须基于科学原则、非歧视性原则和不对贸易产生隐藏的限制性原则。不过，一些

---

[1] 毛雪丹，樊永祥.《SPS 协定》与 SPS 措施通报评议［J］. 中国食品卫生杂志，2005，17（5）：5-8.

发达国家和地区打着保护人类和动植物健康的幌子，制订非常严格的检验检疫标准和措施，最终目的是限制像中国这样的农业大国的农产品进口，保护本国的农产品贸易。

《SPS协定》是乌拉圭回合谈判的产物，隶属于世界贸易组织法律框架中多边货物贸易协定项下，与农产品贸易密切关联。《SPS协定》的重要使命是规范SPS措施的正确使用，但是，由于SPS措施与国际贸易之间具有特殊的联动影响——既相互抑制又相互促进，使得SPS措施从最初一个保护人类、动物和植物的生命或健康的措施渐渐演变成为各国政府普遍倾向于采用的技术性贸易壁垒。根据现实情况，一方面，疯牛病、口蹄疫、禽流感等动物疫病和食品安全危机自20世纪90年代起频频暴发，致使许多国家和地区纷纷采用各式各样的SPS措施以期预防和阻止上述危害的传播并减少其造成的损失。另一方面，经过数轮贸易回合谈判，关税水平不断降低，国内产业无法得到适当且有效的保护，故而，作为非关税壁垒的、某些背离《SPS协定》的SPS措施，因其极具隐蔽性及高效性而被诸多国家采用，此类SPS措施已经成为国际农产品出口的主要技术性贸易限制措施，严重影响了农产品贸易的发展。

SPS措施如同一把双刃剑，它可以用来保护人类、动物和植物的生命或健康，但更有可能沦为贸易保护主义的工具。为保护本国国民、动物或植物的生命或健康，各国政府充分利用SPS措施的防火墙作用，提高了境外农产品及食品的上市和进入门槛，借此预防外来风险对本国食品安全及当地植物群体的冲击及入侵。与此同时，农产品（约占世界贸易总额13%）已经划入多边贸易体系的管辖范畴，这也推动各国采用更加隐蔽、更为"有理可依"的措施保护本国农产品市场。如何防范和应对这些技术性贸易限制措施，改革和完善我国的检验检疫制度已成为现实发展的必然要求。

二、研究方向

《SPS协定》为促进农产品、食品国际贸易的健康发展，为农产品、食品卫生与动植物卫生检疫的国际规范化，为削弱并减少技术贸易壁垒以确保农产品与食品市场的公平竞争和正常秩序提供了有力的法律保证。该协议的目标被巧妙地概括为："维护任何政府提供其认为适当健康保护水平的主权，但确保这些权利不为保护主义目的所滥用并不产生对国际贸易的不必要的障碍。"在WTO诸项协议实施期间，《SPS协定》经WTO争端解决机构的适用而得以充分的展示与检验。由于 SPS 措施问题涉及 WTO 体制中一类较敏感的事务，所以，《SPS 协定》本身以及与此相关的贸易纠纷都产生了大量的、颇受争议的话题。本书从该协定本身所构想的价值功能着手，以我国水产品、肉产品和茶叶为例，全面阐述这些产品在出口和遭遇 SPS 措施时的现状，提出了这些农产品在应对 SPS 措施时可以使用的一些对策，旨在改变我国以往被动挨打的状况，为我国在享受发展中国家特殊的差别优惠待遇、及时获取技术信息、进入进口国质量认证体系以及利用 WTO 争端解决机构方面提供一些有益的参考意见。

第二节　研究内容与意义

一、研究内容

（一）基本概念

1. GATT/WTO

GATT 是关税与贸易总协定（General Agreement on Tariffs and Trade）的缩写，WTO 是世界贸易组织（World Trade Organization）的缩写，GATT 是 WTO 的前身。

第二次世界大战以后，各国关税壁垒及保护措施盛行，极大地阻碍了世界经济与贸易的发展。为推动贸易自由化，23 个创始国于 1946 年开始进行关税谈判，谈判达成了 45 000 个关税减让，影响到 100 亿美元的贸易额，占国际贸易总额的 1/5。上述关税减让和规则合在一起构成了 GATT，它于 1948 年 1 月 1 日正式生效。GATT 经过了八轮的谈判，1986 年 9 月，GATT 第八轮谈判乌拉圭回合谈判开始。该轮谈判不仅包括了传统的货物贸易问题，还涉及知识产权保护和服务贸易以及环境等新问题。无论从组织结构还是从协调职能来看，GATT 面对复杂的乌拉圭回合多边谈判协议都显示出不足，有必要在其基础上创立一个正式的国际贸易组织来协调、监督和执行新一轮多边贸易谈判的结果。❶

---

❶ 段辉娜.《实施卫生与植物卫生措施协议》对中国畜产品出口的影响研究［M］.北京：经济科学出版社，2010：4.

1990年初，时为欧共体轮值主席国的意大利首先提出了建立多边贸易组织的倡议，随后得到加拿大、美国的支持。之后，形成了"建立多边贸易组织协议"，并根据美国的提议，把多边贸易组织改名为"世界贸易组织"（WTO）。1995年1月1日WTO正式生效运转。1995年1月31日，WTO举行成立大会，取代了GATT。❶

WTO是独立于联合国的永久性国际组织，总部设在日内瓦。WTO的宗旨和基本原则与GATT基本相同，旨在通过市场开放、非歧视性和公平贸易等原则，以达到推动世界贸易自由化的目标，但是它与GATT又有所不同，它具有更宽的管辖范围，包括了长期游离于关贸总协定外的知识产权、投资措施和服务贸易等领域。WTO是具有法人地位的国际组织，它在解决成员争端方面具有更高的权威性和有效性。❷

2. 《SPS协定》

《SPS协定》是WTO在乌拉圭回合谈判中一个重要的国际多边协议。随着国际贸易的发展和贸易自由化程度的提高，各国实行动植物检疫制度的影响已越来越大，某些国家尤其是一些发达国家为了保护本国农畜产品市场，频繁利用技术性贸易壁垒措施来阻止国外尤其是发展中国家的农畜产品进入本国市场，其中动植物检疫就是一种隐蔽性很强的贸易壁垒措施。由于《技术性贸易壁垒协议》（Agreement on Technical Barriers to Trade，以下称《TBT协定》）对动植物卫生检疫措施的约束力不够，要求不具体，为此，在乌拉圭回合谈判中，许多国家提议出台《SPS协定》，它对国际贸易中的动植物检疫进行了规范，于1995年正式开始实施。

3. 《TBT协定》

《TBT协定》于1995年生效，是WTO管辖的一项多边贸易协议，是建立在1980年的关贸总协定东京回合同名协议的基础之上，并对其进行修改和补充而得。

《TBT协定》的宗旨是，规范各成员实施技术性贸易法规与措施的行为，指导成员制定、采用和实施合理的技术性贸易措施，鼓励采用国际标准和评定程序，保证包括包装、标记和标签在内的各项技术法规、标准与是否符合

---

❶ 石广生. 中国加入世界贸易组织知识读本——世界贸易组织基本知识［M］. 北京：人民出版社，2001.

❷ 段辉娜.《实施卫生与植物卫生措施协议》对中国畜产品出口的影响研究［M］. 北京：经济科学出版社，2010：4.

技术法规和标准的评定程序不会对国际贸易造成不必要的障碍，减少和消除贸易中的技术性贸易壁垒。它的主要目标包括维护国家基本安全，保护人类生命、健康或安全，保护动植物生命或健康，保护环境，保证出口产品质量，防止欺诈行为等。技术性贸易措施是指为了实现合法目标而采取的技术法规、标准、合格评定程序等。❶

4. 农产品

根据《中华人民共和国农产品质量安全法》第2条，"农产品是指来源于农业的初级产品，即在农业活动中获得的植物、动物、微生物及其产品"。根据财政部、国家税务总局关于印发《农业产品征税范围注释》的通知❷附件，"农业产品是指种植业、养殖业、林业、牧业、水产业生产的各种植物、动物的初级产品"。根据WTO《农业协定》附件1，农产品范围❸与《商品名称及编码协调制度》相关联。综合上述三种定义，作者对我国农产品出口检验检疫制度研究中的"农产品"采用广义农产品的范围，即采用WTO《农业协定》的农产品加上水产品，包括：粮油作物、水果、牲畜、禽、兽、昆虫、爬虫、两栖动物等、水产品、林业产品等。另外，农产品应包括种子、种苗、树苗、竹秧、种畜、种禽、种蛋、水产品的苗或种（秧）、食用菌的菌种、花籽等。

（二）研究内容

第一，WTO《SPS协定》与SPS措施的理论问题。内容包含《SPS协定》的产生背景、在WTO法律框架中的地位以及与WTO其他协议的关系。重点内容为《SPS协定》对非政府机构规制的探究和SPS领域私人标准规制问题的研究。

第二，美国、加拿大、欧盟、日本和印度的SPS管理体制与《SPS协定》应对机制。

---

❶ 段辉娜.《实施卫生与植物卫生措施协议》对中国畜产品出口的影响研究［M］.北京：经济科学出版社，2010：5.

❷ 见财税字［1995］52号.

❸ 《农业协定》定义的农产品范围在附件1中规定为：（1）HS税则第一章至第二十四章除去鱼及鱼产品；（2）HS编码2905.43（甘露糖醇）、HS编码2905.44（山梨醇）、HS税目33.01（精油）、HS税目35.01～35.05（蛋白类物质、改性淀粉、胶）、HS编码3809.10（整理剂）、HS编码3823.60（2905.44以外的山梨醇）、HS税目41.01～41.03（生皮）、HS税目43.01（生毛皮）、HS税目50.01～50.03（生丝和废丝）、HS税目51.01～51.03（羊毛和动物毛）、HS税目52.01～52.03（原棉、废棉和已梳棉）、HS税目53.01（生亚麻）、HS税目53.02（生大麻）。以上所列不限制《实施卫生与植物卫生措施协定》的产品范围。圆括号中的产品描述不一定完全。

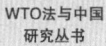

第三，我国农产品出口发展现状。本部分结合国家质检总局整理的SPS通报情况以及WTO官方发布的SPS特别贸易关注信息，分析我国农产品出口遭遇SPS措施情况、农产品出口相关案例以及我国农产品出口检验检疫制度。

第四，具体以水产品、肉产品和茶叶农产品为例，全面阐述这些产品出口和遭遇SPS措施的现状，以及这些农产品应对SPS措施的对策。

第五，上海自贸区检验检疫新政的实施。结合WTO《SPS协定》相关制度，探讨我国自贸区检验检疫制度的改革。

二、研究意义

我国作为农产品出口大国，与其他国家贸易往来频繁，应全面把握我国农产品出口面临的SPS措施，运用《SPS协定》切实维护国家的合法权益。面对许多国家采取的、复杂多变的SPS措施，我国农产品出口检验检疫管理任务艰巨，为防范和应对这些贸易限制措施，减少和避免我国农产品出口受阻现象，本研究以《SPS协定》为依据对我国农产品出口检验检疫制度的改革提出建议。

本书的研究内容具有重要的理论意义。由于《SPS协定》有关条款本身具有一定的弹性，甚至模糊性，导致各成员方在实际适用这一协定以规范本国或地区内或评价其他成员方实施或拟实施的SPS措施时，显得无所适从或对某一SPS措施是否符合《SPS协定》莫衷一是，最终引发有关SPS措施的贸易争端。鉴于此，有必要从理论上作进一步研究和澄清。

本书的研究内容也具有重要的实际应用价值。农产品出口在我国出口贸易中占有重要地位，商务部出台的《农产品出口"十一五"发展规划》将农产品贸易过程中的SPS等非关税措施列为阻碍农产品出口的最大障碍。关于如何从检验检疫制度改革上防范这种措施的研究在国内很少见，此类研究具有现实性和前瞻性。本书立志于通过分析SPS措施对我国农产品出口的影响，在WTO框架下为我国农产品出口应对SPS措施提出科学合理的应对建议。

第三节 国内外研究现状

我国加入WTO组织以后，农产品受SPS措施影响越来越明显，贸易纠纷不断出现，这一现象引起了国内学者的兴趣和重视，对《SPS 协定》的研究也逐渐越来越多。现有的研究主要分为两个方面：一方面是针对《SPS 协定》的研究，在已有的论著中，对规则解释方面的论述相对较多；另一方面是关于《SPS 协定》与国际贸易关系方面的研究，用经济学分析方法对 SPS 措施的影响进行分析，研究 SPS 措施对我国农产品的影响。总之，国内学者对 SPS 问题的研究起步较晚，对《SPS 协定》研究的论著虽有很多，但是欠缺结合实务的研究，研究的现实针对性和指导性不够强。然而，国外学者早年即对 SPS 措施开展了具体深入的研究，通常会针对某项标准进行详细的阐述，并且与贸易实践紧密结合，理论比较完善，更具指导意义。

一、国外研究综述

20 世纪 70 年代，西方学者的一些研究中已经开始涉及技术性贸易壁垒。进入 21 世纪，由于技术性贸易壁垒是乌拉圭回合谈判的核心议题之一，西方学者对这一问题开始进行大量研究。艾伦·赛克斯（Alan Sykes）在《国际一体化商品市场的产品标准》一文中，对相关国家的技术性贸易壁垒进行了比较全面的分析。罗纳尔多·菲舍（Ronald Fischer）和斐贝罗·塞拉（Pablo Serra）在 2000 年的《标准与保护》一文中研究了贸易保护效果，结论是，即使政府制定的最小标准表面上是非歧视的，其实质也具有贸易保护的色彩。❶ 尼尔·甘黛尔（Neil Gandal）和欧兹·塞尔（Oz Shy）在 2001 年的《标准化政策与国际贸易》一文中研究了政府标准化政策的选择问题，也就是，当一国政府只承认所有国外标准或者不承认任何国外标准时，则所有国家之间会相互承认所有的标准。❷ 谢丽·斯蒂芬森（Sherry Stephenson）在《标准、合格评定与发展中国家》一文中，从政策和制度层面对发展中国家有关贸易标准的问题作了比较系统的阐述，得出的结论是，发展中国家应采纳它们主要贸易伙伴使用的标准，不必制定他们自己的标准，这才是发展中国家的最优选择。这个结论对于发展中国家的政策制定而言，无疑具有重要的影响。约翰·维尔森（John S. Wilson）在 2000 年的《技术性贸易壁垒——发展中国家的机遇和挑战》一文中指出，对于发展中国家而言，技术性贸易壁垒不仅是

---

❶ Fisher Ronald, Pablo Serra. Standards and Protection [J]. Journal of International Economics 2000 (52).

❷ Neil Gandal, Oz Shy. Standardization Policy and International Trade [J]. Journal International Economics 2001 (53).

一个巨大挑战,同样也是一个潜在的机遇,发展中国家要学会趋利避害,在降低自身受损的同时也要充分利用这个机遇。❶

二、国内研究综述

关于技术性贸易壁垒的定义研究,国内比较具有代表性的观点认为贸易的技术性壁垒就是那些消费品或工业产品的某些特性的强制性或非强制性的规定、标准和法规,以及检验产品是否符合技术性法规和确定产品质量及适用性能的认证、审批和试验程序。❷ 关于技术性贸易壁垒影响的研究,张小蒂、李晓钟在《论技术性贸易壁垒对我国农产品出口的双重影响》一文中分析了技术性贸易壁垒对农产品贸易的双重影响,认为从中长期来看,其出口能否持续上升取决于出口方突破"壁垒"的动力和能力,但是,若出口方和进口方的经济技术水平差距过大,制定的标准和技术法规过于苛刻,则出口量会萎缩。❸

相关文献例如顾国达、牛晓婧等在《技术壁垒对国际贸易影响的实证分析——以中日茶叶贸易为例》一文中运用引力模型实证分析技术性贸易壁垒对中日茶叶贸易的影响,结果表明:2002年和2003年日本技术贸易壁垒的加强对我国茶叶出口额的负效应显著。郭亚锋在2010年写的《技术性贸易壁垒对我国绿茶出口的影响》一文中,从我国绿茶出口现状及其遭受的技术性贸易壁垒入手,实证分析了技术性贸易壁垒对我国绿茶出口的影响,并提出了相应的对策。上述研究使我们对茶叶出口存在的技术性贸易壁垒及其影响有所认识,已形成的研究理论和分析方法对今后的继续研究起到了启示作用。目前国内研究技术性贸易壁垒的文献主要集中在纺织品、机械电子产品和农产品中的某些具体产品的领域,具体到农产品层面的系统研究文献比较稀缺,而且,从《SPS协定》的角度分析应对农产品出口SPS措施的专门研究有所欠缺。

因此,综合考察国内外学者的研究成果,关于《SPS协定》对中国农产品出口应对SPS措施的研究尚有很大的空白,亟须对这一领域进行系统和深入的研究。

---

❶ Wilson John S. Technical Barriers to Trade and Standards Challenges and Opportunities for Developing Countries [R]. WTO Trade Committee Meeting, 2000.

❷ 李春顶. 技术性贸易壁垒对出口国经济效应综合分析 [J]. 国际贸易问题, 2005年第7期: 74-80.

❸ 张小蒂, 李晓钟. 我国茶叶贸易基于标准化生产增进比较利益的分析 [J]. 农业经济问题, 2009 (3): 87-91.

第四节 研究方法与创新点

一、研究方法

首先是定性和定量分析法。定性分析方法是经济理论科学思维的基本方法，也是本研究所采用的主要方法；定量分析可以使大家清楚地认识 SPS 措施产生的背景、内容和特征，通过定量分析可以使大家更清晰地了解 SPS 措施对我国农产品出口所产生的影响。

其次是比较分析法。通过比较可以发现问题并找出规律。例如，通过对美国、日本和欧盟地区等国家和地区实施的农产品出口的 SPS 措施情况的对比，可以找出其特征和发展趋势，从而可以制定出相应的对策。

最后是实证分析法和规范研究法。本书通过实证分析把握我国农产品出口遭遇 SPS 措施的客观情况，在对《SPS 协定》的重要条款进行分析的基础上，提出切实可行的应对措施，结合上海自贸区新颁布的检验检疫的各项法规，讨论了我国农产品出口检验检疫制度的改革问题。

二、创新之处

第一，研究内容的独特性。与许多学者注重研究《SPS 协定》三个核心的实体条款即"科学证据原则""国际协调原则"和"风险评估及保护适度原则"的情形不同，本书重点对《SPS 协定》"等效""适应地区"和"实施"等目前学界看似研究比较少的程序性条款进行了具体分析和研究。

第二，研究问题的务实性。本书分析了我国农产品出口遭遇的 SPS 措施情况、农产品出口的 SPS 相关案例，并具体以水产品、肉产品和茶叶农产品为例全面阐述这些产品出口和遭遇 SPS 措施的现状，提出了这些农产品应对 SPS 措施的对策，并进一步结合实际形势探索了上海自贸区检验检疫制度的改革。

第二章 《SPS 协定》的理论研究

第一节 《SPS 协定》的历史沿革

一、《SPS 协定》产生的背景

农业问题是关乎一国生计和安全的重要问题,国际农产品贸易也是一个极为复杂而又极为敏感的问题,一直是困扰 GATT/WTO 自由贸易体制的难题。GATT 在其存在的将近 50 多年期间,全球性的多边贸易谈判达八次,在其第八次乌拉圭回合中,制定了《农业协定》《SPS 协定》等 12 个新的协定。❶

《SPS 协定》是乌拉圭回合的一个重要成果,它的产生有其特定的背景。"GATT 20 条(b)款例外"致使 GATT 条款对农产品的国际贸易约束力不够。该条文如下:"凡下列措施的实施在情形相同各国间不会构成任意的或不合理的歧视手段,或者不会构成对国际贸易的变相限制,则不得将本协定的任何规定解释为妨碍任何缔约方采取或实施以下这些措施……(b)为保护人类、动物或植物的生命或健康所必需的措施……"❷ 由条文可见,早在 GATT 时就开始制定规则来调整动植物的检验和检疫问题,形成了国际动植物卫生检疫的初步框架。但 GATT 条款存在很大的模糊性和弹性,导致有关条款的滥用。20 世纪 90 年代初,随着国际贸易中保护主义的抬头,特别是一些发达国家将动植物卫生检疫作为例外措施加以利用。为顺应国际货物贸易的发展,为了

---

❶ 张德.WTO:规则·运行·案例[M].北京:中国发展出版社,2009:7-9.
❷ 王传丽,史晓丽,周超等.WTO 农业协定与农产品贸易规则[M].北京:北京大学出版社,2009:138.

保护环境、保护人类及动植物的生命和健康，同时也为防止动植物检疫措施被滥用于国际贸易间设置技术壁垒，GATT 在乌拉圭回合谈判中于 1993 年 12 月签署《乌拉圭回合农业协定》（下称《农业协定》）。《农业协定》正文共分 13 个部分 21 条，其中的第八部分第 14 条为"卫生与植物卫生措施"，最终促生了《实施卫生与植物卫生措施协定》即《SPS 协定》，以保证农业贸易的自由化不会被变相的卫生和植物卫生贸易壁垒措施所侵害。❶

《SPS 协定》从 1995 年开始正式实施，其目的有三点：一是保证各成员被允许采取的保护人类、动物和植物的生命或健康的措施不能对情形相同的成员构成任意或不合理的歧视，也不能对国际贸易构成变相限制；二是通过建立多边规则指导各成员制定、采取和实施《SPS 协定》；三是将 SPS 措施对贸易的消极影响减少到最低的程度。❷

二、《SPS 协定》的理论基础

（一）《SPS 协定》的主要内容

《SPS 协定》由前言、正文和附件组成。前言第一段开宗明义："重申不应阻止各成员为保护人类、动物或植物的生命或健康而采用或实施必需的措施，但是这些措施的实施方式不得构成在情形相同的成员之间进行任意或不合理歧视的手段，或构成对国际贸易的变相限制。"❸ 这段话是《SPS 协定》的第一段第一句话，十分明确地宣示了《SPS 协定》的目的和宗旨，"重申"体现了这一宗旨早在 GATT 时就已明示，出台《SPS 协定》的目的和主张是承上的。这是《SPS 协定》通篇所贯彻和坚持的精神，是给各成员方在操作动植物及其产品进出口检验、检疫所划定的界限。如果理性地坚持这一精神，在相关活动中则能享有相对的"自由"，如果背离这一精神，则会受到不可避免的"束缚"。所以，应该重视对前言的研究，才能更好地把握《SPS 协定》的整个文件内容尤其是其精髓。正文 14 条，分别是总则；基本权利和义务；协调一致；等效性；风险评估和适当的卫生与植物卫生保护水平的确定；适应地区条件包括适应病虫害非疫区和低度流行区的条件；透明度；控制、检

---

❶ 黄东黎. 国际贸易法：经济理论、法律、案例 [M]. 北京：法律出版社，2003：509.
❷ 段辉娜.《实施卫生与植物卫生措施协议》对中国畜产品出口的影响研究 [M]. 北京：经济科学出版社，2010：17.
❸ 陈向前. WTO《SPS 协议》实施机制及国际动物卫生法比较研究 [M]. 北京：中国农业科学技术出版社，2005：145 - 153.

查和批准程序；技术援助；特殊和差别待遇；磋商和争端解决；管理；实施；最后条款。附件有三份，分别是附件 A：定义；附件 B：卫生与植物卫生法规的透明度；附件 C：控制、检查和批准程序。

协定附件 A 第 1 条明确了什么是卫生与植物卫生措施，也就是什么是 SPS 措施。SPS 措施是用于四种目的的多项措施。四种目的分别是："保护成员境内的动物或植物的生命或健康免受虫害、病害、带病有机体或致病有机体的传入、定居或传播所产生的风险；保护成员境内的人类或动物的生命或健康免受食品、饮料或饲料中的添加剂、污染物、毒素或致病有机体所产生的风险；保护成员境内人类的生命或健康免受动物、植物或动植物产品携带的病害或虫害的传入、定居或传播所产生的风险；防止或控制成员境内因虫害的传入、定居或传播所产生的其他损害。"❶ 鉴于 SPS 措施实施的四个方面的目的，《SPS 协定》在附件 A 第 1 条中对 SPS 措施作了规定："卫生与植物卫生措施包括所有相关法律、法令、法规、要求和程序，特别包括：最终产品标准；工序和生产方法；检验、检查、认证和批准程序；检疫处理，包括与动物或植物运输有关的或与在运输过程中为维持动植物生存所需物质有关的要求；有关统计方法、抽样程序和风险评估方法的规定；以及与食品安全直接有关的包装和标签要求。"❷

（二）《SPS 协定》的基本原则

从对《SPS 协定》内容的解析可以看出，《SPS 协定》充分体现了 GATT 和 WTO 的根本意志。它的基本原则包括：等效原则、透明度原则、科学依据原则、国际协调原则、风险评估与保护适度原则以及划分病虫害非疫区和低度流行区原则等。

1. 等效原则

该原则是指成员应对其他成员提供的具有相同保护水平的 SPS 措施等效接受，即使这些措施不同于自己的措施。因为在不同的国家有多种方法来确保食品安全或保护动植物健康，也就是说达到同一保护水平的 SPS 措施可以各式各样。《SPS 协定》承认了这种事实，并规定如果出口成员对出口产品所采取的 SPS 措施，客观上达到了进口成员的动植物卫生保护水平，则进口成员就应当接受这种措施，即允许这种产品进口，哪怕这种措施不同于自己所

---

❶ 陈向前. WTO《SPS 协议》实施机制及国际动物卫生法比较研究 [M]. 北京：中国农业科学技术出版社，2005：145 – 153.

❷ 杨建平.《SPS 协定》内容解析及相关问题探讨 [J]. 中国家禽，2012，34（2）.

采取的措施，或不同于从事同一产品贸易的其他成员所采用的措施。等效原则要求成员在不危及本国动植物卫生保护水平的前提下，增强贸易合作方对其卫生与安全标准的信心。

2. 透明度原则

《SPS 协定》要求各成员应保证迅速公布所有已采用的卫生与植物卫生法规，以使有利害关系的成员知晓。

WTO 是建立在一系列规则之上的，其目的是建立一个可预测的、自由的经济和法律环境。为了实现这一目标，WTO 制定了一系列保障机制，透明度原则就是其中最重要和最基本的基石性原则之一。《SPS 协定》第 7 条规定，"各成员变更其卫生与植物卫生措施时应予通报"❶。附录 B 对法规的公布、咨询点和通报程序进行了详细的规定。各成员设立了 SPS 国际通报机构；设立 SPS 国家咨询点；在公开媒体上刊登 SPS 措施，确保及时公布所有已经采用的卫生与植物卫生法规，以便有关成员知晓，并在卫生与植物卫生法规的公布和生效之间留有合理的期限，使出口成员有时间调整其产品和生产方法。

3. 科学依据原则

各成员应该保证任何 SPS 措施仅在为保护人类、动物或植物的生命或健康所必需的限度内实施，并根据科学原理，如无充分的科学依据则不再维持。成员可根据所获得的有关信息，包括来自有关国际组织以及其他成员实施的 SPS 措施的信息来实施 SPS 措施；在有关科学依据不充分的情况下，可以临时采用 SPS 措施。但是在此种情况下，各成员应该寻求获得更加客观的进行风险评估所必需的额外信息，并在合理的期限内据此审议 SPS 措施，否则必须停止实施这些措施。❷

但是科学证据原则对于出具这一科学依据的权威机构则无明确规定，这极易引起成员方之间对于某一项 SPS 措施是否具有科学性产生争议。

4. 国际协调原则

《SPS 协定》规定，为在尽可能广泛的基础上协调卫生与植物卫生措施，各成员的卫生与植物卫生措施应根据现有的国际标准、指南或建议制定。存在科学理由的情况下，成员可以采用或维持比根据有关国际标准、指南或建议制定的措施所可能达到的保护水平更高的 SPS 措施。

---

❶ 任泉. WTO 知识全书 [M]. 北京：经济日报出版社，2000.
❷ 段辉娜.《实施卫生与植物卫生措施协议》对中国畜产品出口的影响研究 [M]. 北京：经济科学出版社，2010：17.

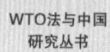

国际协调原则赋予各成员选择执行标准的自由权,各成员可以根据自身科学技术、经济等状况来选择对于各自发展最有利的标准。但是各成员生产力发展不同,所采取的执行标准也不相同,尤其是发达国家和发展中国家之间差别更大,这必然会引起贸易纠纷。❶

5. 风险评估和保护适度原则

各类成员在实施 SPS 措施进行保护的时候应该确保所采取的措施是以对人类、动物或植物的生命或健康所进行、适合有关情况的风险评估为基础,同时考虑有关国际组织制定的风险评估技术,并且所采用的保护水平应该以对贸易的消极影响减少到最低程度为目标。

然而,各成员方对风险的理解和避免风险的要求存在差异。《SPS 协定》本身没有规定风险评估是否指的是对风险所进行的科学的、定量的分析,也没有对风险最低量的要求。进口成员方往往借口有权选择"零风险"或"无风险",而禁止产品的进口。同时,由于各成员方"适当的 SPS 保护水平",是依据各自国内的政治、经济、环境、消费者价值判断等因素来确定的,因此,不同的成员方对"适当的 SPS 保护水平"的要求也各不相同。于是这一原则成为国际贸易争端的主要来源之一。

6. 划分病虫害非疫区和低度流行区原则❷

《SPS 协定》第 6 条(适应地区条件,包括病虫害非疫区和低度流行区的条件)共有三款,分别为:第 1 款是各成员应保证其卫生与植物卫生措施适应产品的产地和目的地的卫生与植物卫生特点,无论该地区是一国的全部或部分地区,或几个国家的全部或部分地区。在评估一个地区的卫生与植物卫生特点时,各成员应特别考虑特定病害或虫害的流行程度、是否存在根除或控制计划以及有关国际组织可能制定的适当标准或指南。

第 2 款是各成员应特别认识到病虫害非疫区和低度流行区的概念。对这些地区的确定应根据地理、生态系统、流行病监测以及卫生与植物卫生控制的有效性等因素。

第 3 款是声明其领土内地区属于病虫害非疫区或低度流行区的出口成员,应提供必要的证据,以便向进口成员客观地证明此类地区属于,且有可能继续属于病虫害非疫区或低度流行区。为此,应请求,应使进口成员获得进行

---

❶ 段辉娜.《实施卫生与植物卫生措施协议》对中国畜产品出口的影响研究 [M].北京:经济科学出版社,2010:18.

❷ 师华.论 WTO《SPS 协定》"适用地区"条款及我国的对策 [J].暨南学报,2012(7).

检查、检验及其他有关程序的合理机会。

该条第1款前半句规定了WTO所有成员方应承担的义务，即要求其所制定和实施的SPS措施应适应产品产地和目的地的卫生和植物卫生特点，该产地和目的地的范围既可能是一国的全部或部分，也可能是几个国家的全部或部分地区，视该地区的具体卫生和植物卫生情况而定。也就是说，假设某一地区从来没有发现过某一有害昆虫，而这一地区的自然气候条件非常适合这一昆虫的繁殖，则当地政府完全可以根据其当地这一卫生和植物卫生特点采取相应的SPS措施，并同时要求向其出口相关可能导致这一昆虫传入的产品的其他成员方采取能够达到这一地区适当保护水平的SPS措施。该条后半句紧接着就规定了成员方如何确定一地区的卫生和植物卫生特点，也就是在确定一地区卫生和植物卫生特点时应考虑（并非根据）的依据和具体情况。

第2款将第1款中"产品的产地和目的地"划分为"病虫害非疫区和低度流行区"，并进一步给出了确定病虫害非疫区和低度流行区的标准和要求，即应根据（并非考虑）地理、生态系统、流行病监测以及卫生与植物卫生控制的有效性等因素予以确定。至于"病虫害非疫区和低度流行区"的概念，《SPS协定》附件A第6条和第7条作了明确界定❶，该定义强调这些地区应由该地区所属成员方的主管机关（而非其他成员方或国际组织）确定。

第3款在第2款确认的某一地区为病虫害非疫区或低度流行区的成员的基础上作出进一步规定，如该成员希望其他成员同样承认这一地区为疫病非疫区或低度流行区，则应向其他成员提出申请并提供必要的证据以客观地证明该地区属于，且有可能继续属于病虫害非疫区或低度流行区。此外，其他成员在是否给予承认的决定过程中，可以要求申请成员提供进行检查、检验及其他有关程序的合理机会。实际上，与第1款和第2款相比，出口成员往往更关注第3款。因为该款直接影响来自出口成员某一地区的产品能否进入进口成员市场，如果产品产地为进口成员承认的病虫害非疫区，则来自该产地的产品就可以获得进口成员的市场准入资格。但是，该款并没有明确规定

---

❶ "第6条，病虫害非疫区是由主管机关确认的未发生特定虫害或病害的地区，无论是一国的全部或部分地区，还是几个国家的全部或部分地区。（注：病虫害非疫区可以包围一地区、被一地区包围或毗连一地区，可在一国的部分地区内，或在包括几个国家的部分或全部地理区域内，在该地区内已知发生特定虫害或病害，但已采取区域控制措施，如建立可限制或根除所涉虫害或病害的保护区、监测区和缓冲区。）第7条，病虫害低度流行区是由主管机关确认的特定虫害或病害发生水平低，且已采取有效监测、控制或根除措施的地区，该地区可以是一国的全部或部分地区，也可以是几个国家的全部或部分地区。"

进口成员根据何种依据、程序、在多长时间内来决定是否承认出口成员的某一地区为病虫害非疫区或低度流行区。这就赋予进口成员在决定过程中相当大的自由裁量权,进口成员很可能武断地作出不予承认的决定,从而变相限制出口成员产品的进入。

(三)《SPS协定》的重点条款分析

1. 第4条"等效条款"❶

(1) 对"等效"的界定

《SPS协定》第4条等效条款共有两款:第1款规定,如出口成员客观地向进口成员证明其卫生与植物卫生措施达到进口成员适当的卫生与植物卫生保护水平,则进口成员应将出口成员的措施作为等效措施予以接受,即使这些措施不同于进口成员自己的措施,或不同于从事相同产品贸易的其他成员使用的措施。为此,应进口成员请求给予进口成员进行检查、检验及其他相关程序的合理机会;第2款规定,各成员应进行磋商,以便就相互承认具体卫生与植物卫生措施的等效性问题达成双边和多边协定。

从条文的字面含义上看,第1款中并没有就"等效"直接给出一个概念或定义,《SPS协定》附录A(定义)中也没有就"等效"作出界定。而根据食品法典委员会(Codex Alimentarius Commission,CAC)❷ 1997年通过的《关于计划、实施、评估和促进食品进出口检验认证制度的指南》,等效是指不同检验认证制度达到相同目标的能力。❸ "Equivalence"在英文中意指"同等,处于相等的状态",强调两种或多种事物经一定过程而达到状态上的一致性,而不要求这些事物是相同事物,这和强调静态意义的"Sameness"完全不同。食品法典委员会对"等效"所作的解释突出其动态意义。

在卫生与植物卫生方面,"等效"的内涵用一个成语来概括就是"殊途同归",即如果两种或两种以上的卫生与植物卫生措施所实际达到的效果和目的一致,则这些措施就是互为等效措施,其中的一种措施对其他措施而言具有等效性。就出口成员而言,其有权要求进口成员接受其具有等效性的卫生与植物卫生措施(这些措施可能与进口成员实施的卫生与植物卫生措施不一

---

❶ 师华.《SPS协定》中等效条款的最新解释及我国的对策[J].法学,2007(6).

❷ 该组织是联合国粮食及农业组织(FAO)及世界卫生组织(WHO)于1962年创立的国际组织,专门负责协调政府间的食品标准,建立一套完整的食品国际标准体系。它是现今唯一有关食品标准化的政府协调机构,其主要工作是制定一套能推荐给各国政府采纳的食品标准,即食品法典。

❸ Guidelines for the Design, Operation, Assessment and Accreditation of Food Import and Export Inspection and Certification Systems (CAC/GL 26-1997).

致)。接受的最直接效果就是一旦出口成员已经对出口到进口成员境内的产品完成检疫、检验、检查、认证等程序并认为这些产品符合其有关卫生标准,则进口成员不应对这些进口产品按照进口成员的相关卫生标准再次实施检验、检疫、认证等程序。同时出口成员应承担以下义务:第一,应向进口成员证明其对出口产品实施的卫生与植物卫生措施已经达到进口成员适当的卫生与植物卫生保护水平。第二,如果进口成员提出对出口成员之相关卫生与植物卫生措施予以检查、检验或进行其他相关程序的请求,则出口成员应给予进口成员以合理机会。出口成员违反上述任一义务都可能导致进口成员拒绝其确认等效的申请。就进口成员而言,其有权要求出口成员证明其对出口产品实施的卫生与植物卫生措施已经达到进口成员适当的卫生与植物卫生保护水平;对出口成员实施相关的卫生与植物卫生措施进行检查、检验或其他相关程序。进口成员在享有上述权利后,如其认为出口成员的相关措施的实施已经达到其规定的适当的卫生与植物卫生保护水平,则进口成员就应对出口成员的等效承认申请作出肯定性回应,即将出口成员的相关卫生与植物卫生措施作为等效措施予以接受。至于第2款则在于进一步要求各成员方就等效问题开展双边或多边谈判,以促进成员间各种卫生与植物卫生措施的相互承认和适用。❶

(2) 卫生与植物卫生委员会对"等效条款"的最新解释❷

通过对《SPS协定》第4条"等效条款"的解读可以发现,该条只是赋予成员方采取等效措施的权利,却没有规定成员方应如何行使这项权利。成员方要在贸易中真正适用第4条,承认等效或提出承认等效的申请,就必须制定更为细化且具操作性的规则。随着成员方对第4条的兴趣日增,其具体适用问题被提到了卫生与植物卫生委员会的日常议程上。经过成员方多次反复的讨论,卫生与植物卫生委员会终于在2001年10月26日通过了《关于适用〈SPS协定〉第4条的决议》(并于2002年11月15日、2003年7月15日、2004年3月26日进行了三次修订),在2004年7月23日发布了对第4条的最新解释,具体体现在以下几个方面:

第一,成员方可以对某一种或一类产品上实施的SPS措施予以等效接受或以整个机制为基础接受等效。成员方应对方请求,应努力接受这些SPS措

---

❶ 师华.《SPS协定》中等效条款的最新解释及我国的对策 [J]. 法学, 2007.

❷ Decision on the Implementation of Article 4 of the Agreement on the Application of Sanitary and Phytosanitary Measures, 23 July, 2004, G/SPS/19/Rev.2, www.wto.org.

施。对于和实施 SPS 措施有关的产品基础设施和方案进行评估可以认为是必要的。成员方如认为必要和合适，可以就等效问题达成更加全面和广泛的协定。对某一类产品上实施的 SPS 措施予以等效接受并不以等效接受整个机制为前提。

第二，应出口成员的申请，进口成员应解释其所实施的 SPS 措施的目的和合理性，并清楚地表明这些措施所要防范的风险。进口成员应说明其 SPS 措施所要达到的适当保护水平，为此，其应考虑委员会在 2000 年 7 月 1 日通过的《关于进一步促进第 5.5 条实际适用的指引》。进口成员的解释应附有对 SPS 措施所作的风险评估或以一项相关国际标准、指南或建议为基础的技术性证明。进口成员应向出口成员提供任何可能有助于出口方向其提供出口方所采取的措施为等效措施证明的其他信息。

第三，进口成员应及时回应出口成员的承认等效申请，通常不超过 6 个月。

第四，如果成员方主张其 SPS 措施符合进口成员规定的适当保护水平，则其应提供相关证明以支持他的这一主张，这些证明应是具有适当科学基础的技术信息（包括但不限于进口成员或其他成员采取的相关国际标准或风险评估）。另外，应进口成员的请求，出口成员应向其提供进行检查、测试或其他相关程序的合理机会。

第五，进口成员应加快和其具有历史性贸易关系的出口成员的承认等效申请的决定程序。

第六，进口成员在考虑对出口成员相关产品实施的 SPS 措施给予等效承认时，不应因此而中断或中止此类产品的进口。当然，出口成员提出的承认等效申请并不限制进口成员采取任何其认为为达到适当保护水平所必需的措施，包括对紧急情况采取的措施。然而，如果决定实施某项附加管理措施正好与考虑出口成员承认等效申请同时发生，则可能招来出口成员的猜测，认为这两件事件是有联系的。为避免此种误解，卫生与植物卫生委员会建议进口成员在采取任何限制性贸易措施时应向受影响的出口成员提供及时而全面的解释，并遵循《SPS 协定》中关于正常或紧急情况下的通知程序。❶

第七，进口成员在考虑承认出口成员的等效申请时，应分析出口成员提供的为证明其有关 SPS 措施已达到进口成员实施的 SPS 措施所达到的适当保

---

❶ 师华.《SPS 协定》中等效条款的最新解释及我国的对策 [J]. 法学, 2007 (6).

护水平的具备科学基础的技术信息。卫生与植物卫生委员会注意到进口成员尽责地实施《关于进一步促进第5.5条实际适用的指引》将有助于其决定是否给予等效承认。卫生与植物卫生委员会进一步注意到CAC于2003年7月通过的《关于判定和食品检验及认证制度有关的SPS措施等效的指南》❶中,就进口成员实施的SPS措施所达到的保护水平和其对进口产品的卫生要求的关系予以明确。卫生与植物卫生委员会还注意到国际兽疫局(Office International des Epizooties,OIE)❷制定的《关于对SPS措施作出等效判定的指南》中承认了促进进出口成员SPS措施进行比较的重要性。卫生与植物卫生委员会认为成员方在决定是否给予等效承认时,应考虑CAC提出的确立一个有关比较的客观基础的方法❸或OIE提出的类似方法。如果通过采用上述方法证明进口成员的SPS措施所达到的保护水平和其对外表明的适当保护水平不一致时,那么进口成员应独立解决有关不同等效决定的程序问题。如出口成员通过采用客观基础比较方法或由某个国际组织确立的其他类似方法,证明其SPS措施的实施能够达到进口成员实施的SPS措施所要达到的目标,则进口成员应承认这两种措施是等效的。

第八,成员方应充分考虑发展中国家承认等效的申请并给予其适当技术援助以促进《SPS协定》第4条的适用。

第九,其他一些建议性和计划性内容,如希望成员方积极参与CAC和其他一些相关国际组织有关等效问题的工作;建议成员方向卫生与植物卫生委员会经常提供有关他们适用《SPS协定》第4条的经验,特别是就等效问题达成的双边或多边协定;制定一个进一步实施《SPS协定》第4条的具体工作方案,等等。

综上所述,《关于适用〈SPS协定〉第4条的决议》就第4条的具体适用作了一定的澄清和解释。根据这一决议,整个承认等效申请的过程大致表现为:出口成员初步提出承认等效申请→进口成员说明其SPS措施所要达到

---

❶ The Codex Alimentarius Commission Adopted the Guidelines for the Judgement of Equivalence of Sanitary Measures Associated with Food Inspection and Certification Systems at Its 26th Session Held in Rome, Italy, from 30 June to 7 July, 2003.

❷ OIE一直认为我国是其成员之一,但由于台湾问题没有得到很好解决,因此我国至今未参加OIE的正式活动,当然我们在技术方面与OIE有很好的合作。

❸ 根据《关于判定和食品检验及认证制度有关的SPS措施等效的指南》第16条的规定,应出口国家请求,进口国家应尽量具体准确地说明用以对其相关SPS措施和出口国家相关SPS措施进行比较的客观基础,两国之间的对话在此显得颇有益处。如果能达成有关比较的协定,那就更好了。进口国家在说明中可以包括实施某一SPS措施的理由,如针对特定风险采取的措施等。

的适当保护水平（可以采用食品法典委员会或其他国际组织确立的相关方法进行说明）→出口成员对其SPS措施所达到的效果和进口成员实施的SPS措施所达到的效果一致予以证明（可以根据进口成员说明的方法对实施两种SPS措施所达到的效果进行比较）→进口成员经考虑（可能在此之前还要求对出口成员进行现场检查等程序）决定是否给予等效承认（如果出口成员采用食品法典委员会的客观基础比较方法或其他国际组织确立的相关方法证明其SPS措施的实施能够达到进口成员实施的SPS措施所要达到的目标，则进口成员应承认这两种措施是等效的）。❶

2. 第5条"风险评估和适当的卫生与植物卫生保护水平的确定"

（1）《SPS协定》下风险评估的含义和特点

《SPS协定》是根据《农业协定》第八部分而制定的，也是对关贸总协定第20条第2款的具体化。根据《SPS协定》的定义，"风险评估"的概念分为两种：对于来自于食品的风险，风险评估的定义是，评价食品、饮料或饲料中存在添加剂、污染物、毒素或致病有机体对人类或动物的健康产生潜在的不利影响。对于病虫害，风险评估的定义是，根据可能适用的卫生和检疫措施评价虫害或病害在进口成员领土内传入、定居或传播的可能性，及评价相关潜在的生物学后果和经济后果。具体来说，对来自食品的风险评估只要求对人类或动物健康的潜在负面影响进行评估，而对病虫害的评估要求则要高得多，它要求对疾病的进入、定居或传播的可能性以及相应的潜在的生物和经济后果进行评估。❷

《SPS协定》中的风险评估体现出以下特点：

第一，根据风险评估的定义，字面上可以将风险评估的过程看作是一个科学的、价值中立的过程。但实际上，风险评估由于其过程的复杂性、科学知识的不确定性以及方法技术的差异性，导致了这一过程在很多情况下并不完全是一个科学中立的过程。

第二，在进行风险评估时，必须要考虑所有的风险。

第三，风险评估常常是根据个案的具体情况而进行的。由于各国的差异，《SPS协定》并没有规定对于来自不同成员的动植物产品采用统一的检验检疫标准。因此，进口方对于不同成员方出口产品所要求的标准是不同的，在具体采取风险评估时所要考虑的因素也是有差异的。

---

❶ 师华.《SPS协定》中等效条款的最新解释及我国的对策［J］.法学，2007（6）.
❷ 刘思文.浅谈《SPS协定》中的风险评估［J］.合作经济与科技，2011（3）.

第四,风险评估必须是具体的,不仅是对类别或项目,而是对某一具体类型进行评估。同时,"风险评估既可以是对风险进行量化的评估,也可以是对风险的性质进行评估"。

(2)《SPS协定》风险评估规则的动态效应

①风险评估应当考察的各项要素。

首先,科学证据要素是评估的核心。《SPS协定》第2条第2款要求SPS措施必须以科学原理为依据,如果没有充分的科学依据则不再实施。在风险评估中,最为重要的是"科学"原则,而"科学"原则具体化地体现为科学证据原则。科学证据原则构成了《SPS协定》最核心的义务,也是所有SPS争端共同关注的焦点。科学证据须满足某些限定性条件,以使其符合《SPS协定》在风险评估方面的规定及精神。主要的条件可以表述为以下特点:

第一,充分性。WTO成员方要实行植物检疫措施,应当有"充分的科学依据",并且要"以科学原则为基础"。"充分"是一个关联概念,如它要求在植物检疫措施与科学之间存在足够的关联,即品种测试方法与科学证据之间存在"合理的或客观的联系",否则则认为没有充分的科学依据。

第二,比例性。科学证据与SPS措施之间必须存在着一种客观的、合理的关联,是否存在这种关联必须依据个案的具体情况确定,包括此项措施的特征和科学证据的质量和数量,并且要求所采取的措施与能够提出的科学证据之间要有适当的比例,不应该根据较少的,或不甚重要的科学证据而采取较为严重的措施。

第三,具体性。作为风险评估所依据的科学证据要有具体性,证据要确实针对所存在的风险。必须对争议措施所涉及特定风险进行评估,否则就表明其风险评估对所涉及情况不是"十分明确的"。

第四,时间性。在判断一项风险评估是否符合规定时,只应当根据风险评估做出时刻获得的证据来进行,而不应考虑风险评估做出后出现的科学证据。

②科学证据以外的其他因素也具有相当的重要性。[1]

《SPS协定》第5条第2款列举了WTO成员在风险评估中应当考虑的具体因素,包括可获得的科学证据;有关工序和生产方法;有关检查、抽样检验方法;特定病害或虫害的流行,等等。在实践中,引起的问题主要是:在

---

[1] 刘思文.浅谈《SPS协定》中的风险评估[J].合作经济与科技,2011(3).

协定中没有明确提及的因素，即所谓的"科学以外"的因素，如消费者关注、文化或道德偏好以及社会价值判断等，能否在 WTO 成员方确定一项风险是否存在时予以考虑。目前，根据案例分析结论是肯定的。如在"荷尔蒙牛肉案"中，专家组认为，一项风险评估，是对资料和事实研究的科学审查，不是一项涉及由政治机构作出的社会价值判断的政策实践。其结论是："科学以外"的因素不应在风险评估中予以考虑，而是应该在风险管理中予以考虑，即对风险可接受的水平和选择满足该水平的 SPS 措施而作出的决定。但是，上诉机构推翻了专家组的这一结论，它认为《SPS 协定》第 5 条第 2 款中列举了 WTO 成员在进行风险评估时应当考虑的因素，但这一列举不是一个"穷尽的"列举。在 WTO 成员进行一项风险评估时，可以考虑该条款中未列举的因素。就条文来说，只规定了"应当"在风险评估中予以考虑的因素，而没有明确规定是否也能考虑其他因素，从"荷尔蒙牛肉案"上诉机构的这一结论可以看出，上诉机构对《SPS 协定》第 5 条第 2 款作了扩大解释，即可以考虑其他的诸如消费者关注、社会价值判断等因素。但是，上诉机构的这一结论会不会冲击风险评估的科学性要求，会不会导致 WTO 成员尤其是发达国家对 SPS 措施的滥用，进而损及协定的规范性和可预见性，这些问题仍有待反思与商榷，也值得发展中国家引起足够的警惕与注意。

3. 第 6 条"适应地区条件，包括适应病虫害非疫区和低度流行区条款"❶

（1）第 6 条"适应地区条件，包括适应病虫害非疫区和低度流行区条款"的条文解析

《SPS 协定》第 6 条（适应地区条件，包括适应病虫害非疫区和低度流行区的条件）共有三款，分别为：

第 1 款，各成员应保证其卫生与植物卫生措施适应产品的产地和目的地的卫生与植物卫生特点，无论该地区是一国的全部或部分地区，或几个国家的全部或部分地区。在评估一地区的卫生与植物卫生特点时，各成员应特别考虑特定病害或虫害的流行程度、是否存在根除或控制计划以及有关国际组织可能制定的适当标准或指南。

第 2 款，各成员应特别认识到病虫害非疫区和低度流行区的概念。对这些地区的确定应根据地理、生态系统、流行病监测以及卫生与植物卫生控制的有效性等因素。

---

❶ 师华．论 WTO《SPS 协定》"适用地区"条款及我国的对策［J］．暨南学报（哲学社会科学版），2012（7）．

第３款，声明其领土内地区属病虫害非疫区或低度流行区的出口成员，应提供必要的证据，以便向进口成员客观地证明此类地区属于，且有可能继续属于病虫害非疫区或低度流行区。为此，应请求，应使进口成员获得进行检查、检验及其他有关程序的合理机会。

（2）WTO 成员方对第 6 条"适应地区条件，包括适应病虫害非疫区和低度流行区条款"的适用问题的最新动向❶

由于《SPS 协定》第 6 条，特别是该条第 3 款没有明确进口成员在决定是否给予出口成员之病虫害非疫区或低度流行区以承认时的权利和义务，致使成员方在决定过程中的具体做法，如对出口成员提供证据的要求、决定的标准或依据、决定的程序、决定作出的时间等方面千差万别，从而使得成员间病虫害非疫区或低度流行区的承认工作进度缓慢，并对国际货物贸易活动构成了一定的阻碍。从卫生与植物卫生委员会历次召开的会议议题来看，成员方对该条适用问题的讨论变得日益激烈，且至今都没能达成实质性共识。卫生与植物卫生委员会在 2003 年 6 月的委员会会议上正式启动对第 6 条有关病虫害非疫区承认问题的实质性讨论，并于 2003 年、2004 年、2005 年和 2006 年召开的几次非正式会议上讨论该问题。从历次会议的讨论内容和情况来看，成员方就病虫害非疫区的承认以及相关事项提出了大量问题，并进行了激烈的讨论。讨论的焦点主要有以下几个方面：

第一，卫生与植物卫生委员会和 OIE、IPPC 等国际组织就适用第 6 条的工作协调问题。❷

有关病虫害承认的实体性和程序性标准或要求在成员方内有不同的意见，其中日本认为应由相关国际组织制定，卫生与植物卫生委员会不应作重复工作，其仅需要根据《SPS 协定》第 12 条第 3 款和这些国际组织保持密切联系即可。而欧盟则认为，有关承认的程序性标准或要求完全可以由卫生与植物卫生委员会制定，而不必等待 OIE、IPPC 就这些问题作出相应规定。

由于 OIE、IPPC 等国际组织制定的标准或指南对缔约方没有强制性约束力，而程序公正是实体公正的基础和保障，将有关承认的程序性要求纳入到 WTO 多边法律框架予以纪律约束，有助于最终实现实体公正之目的。此外，

---

❶ 师华. 论 WTO《SPS 协定》"适用地区"条款及我国的对策［J］. 暨南学报（哲学社会科学版），2012（7）.

❷ 师华. 论 WTO《SPS 协定》"适用地区"条款及我国的对策［J］. 暨南学报（哲学社会科学版），2012（7）.

作为WTO基本原则之一的透明度原则也更加能够保证程序公正，从而增进实体公正。至于有关承认的实体性标准或要求（评估技术）涉及科学或技术方面等比较专业的内容，则比较适合由相关国际组织通过实施大量科学试验或证明后制定相关标准或指南，成员方可以采用这些标准或指南。如果成员方要求达到更高的保护水平，当然也可以在有科学依据的基础上制定更加严格的承认标准、要求或采用其他成员方制定的有科学依据的承认标准或要求。

第二，多边和双边承认病虫害非疫区之关系问题。❶

成员方在确定其境内一地区为病虫害非疫区时，可能会根据OIE制定的相关规定或IPPC中的有关规定作出此类承认。但是，有的成员方提出，即使根据这些国际性公约的相关规定承认一地区为病虫害非疫区，也并不能必然获得进口成员对该地区为病虫害非疫区的承认。换言之，获得有关国际组织的病虫害非疫区承认对是否获得进口成员的承认没有实质性影响或作用。也有成员方提出，OIE关于获得承认应符合的要求和应提供的信息并不能满足它们的要求。此外，由于国际的多边承认程序缺乏透明度，以致成员方无法判断双边承认程序的要求是否已经包含在国际组织的多边承认程序的要求之中。也有成员提出，由于两种承认程序要求不一致，造成其无法投入更多的精力或财力同时满足两种程序之要求。当然，成员方一致同意：承认的最终决定权属于进口成员，进口成员作出承认与否的决定有赖于其对出口成员相关官方机构的信赖及其他因素。

某一病虫害非疫区或低度流行区获得国际组织的承认或根据国际标准确立的病虫害非疫区或低度流行区并不是获得成员方承认的前提，进口成员有权在对申请承认成员该地区卫生和植物卫生状况进行评估的基础上自主作出决定。但进口成员进行评估的实体性标准或要求（评估技术）应采用国际标准、建议或指南，除非这些国家采用这些国际标准、建议或指南不能满足进口成员评估的要求。在此情况下，进口成员应采用有充分科学依据的评估技术。进口成员在承认程序中采用的评估技术应当也属于卫生与植物卫生措施，根据《SPS协定》第2条第2款的规定，除因紧急情况下采取临时措施外，实施卫生与植物卫生措施应"为保护人类、动物或植物生命或健康所必需的限度内实施，并根据科学原理，如无充分的科学证据则不再维持"，该条即确立了《SPS协定》的科学技术原则。评估技术作为一项具体的卫生和植物卫

---

❶ 师华. 论WTO《SPS协定》"适用地区"条款及我国的对策[J]. 暨南学报（哲学社会科学版），2012（7）.

生措施，对它的采用也理应遵循科学技术原则。

第三，承认的可预见性和透明度问题。❶

成员方指出，在申请其他成员病虫害非疫区承认的过程中，不同的进口成员经常有不同的要求，承认程序经常发生拖延的情况。进口成员承认过程的缓慢导致出口成员无法为获得其承认而作出持续、长期的投入。而且，由于进口成员在承认的时间、要求和手续上存在很大差异，因此使得出口成员无法更加有效地适用第6条。将地区划分为病虫害非疫区或低度流行区依赖于进出口成员双方的病虫害水平状况，熟悉进口成员的病虫害状况及其相关卫生情况有助于减少承认的不可预见性。进口成员在受理出口成员要求的承认申请时，可能会遇到诸多困难。如同时收到大量申请、对出口成员的病虫害状况缺乏了解、自身能力有限、缺乏对申请进行充分分析的训练等。对一地区的病虫害非疫区（或低度流行区）给予承认申请的评估通常属于对一系列病虫害进行边境进口风险评估的工作范围。评估过程所需时间可能因每个申请案件需评估情况的复杂性和技术方面的内容以及出口成员提供的数据质量的不同而有所差异。当然，成员方都认为病虫害非疫区的承认能够带来经济利益，但经济利益的大小却视承认程序的效率和时间长短而定。有的成员还强调，获得进口成员承认需作出实质性的投入，但如果进口成员的承认程序不具可预见性，迟迟不作决定，则申请承认的出口成员很难保证始终坚持作出上述投入。成员方提到有关"根除程序""控制和应急准备""监管和维持"及"政府和私人的合作"四项要求，出口成员在某一地区就这些方面所作的努力和实施的SPS措施可能会直接影响进口成员对该地区病虫害非疫区承认的作出。

进口成员在承认程序中，应该向出口成员说明各个具体步骤，并对每一个步骤所需时间作一个相对确定但同时又具有一定灵活性的规定。这样既能满足出口成员的可预见性要求，又能保障进口成员就一地区的卫生与植物卫生状况进行充分评估，做到同时兼顾双方利益。但进口成员作出这种规定需要较高的立法技术，并对每一步骤作充分研究，以对该步骤实际所需时间有一个比较准确、客观的预测。

在整个承认过程中，透明度也是非常重要的。对出口成员而言，它有必要建立一个透明的机制以获得进口成员的信赖；对进口成员而言，透明的承

---

❶ 师华. 论WTO《SPS协定》"适用地区"条款及我国的对策［J］. 暨南学报（哲学社会科学版），2012（7）.

认要求和手续可以促进整个承认过程。在过去几年中，成员方定期向卫生与植物卫生委员会提交一些有关他们适用和实施第6条的经验和做法，并提出如果进口成员向委员会提交有关其承认的调查问卷和评估标准，可提高其承认过程的透明度和可预见性。当然，进口成员可以将这些信息公布到相关网站上。

第四，承认的行政程序的具体步骤问题。[1]

成员方就承认病虫害非疫区所涉及的行政程序问题提交了一些建议。根据这些建议，可以勾勒出一个比较完整的有关承认的行政程序的轮廓。大致步骤为：出口成员请求进口成员提供有关承认程序或双边承认的相关信息→进口成员澄清其承认程序所需的要求→出口成员提供符合进口成员要求的相关文件、资料和证明→进口成员评估出口成员提供的文件和其他补充信息并作出肯定或否定性回应及说明理由→出口成员对进口成员评估报告中需要作出注释的内容提供相关澄清、补充或修改→进口成员再次评估出口成员提供的文件→（如进口成员认为有必要实地考察，出口成员对实地考察报告提供相关澄清、补充或修改）→进口成员授予或驳回承认并说明理由。

在考虑到进口成员有权采取措施以保证实现其适当保护水平的情况下，成员方建议发生下列情况时可以在承认过程中适用加速程序：已经获得《SPS协定》认可的国际组织的官方承认；在过去已经获得承认的地区爆发病虫害事件，一旦病虫害被消除，根据相关国际组织的标准又重新恢复到原有的卫生和植物卫生状态；当出口成员申请承认的地区内有关兽医或植物检疫的基础设施和业务操作内容与进口成员十分相似。

这一加速程序的建议还需进一步完善。针对第一种情况，即使获得相关国际组织的承认，由于进口成员可能采用比相关国际组织更加严格的评估技术，所以，进口成员完全有权依据有充分科学证据支持的评估结果独立自主地作出疫病非疫区或低度流行区的承认。因此，这种情况下适用加速程序的具体要求为：成员方就某一具体事项或卫生指标进行评估时，如评估采用的是其认可的国际组织之相关标准、建议或指南，则进口成员不应对该事项或卫生指标进行重复评估。针对第二种情况，由于事先获得进口成员承认的地区，进口成员之前所采用的评估技术同样可能严于相关国际组织之评估技术，

---

[1] 师华.论WTO《SPS协定》"适用地区"条款及我国的对策[J].暨南学报（哲学社会科学版），2012（7）.

因此，这种情况下适用加速程序的具体要求也应和第一种情况相同。❶

第二节 《SPS 协定》的法律地位

一、《SPS 协定》与 WTO 的关系

上诉机构在欧共体"荷尔蒙牛肉案"中曾作出过如下陈述："《世界贸易组织协定》第 16.4 条规定：每一成员国应确保其法律、规则和行政程序，与所附各协议中的义务相一致。不同于 1947 年关贸总协定，成员国明确接受了《世界贸易组织协定》，因此，不再有现有立法的例外（所谓的祖父权利）。"❷ 也就是说，《SPS 协定》作为 WTO 法律体系的一部分，是加入 WTO 成员方所必须遵守的规定，不同于上文提到的东京回合《技术性贸易壁垒协定》可以选择加入遵守或者不加入不受其规制。

二、《SPS 协定》与 GATT 1994 的关系

首先，从案件分析角度。当《SPS 协定》与 GATT 1994 同时适用于争议措施时，专家组需要解决两个协定先审查哪个的问题。"《SPS 协定》具体解决争议中的措施种类问题。如果我们先审查 GATT，我们会在任何情况下需要返回到《SPS 协定》：如果发现违反了 GATT，我们就需要考虑是否可以援引第 20（b）条，届时必然需要审查《SPS 协定》；另一方面，如果发现没有违反 GATT，我们仍然需要审查争议措施与《SPS 协定》的相符性，因为不存在与 GATT 一致就推定为与《SPS 协定》一致的情况。"❸ 基于以上这些原因，并且根据司法经济原则，为了以最有效的方式开展对纠纷的考虑，专家组首先审查《SPS 协定》项下提出的诉求。❹ 结合上述专家组关于审查顺序的考虑，我们可以得出这样的结论，由于专家组在审查顺序上将《SPS 协定》作

---

❶ 师华. 论 WTO《SPS 协定》"适用地区"条款及我国的对策［J］. 暨南学报（哲学社会科学版），2012（7）.

❷ AppellateBody Report, EC—Hormones paras. 128 – 129.

❸ Panel Reports, EC—Hormones (Canada), para. 8.45; and EC—Hormones (US), para. 8.42.

❹ 同样地，专家组在澳大利亚鲑鱼案中对于先解决哪个的问题（GATT 1994 项下的索赔还是《SPS 协定》项下的索赔）也做出了相同的决定：先审查《SPS 协定》项下提出的索赔。Panel Report, Australia—Salmon, para. 8.39.

为特别法优先考虑，并且在此基础上，可以基于"一致性推定"和"不一致性推定"得出是否违反第20（b）条的结论。❶

其次，关于第20（b）条，专家组在欧共体"荷尔蒙牛肉案"中认为："根据《SPS协定》第1.1条，适用《SPS协定》需要满足两个条件：一是争议措施属于SPS措施；二是争议措施可能直接或间接地影响国际贸易。没有其他附加的要求。《SPS协定》中没有如欧共体所宣称的❷包含明确要求先违反GATT条款才会适用《SPS协定》。"❸

关于《SPS协定》与GATT 1994第20（b）条之间的关系，专家组在欧共体"荷尔蒙牛肉案"中持这样的观点："《SPS协定》的一些条款详细说明已经包含在GATT的条款，特别是第20（b）条。《SPS协定》序言部分最后一段规定，事实上，成员国期望'详述GATT 1994关于使用卫生与植物卫生措施的规定，特别是第20（b）条的条款，制定具体规则。但是，单凭在此基础上，我们不能得出这样的结论：《SPS协定》只适用于像GATT第20（b）条一样，当且仅当建立在预先违反GATT条款的基础上。许多《SPS协定》条款施加实质性义务，这些实质性义务明显超出援引第20（b）条的条件并且是其补充。这些义务其中包括，实施'推动各成员使用协调的卫生与植物卫生措施'❹并且'期望改善各成员的人类健康、动植物健康和植物卫生状况'❺。这些义务并不像GATT第20（b）条施加的义务那样证明违反GATT项下其他义务。"❻

专家组在中国诉美国禽肉限制措施案中指出，《SPS协定》序言部分使用"详述"一词来界定《SPS协定》与GATT 1994第20（b）条的关系。专家组指出："'详述'一词是'详细解释某事'的意思。因此，序言部分规定《SPS协定》详述第20（b）条的适用规则，也就是说《SPS协定》详细解释如何适用第20（b）条……贯穿于《SPS协定》大量规定所用的措辞进一步证明这个观点，这些规定或者明确提到第20（b）条或者反映了该规定中的

---

❶ 龚柏华. WTO争端解决与中国（第三卷）[M]. 上海：上海人民出版社，2011：54.
❷ 欧共体主张《SPS协定》的实质性的规定只能诉诸于GATT第20（b）条来解决，例如，除非首先违反了GATT的其他条款。
❸ Panel Reports, EC—Hormones (Canada), para. 8.39; and EC—Hormones (US), para. 8.36.
❹ (footnote original) Preambular para. 6 of the SPS Agreement.
❺ (footnote original) Preambular para. 2 of the SPS Agreement.
❻ Panel Reports, EC—Hormones (Canada), para. 8.41; and EC—Hormones (US), para. 8.38. See also Panel Report, US—Poultry (China), para. 7.473.

相关措辞。"❶

专家组通过寻求《SPS协定》谈判记录来充实对《SPS协定》和第20（b）条之间关系的理解。"《SPS协定》的谈判历史似乎也确认了我们的解释。货物贸易领域小组组建的农业谈判小组寻求加强GATT的规则和纪律，尤其是第20（b）条认识到了SPS措施对科学证据的依赖。❷ 对GATT规则和纪律的这种强化将通过制定一套统辖SPS规定和壁垒的使用原则来进行。❸ 在这种意义上，《SPS协定》的目的之一是通过提供SPS措施必须遵守的特殊规定来补充第20（b）条。因此，我们得出这样的结论：在处理SPS措施时，《SPS协定》详述并且进一步详细解释第20（b）条。在专家组看来，这种解释以协调的方式赋予GATT 1994第20（b）条和《SPS协定》意义。"❹

此外，在涉及SPS措施时，《SPS协定》条款对于第20（b）条的分析是相关的；进一步而言，若一项SPS措施违反了《SPS协定》的有关规定，则不能援引GATT 1994第20（b）条为其抗辩。❺

三、《SPS协定》与《TBT协定》

这里所指的《TBT协定》是指在乌拉圭回合期间达成的《技术性贸易壁垒协定》，是在东京回合同名协议雏形的基础上修改和补充的，与《SPS协定》一样同属于WTO法律体系附件一A"货物贸易多边协定"中12个配套协定之一。《TBT协定》的宗旨是为了促进国际贸易的自由和便利，鼓励各成员方在技术法规、标准（包括对包装、标志和标签的要求）以及合格评定程序❻方面开展广泛的国际协调与合作，遏制以带有歧视性的技术贸易措施为主要表现形式的贸易保护主义，最大限度地减少和消除国际贸易中不必要的障碍。《TBT协定》主要包括五个方面的正当目标，即保证出口产品的质量，保护人类、动物或植物的生命或健康，保护环境，防止欺诈行为，保护国家安

---

❶ Panel Report, US—Poultry (China), paras. 7.471 – 7.472.
❷ (footnote original) MTN./GNG/NG5/10, para. 3.
❸ (footnote original) MTN./GNG/NG5/WGSP/1.
❹ Panel Report, US—Poultry (China), paras. 7.478 – 7.479.
❺ 龚柏华. WTO争端解决与中国（第三卷）[M]. 上海：上海人民出版社，2011：49.
❻ 《TBT协定》序言第五段：期望保证技术法规和标准，以及对技术法规和标准的合格评定程序不给国际贸易制造不必要的障碍。

全要求。❶

《SPS协定》与《TBT协定》都是对《关贸与贸易总协定》原则性规定的具体细化，特别是被全部或部分地视为对GATT第20（b）条授权采取的为保护人类、动物或植物的生命或健康所必需的措施的具体解释。❷ 而两个协定最显著的差异在于二者规定的措施的适用范围不同。《SPS协定》主要适用于为保护人类、动植物生命或健康所采取的措施，其管辖范围相对较窄；《TBT协定》适用于除卫生与植物卫生措施之外的技术性贸易措施，适用范围相对较宽泛，另外根据《TBT协定》第1.5条："本协定的规定不适用于《实施卫生与植物卫生措施协定》附件A定义的卫生与植物卫生措施。"

四、《SPS协定》与SPS措施

(一) SPS措施的特定内涵

《SPS协定》以规制影响国际贸易的卫生与植物卫生措施为己任。SPS措施则是由《SPS协定》所界定的一个专有概念，具有特定的含义，无法为各国国内法现有的"检疫措施""卫生检疫措施"及"动植物检疫措施"等概念所完全涵盖。

在国内法上，所有由特定的政府管理机构所采取的防止疫情传播的措施都被称为检疫。而从检疫的发展史中我们知道，最早作为隔离措施的检疫，是针对人而采取的卫生检疫手段，后来才扩展到动物和植物方面，就产生了动植物检疫。❸

根据检疫的不同目的，各国立法上通常把检疫分为卫生检疫与动植物检疫两种。一方面，卫生检疫与动植物检疫有着不尽相同的检疫目的、对象、范围及手段，是两种不同性质的检疫。一般来说，为保护人类的生命或健康，专门针对人类的传染病所进行的检疫被称作"卫生检疫"；而为保护有益动植

---

❶ 《TBT协定》序言第六段：认识到不应阻止任何国家在其认为适当的程度内采取必要措施，保证其出口产品的质量，或保护人类、动物或植物的生命或健康及保护环境，或防止欺诈行为，但是这些措施的实施方式不得构成在情形相同的国家之间进行任意或不合理歧视的手段，或构成对国际贸易的变相限制，并应在其他方面与本协定的规定相一致；《TBT协定》序言第七段：认识到不应阻止任何国家采取必要措施以保护其基本安全利益。

❷ 《SPS协定》以GATT第20（b）条为依据制定的，其目的是将该条款细化，从而使成员方更清楚在何种限度内不履行关贸总协定的一般义务，实施卫生检疫措施保护本国人类、动植物的生命或健康。而《TBT协定》则是以GATT第1条和第3条有关国民待遇和最惠国待遇条款的规定为依据，其目的是保证各国在技术法规、标准和合格评定程序方面的规定不违反GATT中的上述基本义务。

❸ 房维廉. 进出境动植物检疫法的理论与实务[M] 北京：中国农业出版社，1995：3.

物的生命或健康,专门针对动物传染病、寄生虫病及植物危险性病、虫及其他有害生物所进行的检疫被称作"动植物检疫"。

但另一方面,由人类与动植物的天然联系所决定,卫生检疫与动植物检疫也无法截然分离,它们在检疫目的、对象、范围及手段方面都有着相关联甚至交叉的一面。首先,据统计,人畜共患的传染病已达近200多种,❶ 它们属于卫生检疫与动植物检疫共同的检疫对象;其次,有一些危害动植物的病虫害也危害人类的生命与健康,像毒麦等,所以,保护人类的生命与健康既是卫生检疫的目的,也是动植物检疫的目的之一;再次,某些进出境货物、行李或邮寄的物品及运输工具,基于相同或不同的检疫目的,也同属于卫生检疫与动植物检疫的范围;最后,在消毒、除害等处理方法方面,两种检疫也存在着一些相同或类似的检疫手段。

在我国,SPS措施通常被翻译成"动植物检疫(措施)"。实际上,无论是动植物检疫,还是卫生检疫,与SPS措施都有着不尽相同的内涵与外延。在此,为明确作为《SPS协定》适用范围的"SPS措施",我们有必要对这几个概念加以区分。

根据《SPS协定》附件A第1条"定义条款"所作的专门规定,SPS措施是指用于该协定所确定的特定目的的任何措施,其独特的内涵具体体现于以下几个方面:

第一,其特定目的是指:一是保护成员领土内的动物或植物的生命或健康免受虫害、病害、带病有机体或致病有机体的传入、定居或传播所产生的风险;二是保护成员领土内的人类或动物的生命或健康免受食品、饮料或饲料中的添加剂、污染物、毒素或致病有机体所产生的风险;三是保护成员领土内的人类的生命或健康免受动物、植物或动植物产品携带的病害、虫害的传入、定居或传播所产生的风险;四是防止或控制成员领土内因虫害的传入、定居或传播所产生的其他损害。❷

第二,其表现形式包括所有相关法律、法令、法规、要求和程序,特别包括:最终产品标准、工序和生产方法、检验、检查、认证和批准程序;检疫处理,包括与动物及植物运输有关的或与在运输过程中为维持动植物生存所需物质有关的要求;有关统计方法、抽样程序和风险评估方法的规定;与

---

❶ 房维廉. 进出境动植物检疫法的理论与实务 [M]. 北京:中国农业出版社,1995:19.
❷ 肖冰. WTO法生成之法理启示——以《SPS协定》为视角 [J]. 国际经济法学刊,2005(12).

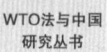

粮食安全直接有关的包装和标签要求。

第三，就这些定义而言，"动物"包括鱼和野生动物；"植物"包括森林和野生植物；"虫害"包括杂草；"污染物"包括杀虫剂、兽药残余物和其他杂质。

第四，由《SPS协定》实现国际货物贸易自由化的主旨所决定，作为其适用对象的SPS措施自然是针对进出境货物以及与其相关的物品、运输工具等的检验检疫措施。

由此可见，SPS措施与各国国内立法中所规定的检疫，特别是其中的动植物检疫在范围上有着较大部分的重合，也包括一部分的卫生检疫；但除此之外，SPS措施还包括相当一部分不能为检疫所完全涵盖的货物检验、检测及其他卫生质量要求方面的措施内容。这就进一步地证明了：将SPS措施等同于"动植物检疫"或"动植物检疫＋部分卫生检疫"是不正确的。

（二）SPS措施对国际贸易的影响

SPS措施的范围很广，为便于讨论，在此，根据措施实施者所实际追求的功效，❶可将其划分为"正常的SPS措施"与"异化的SPS措施"两种。"正常的SPS措施"是指纯粹出于保护人类、动植物生命与健康而采取的、符合此类措施正常功能的安全预防性措施；"异化的SPS措施"则是指出于贸易保护主义目的而采取的、违背实施此类措施初衷的贸易壁垒手段。

1. 正常的SPS措施的综合性作用

从广义的角度来说，SPS措施的实施具有广泛的、多方面的积极效应。首先，在社会效应方面，通过预防危险性疫情的传播和其他各种影响人类、动植物生命或健康的不安全因素的发生，有力地保护了各国人民及动植物的生命与健康，保证了正常的生活、生产条件，并有力地促进了社会的安定和发展。其次，在经济效应方面，尽管SPS措施实施本身也需投入很高的经济代

---

❶ 《SPS协定》附件A第1条中所称的"目的"是指实施相关措施的"名义"目的，不一定与其实际目的相符合。《SPS协定》所要禁止的也恰恰是那些以保护人类、动植物生命或健康为名，变相限制国际贸易的措施。

价,但与疫情传播将引发的灾难性损失相比,❶ 其效果与付出却不可同日而语。无数的历史教训证明,各种传染病、虫害传入容易消灭难,而加强检验检疫防患于未然,不仅能够有效地抵御各种疫情的传播,而且符合最大经济效益原则。再次,在生态效应方面,SPS 措施是维护境内良好的生态环境,防止由于外来疫情的侵入而出现正常的生物失衡,❷ 并由此导致疫情大流行的严重后果的有效措施。按照自然界的规律,动植物(包括昆虫、微生物等所有生物种类)在一定的地理范围内保持某种平衡,如一旦有外来的病、虫种类传到新的地理区域,特别是对于现代化的农牧场,那里集中种植、饲养着单一的、数量巨大的动植物群体,由于新的寄主作物、家畜、家禽缺乏抗性,加之当地又没有外来病虫种类的天敌,其结果会形成毁灭性的疫情流行灾害。在此意义上,SPS 措施也是一项保证生态环境优化所必需的防范性措施。

2. SPS 措施对国际贸易的影响情况

当把 SPS 措施放在 WTO 框架下时,则只需在狭义的范围内考察其对国际贸易的影响问题。如前所述,SPS 措施的生成与发展和国际贸易的发展是分不开的,国际贸易越发展,来自不同国家、地区的各种传染病、虫害等危险性疫情及相关不安全因素传播和增长的机会也就越大。相应地,各国只有采取愈加严密、完备的 SPS 措施才能真正达到其预想的预防目的与防护效果;但 SPS 措施是通过限制产品进出口来达到其预防危险性疫情传播的目的,所以,即便仅仅是为了保护人类、动植物的生命或健康而采取的此类措施,在客观上也可能造成对国际贸易的限制;而如果在国际贸易增长导致各国竞争激烈的情况下,假借保护人类、动植物生命或健康,实为贸易保护手段的此类措施(即"异化的 SPS 措施")则在主观与客观两方面均为国际贸易的障碍。如此看来,无论因何种目的而采取的 SPS 措施,其有力实施的结果都

---

❶ 例如,1978 年,非洲猪瘟席卷了马耳他,仅一个月疫情就波及全国 304 个猪场,政府不得不下令扑杀了全国所有的猪,开创了一个国家由于一种疫病的传入,使一种家畜绝种的先例。地中海实蝇,是水果蔬菜最凶残的敌人之一。20 世纪 80 年代初美国爆发了一场实蝇之战,开始人们仅在诱捕器中发现两只实蝇,几天后,实蝇大量繁殖,侵害加州的大片柑橘园。为了彻底扑灭实蝇,美国曾动用军队和警察,加州州长不得不下令将丰收在望的果实统统摘光并封存销毁,违令者将被处以半年有期徒刑。这场实蝇之战使加州的直接经济损失高达 12.5 亿美元,因贸易禁运等造成的间接损失则无法估量。至今,该实蝇仍未在美国加州彻底根除。1937 年,甘薯黑斑病从日本传入了我国辽宁省盖县,几年后就蔓延到国内 7 个省,至今我国几乎所有种植甘薯的地区都有此病发生,估计每年造成烂薯超过 50 亿千克,由于人畜食用烂薯后中毒死亡的也不乏其例。参见姚文国. 国际多边贸易规则与中国动植物检疫 [M]. 北京:法律出版社,1997:141.

❷ 姚文国. 国际多边贸易规则与中国动植物检疫 [M]. 北京:法律出版社,1997:144 - 145.

是抑制国际贸易的充分增长。由此,我们看到,在SPS措施与国际贸易之间实际形成了一种非常特殊的、不对称的联动关系:国际贸易发展—SPS措施增加和健全—阻碍国际贸易。细细说来,根据SPS措施实施的不同动机,这个过程又可由两种不同的路径来达到:第一,国际贸易发展导致了不安全因素传播机会增加,因此需要保护人类、动植物生命或健康,采取预防措施,实施正常的SPS措施,这样客观地阻碍了国际贸易;第二,国际贸易日趋激烈,为了保护本国贸易、限制进口产品,通过实施贸易壁垒措施即异化的SPS措施来人为地阻碍国际贸易。❶

需要特别加以说明的是,这里所作的结论仅仅是针对SPS措施对国际贸易的直接的、量上的影响而言,或者说只是一个非常直观的结论,换个角度分析的时候结果则可能有所不同。实际上,SPS措施与国际贸易之间也同时存在着极大的互补性:其一,作为预防危险性疫情手段的SPS措施是人类、动植物乃至整个生态环境存续与良性发展的基本保证,当然也必然是国际贸易顺利发展、长久持续的前提条件和不尽之源泉。我们不能想象,连基本生命与健康安全都难以维系的社会,不论是国内社会还是国际社会,会有什么贸易的繁荣;其二,就一个特定的国家而言,无论是作为安全预防性措施还是作为贸易保护手段的SPS措施,其对进出口的影响兼具双重性,或者说其起到的作用往往正好相反:促进出口而限制进口,也正是由于SPS措施的这种独特功能使之由最初的生命与健康安全保护措施而逐渐异化成各国乐于采用的贸易保护手段之一。❷

3. 异化的SPS措施及其普遍实施

作为贸易保护手段的SPS措施,由其特有的隐蔽性、差异性、易变性以及由此而来的复杂性所决定,已成为当今国际贸易中最盛行的一种技术性壁垒,并构成对国际贸易自由化最主要的障碍之一。

(1) 异化的SPS措施的特性

其一,隐蔽性。如前所述,异化的SPS措施之贸易保护主义的真实意图往往掩盖在其保护人类、动植物生命与健康的正当旗号和科学外衣的背后,不仅相对关税壁垒,而且较之其他非关税壁垒手段也具有更大的隐蔽性。

其二,差异性。SPS措施的差异性与其多样性相联系,主要表现在两个方面:一是不同国家、地区间的差异。SPS措施是各国自然条件、文化背景、生

---

❶ 肖冰. WTO法生成之法理启示——以《SPS协定》为视角[J]. 国际经济法学刊, 2005 (12).
❷ 肖冰. WTO法生成之法理启示——以《SPS协定》为视角[J]. 国际经济法学刊, 2005 (12).

活习俗、经济以及技术发展水平等多种社会因素的集中反映，由各国、各地区间发展的不平衡性以及社会生活的多元性所决定，各自的卫生检验检疫要求、标准、方法也都存在着极大的差别。二是同一国家不同产品以及相同产品的不同检验检疫要求间的差异。由于 SPS 措施综合了各种卫生检验检疫的标准和要求，普适于大量的进出口产品，特别是广泛适用于与人类生活密切相关的农产品，所以，针对不同的产品、针对不同的检验检疫要求，所实施的检验检疫标准、方法也存在着各式各样的差别。❶

其三，易变性。为顺应多变的国际政治、经济形势以及高速发展的技术要求，SPS 措施的经常性变动也在所难免。

其四，兼具阻碍性与便利性。严格说，SPS 措施的阻碍性与便利性属于一种派生的特性，即由上述隐蔽性、差异性以及易变性这些 SPS 措施所固有的特性派生而来，或者可以说是由此而产生的双重功效。说它们兼具阻碍性与便利性，是指 SPS 措施所具有的这两种特性相生相伴，反映了一个事物的两个不同侧面：站在国际贸易自由化的立场上，SPS 措施具有不同于一般贸易壁垒措施的复杂性，构成对国际贸易的极大障碍。毫无疑问，隐蔽且易变的措施让人难以识别、把握；巨大的差异则使之难于协调、统一；而其中的技术性含量更增加了对此类措施驾驭的难度。但与此同时，站在贸易保护主义的立场，所有这些对竞争对手的难题都是自己可加利用的便利，而且可以成功地避开国际条约有关国民待遇要求、关税约束方面的禁止性规定，从而实现采取其他壁垒手段难以达到的保护目的，有助于最大限度地保护本国的贸易利益。❷

（2）异化的 SPS 措施的普遍实施

国际贸易的实践表明，异化的 SPS 措施已经在各个环节与层面上广泛地作用于国际贸易的各个领域，特别是备受各国大力保护的农产品贸易中。

首先，无论在 SPS 措施的制定环节上，还是在 SPS 措施的执行环节上，滥用卫生检验检疫手段以保护本国贸易利益的情形都颇为普遍。就 SPS 措施的制定而言，为达到保护本国产品禁止或限制进口的目的，国家往往专门针对进口产品制定极其严格的检验检疫标准、方法，有的甚至严厉到没有任何产品可以达标的程度。例如，一个拥有大规模绵羊产业的国家可能会为了阻止牛肉进口，保护其绵羊产业而设置一项以健康为目的的要求牛肉脂肪含量

---

❶ 肖冰. WTO 法生成之法理启示——以《SPS 协定》为视角 [J]. 国际经济法学刊，2005（12）.
❷ 肖冰. WTO 法生成之法理启示——以《SPS 协定》为视角 [J]. 国际经济法学刊，2005（12）.

不得超过3%的SPS措施。或者，如果该国也有牛肉工业，为了不违反"国民待遇原则"，它可以转而要求冻牛肉的液滴含量不得超1%，亦即解冻后每头牛的肉里所含的液体不得超过1%。这将是一个极难达到的标准，而如果在对牛肉进行了关税约束的情况下，它还可以采用SPS措施去鼓励当地牛肉加工，如规定用于零售的牛肉脂肪含量不得超过3%，但用来进一步加工的牛肉含脂量却允许高达20%。就SPS措施的执行而言，即使一国采取的是国际通用的检验检疫标准，政府机关仍要检验进口货物是否达到其健康要求。这类检验如果在独立和客观公正的法庭面前不具辩驳性，就有可能被用作拒绝政治敏感性货物进口的工具，即使这些产品符合所有的健康和安全要求。❶

其次，在农产品贸易领域，众多国家，特别是西方农业发达国家普遍确立了以禁止进口为主体的严格检疫制度，或专门设置针对进口产品的"高标准""严要求"以及各种名目、手续繁复的程序。

据有关资料介绍，西方农业发达国家均以动植物的恶性传染病为由采取以禁止进口为主体的检疫制度，动物检疫规定禁止从牛瘟、口蹄疫、非洲猪瘟、禽流感等主要传染病疫区进口动物及其产品，植物检疫规定禁止从地中海蝇、橘小实蝇、瓜实蝇、小麦矮腥穗病等多种疫病的疫区进口植物及其产品。❷日本政府几十年来就一直利用禁止进口检疫制度，延缓或阻止了其他国家农产品的市场准入，如禁止进口美国的大米、中国的水果、大部分国家的牛肉等。但与此同时，日本的禁止进口物品解禁工作却十分严格和困难，解禁前要经过很长时间的科学试验，试验结果和结论还要召开公听会进行论证，以听取民间有关人士的意见，最后履行一系列法律手续才能宣布解禁。

澳大利亚、新西兰等国由于拥有优良的地理环境和丰富的农牧业资源，历来以农牧业产品质量优良和大量出口著称于世，因此，很少从国外进口农牧产品，即使进口也是为了改良品种，进口数量小，而且查验要求高、检疫措施极为严格。

美国、加拿大、法国等农业发达国家，也都把动植物检疫作为技术性贸易壁垒加以利用，一方面寻求将自己的农产品推向国外市场，另一方面为保护其国内农产品市场，限制其他国家农产品的市场占领，以GATT中的例外条款的保障措施为由，常常采取制定苛刻的动植物检疫技术标准、颁布严厉

---

❶ 伯纳德·霍克曼，迈克尔·考斯泰基. 世界贸易体制的政治经济学——从关贸总协定到世界贸易组织[M]. 刘平，洪晓东，许明德等译. 北京：法律出版社. 1999：112.

❷ 肖冰. WTO法生成之法理启示——以《SPS协定》为视角[J]. 国际经济法学刊，2005（12）.

的检疫法规和名目繁多的认证制度等使其国内市场免受国外农产品的威胁。❶

（3）异化的 SPS 措施所造成的贸易冲突

SPS 措施的异化与滥用对国际贸易产生了严重的负面影响，越来越多的国家指责进口国采取 SPS 措施作为非关税壁垒来限制进口，由此而产生的贸易冲突也不断升级、激化。例如，日本曾在 1971 年正式对外开放其苹果市场，但又借口大多数进口苹果消除虫害和植物疾病不够彻底，可能会给日本纯净的果园带来侵害，因而十几年来日本实际的市场准入一直受到限制。对此，苹果出口商们认为日本的动植物检疫规则太苛刻，远远超过了其他国家，已构成了后门保护主义。美国贸易官员引证日本的苹果进口规定为一项不公平的贸易壁垒，在本国议会代表的推动下，他们定期在双边会议中提出这一问题。经过数年的对峙，日本政府在巨大的外部压力下才作出让步，宣称某些美国果园已采取了适当的方法消灭病毒和蛾子。到 1995 年 1 月，美国苹果出口至日本才真正成为可能。❷

著名的荷尔蒙案件亦由此而生。早在 1988 年 1 月，欧盟禁止对用来宰杀和食用的牲畜使用催肥的激素物质。这一禁令影响了美国对欧盟的肉类出口，由此引发了双方的争议。美国政府称此项禁令没有科学根据，因为对激素的使用是完全控制在安全范围内的，此禁令已经构成不公正的贸易壁垒。按照美国官方数据，此项禁令如得以全面执行，将使美国出口额每年减少 1.15 亿美元，最终这一争端被提交到了 GATT。❸

第三节 《SPS 协定》对非政府机构规制的探究❹

WTO 的《SPS 协定》是乌拉圭回合谈判构建的世界贸易组织法律框架中的重要协定之一，从属于货物贸易领域并和其中的农产品贸易有密切联系。《SPS 协定》的重要性不仅因为农产品贸易而且由于其直接涉及食品安全、人类及动植物之生命和健康而日益受到人们的关注。自 20 世纪 50 年代以来，疯牛病、口蹄疫、禽流感反复地在世界诸多国家爆发或传播，严重威胁和影

---

❶ 姚文国. 国际多边贸易规则与中国动植物检疫 [M]. 北京：法律出版社，1997：201.
❷ 肖冰. WTO 法生成之法理启示——以《SPS 协定》为视角 [J]. 国际经济法学刊，2005（12）.
❸ 伯纳德·霍克曼，迈克尔·考斯泰基. 世界贸易体制的政治经济学——从关贸总协定到世界贸易组织 [M]. 刘平，洪晓东，许明德等译. 北京：法律出版社，1999：112–113.
❹ 师华.《SPS 协定》对非政府机构规制的探究 [J]. 河北法学，2009（12）.

响了人类的生命和健康,这无疑使得《SPS协定》在整个货物多边贸易体制下具有其他协定无法比拟的地位。

《SPS协定》第1.1条开门见山地表明了协定的适用范围:"本协定适用于所有可能直接或间接影响国际贸易的卫生与植物卫生措施。此类措施应依照本协定的规定制定和适用。"附件A第1条进一步明确了"卫生与植物卫生措施"是用于下列目的的任何措施:(1)保护成员领土内的动物或植物的生命或健康免受虫害、病害、带病有机体或致病有机体的传入、定居或传播所产生的风险。(2)保护成员领土内的人类或动物的生命或健康免受食品、饮料或饲料中的添加剂、污染物、毒素或致病有机体所产生的风险。(3)保护成员领土内的人类的生命或健康免受动物、植物或动植物产品携带的病害,或虫害的传入、定居或传播所产生的风险。(4)防止或控制成员领土内因虫害的传入、定居或传播所产生的其他损害。卫生与植物卫生措施的具体形式包括:所有相关法律、法令、法规、要求和程序,特别包括:最终产品标准;工序和生产方法;检验、检查、认证和批准程序;检疫处理,包括与动物或植物运输有关的或与在运输过程中为维持动植物生存所需物质有关的要求;有关统计方法、抽样程序和风险评估方法的规定;以及与粮食安全直接有关的包装和标签要求。

近年来,成员方将有关SPS措施提交争端解决机构的次数和所涉及《SPS协定》条款数目的增加,一定程度上表明协定对整个国际货物贸易活动的影响日渐加强。自WTO成立以来,共有30个有关SPS措施的贸易争端被提交至WTO争端解决实体,争端的数量不仅有上升趋势,而且涉及所适用的协定条款范围也有扩大的趋势,至今为止在《SPS协定》总共14条条款中已有9条被有关成员方列入磋商请求之中。[1]

SPS措施就像是一把双刃剑,既可以用来保护人类和动植物的生命和健康,又可能沦为贸易保护主义的工具。随着人们对食品安全和动植物卫生的日益关注,各个成员方逐步加强对进口食品和动植物的边境检验检疫工作,大量SPS措施由此而产生,这就决定了《SPS协定》在成员方的实施至关重要。

一、《SPS协定》对非政府机构的规制

对《SPS协定》和非政府机构的关注缘起于WTO成员圣文森特和格林纳

---

[1] 信息来源 http://www.wto.org/english/tratop_e/dispu_e/dispu_status_e.htm。

丁斯在一次 SPS 委员会会议上所作的报告。2005 年 6 月 29 日、30 日，卫生与植物卫生委员会召开第 33 届会议。会上，圣文森特和格林纳丁斯代表向委员会报告称，自 1997 年由欧洲零售生产经销集团（the Euro-Retailer Produce Working Group，EUREP）发起的《欧洲良好农业操作规范》（EUREP Good Agriculture Practices，EUREPGAP）认证活动已经成了该国农产品进入英国市场的准入条件之一。圣文森特和格林纳丁斯代表认为，SPS 措施应由政府而非私人机构或非政府组织实施，而 EUREPGAP 认证活动中的某些措施明显属于《SPS 协定》所规定的 SPS 措施之范围，希望欧共体对这些措施的性质予以澄清。牙买加代表指出其向欧共体出口水果和蔬菜时也碰到了要求其予以 EUREPGAP 认证的问题。由于欧共体食品和饲料相关法规规定 EUREPGAP 之要求是私人部门的要求，牙买加询问出口成员可以采取哪些措施应对这种情况。厄瓜多尔代表提出其也遇到了类似问题。

欧共体代表对上述成员提出的问题作了澄清：EUREPGAP 不是欧共体机构之一，也不是其成员国，而是一个代表大多数零售商利益的私人行业协会。任何情况下 EUREPGAP 的要求都不能认为是欧共体的要求，但欧共体无法阻止该认证活动的实施，因为这项活动并没有违反欧共体的法律。在许多方面，EUREPGAP 的要求还是能够反映发展中国家所关注的问题的。欧共体鼓励发展中国家和 EUREPGAP 进行对话和沟通。

秘鲁代表要求对《SPS 协定》第 13 条有关成员境内的非政府机构实施该条的问题作出解释。墨西哥代表指出 SPS 措施的定义和范围在《SPS 协定》附件 A 中已有明确界定，只有这些 SPS 措施为政府所采取时，才要求成员方保证相关的政府和非政府机构需合理地实施这些措施，就像《TBT 协定》附件 3（制定了一个非政府标准化机构制定标准的良好行为规范）所规定的那样。❶ 这个规范已被许多标准化机构接受。❷ 墨西哥代表建议 SPS 委员会在对上述问题进行讨论并得出任何结论前，可以先了解一下《TBT 协定》中的相关条款。阿根廷代表则指出，如果私人机构制定对国际贸易具有不必要限制作用的标准而国家却不对那些具有合理性的标准予以提倡，则 WTO 成员 20 年的谈判努力就会付诸东流。其再次重申《SPS 协定》条款的合理性和合

---

❶ ANNEX 3 Code of good practice for the p reparation; adopt ion and application of standards, Agreement on technical barriers to trade. 参见汪尧田. 乌拉圭回合多边贸易谈判成果 [M]. 复旦大学出版社，1995.

❷ 自《TBT 协定》实施之日起，已有来自 110 个成员的 151 个标准化机构接受该规范。参见 G/TBT/18.

法性。

对于以上讨论的问题,《SPS协定》在第13条中有专门的规定。该条虽仅有一款寥寥100多个英文单词,却对成员方提出了多项要求:

"各成员对在本协定项下遵守其中所列所有义务负有全责。各成员应制定和实施积极的措施和机制,以支持中央政府机构以外的机构遵守本协定的规定。各成员应采取所能采取的合理措施,以保证其领土内的非政府机构以及其领土内相关实体为其成员的区域机构,遵守本协定的相关规定。此外,各成员不得采取其效果具有直接或间接要求或鼓励此类区域或非政府机构、或地方政府机构以与本协定规定不一致的方式行使作用的措施。各成员应保证只有在非政府机构遵守本协定规定的前提下,方可依靠这些实体提供的服务实施卫生与植物卫生措施。"

该条款的第一句开门见山,明确提出各成员方对中央政府以外的机构(包括区域或非政府机构、地方政府机构和其他相关实体)遵守《SPS协定》情况负有全部责任。接着第二、第三、第四、第五句便具体规定了成员方应如何保障上述这些机构遵守《SPS协定》。这四句分别对成员方提出四项要求,具体而言:第二句要求成员制定和实施积极的措施和机制以支持非中央机构(包括区域或非政府机构、地方政府机构和其他相关实体)遵守《SPS协定》(显而易见,条文的行里之间透着希望之意,少了些许强制色彩);第三句要求成员方采取所能采取的合理措施,以保证境内非政府机构和境内实体作为成员的区域机构遵守《SPS协定》(比起前面一句,命令性语气稍有增强,但依旧没有太过苛求);第四句禁止成员方以积极作为的方式(要求或鼓励)允许非中央机构实施和《SPS协定》之规定不一致的措施,换言之,成员方不得要求或鼓励非中央机构不遵守《SPS协定》(一改前面两句肯定之语气,用禁止性的表述强调成员方应承担的义务);第五句要求成员方在依靠非政府机构所提供服务实施SPS措施时,应保证这些非政府机构遵守《SPS协定》(以命令式的口吻明确成员方应履行的义务)。

应特别注意的是,该条款中的区域机构(境内实体作为成员的机构)中的一部分实际上也属于广义的"非政府机构",只要这些区域机构的性质为非官方的机构。该条把"非政府机构"局限于一国境内的非官方机构。为了讨论之便利,作者下文所称"非政府机构"(Non-Government Organizations,NGOs)的范围为一国境内的非政府机构和一部分的区域机构,属于私人、非官方性质的实体(现实中包括行业协会、商会、民间团体、组织等)。

以上条文明确要求成员方保障非政府机构实体遵守《SPS 协定》，它与"WTO 多边贸易机制约束政府或官方行为"的观点似乎有所矛盾，鉴于此，作者在此对有关非政府机构实施《SPS 协定》之情况作进一步分析和研究。

二、《SPS 协定》对非政府机构规制的本质

分析《SPS 协定》第 13 条会提出一个问题，非政府机构制定、采用或实施的有关卫生或植物卫生标准、措施是否受《SPS 协定》规制？❶ 由于《SPS 协定》是规制政府制定、采用或实施强制性标准或措施之行为的，因此，作者认为，要解决这个问题，首先要确定非政府机构制定、采用或实施的有关卫生或植物卫生标准、措施是否属于强制性标准或措施。❷

一项标准或措施是否具有强制性，关键在于政府是否在相关法律规范中以命令性或禁止性口吻要求调整对象作为或不作为，换言之，如果政府以授权性规范实施某一项标准或措施，则该标准或措施就不具有强制性。❸ 非政府机构制定、采用或实施的标准或措施，虽然这些标准或措施的制定主体为私人、非官方性质的实体，从表面上看，这些标准或措施很可能是非强制性标准或措施。但是，一旦这些标准或措施被政府引用到某些法律规范之中，并

---

❶ 与该问题类似，非政府机构制定、采用或实施的技术性措施或标准是否受《TBT 协定》规制？对此问题，有关 TBT 措施争议的专家组报告和上诉机构报告已有一定程度上的回答并对该问题涉及的具体概念、范围等作了澄清和解释，这可能有助于我们更好地理解本书提出的这个问题。See Samir R Gandhi, Regulating the Use of Voluntary Environmental Standards Within the World Trade Organization Legal Regime: Making a Case for Developing Countries, Journal of World Trade. New York: Oct 2005. Vo.l 39, Iss. 5; pg. 855, 26 pgs.

❷ 参见 World Trade Organization, Exploring the links between trade, standards and the WTO. World Trade Report 2005. 2005, p. 89. 换言之，只有政府制定、采用或实施的强制性标准或措施才属于《SPS 协定》附件 A 所述"相关法律、法令、法规、要求和程序"。当然，根据以往有关 TBT 措施争议的专家组报告和上诉机构报告，专家组和上诉机构在确定非政府机构制定、采用或实施的标准或措施是否属于相关法律、法令、法规、要求和程序时，要求申诉方证明非政府机构制定、采用或实施相关标准或措施的行为和政府对非政府机构这一行为必须负责之间存在联系，比如非政府机构由政府机构组织、支持，就视为上述联系的存在。See Panel Report, Canada—Certain Measures Affecting the Automotive Industry, WT/DS139/R, 11 February 2000, at paras 10.106, 10.107. 这种判断方法本质上也是为了确定非政府机构制定、采用或实施的标准或措施是否具有强制性，但作者认为，这种方法本身比较含糊，且对申诉方提出了相当高的举证责任。相比较而言，作者通过法律规范的行为模式来确定非政府机构制定、采用或实施的标准或措施是否具有强制性的方法更加明了，而且比较清楚地揭示了非政府机构制定、采用或实施的标准或措施具有强制性的逻辑推理过程，即通过命令性或禁止性的法律规范使非政府机构制定、采用或实施的标准或措施的性质发生转变，成为强制性标准或措施；未经转变的标准或措施，仍为非强制性标准或措施但受《SPS 协定》第 13 条间接法纪约束。

❸ 以我国为例，我国既有强制性国家标准，又有推荐性国家标准。

以命令性或禁止性规范出现，则这些标准或措施就改变了其原有的非强制性性质，应视为政府采取的强制性标准或措施。由于《SPS协定》是规制政府制定、采用或实施强制性措施之行为的，因此，那些具有强制性的非政府机构制定、采用或实施的有关卫生或植物卫生标准、措施就应当受《SPS协定》规制。但这并不能得出以下结论：如果这些标准或措施不符合《SPS协定》之相关规定，制定、采用或实施这些措施的非政府机构就违反了《SPS协定》。这种情况下，真正违反协定的应是使这些标准或措施从非强制性变成强制性措施的WTO成员方。根据协定第13条"……各成员应保证只有在非政府机构遵守本协定规定的前提下，方可依靠这些实体提供的服务实施卫生与植物卫生措施"。成员方只有在确保非政府机构之标准或措施符合协定的前提下，才能依靠这些实体提供的服务实施SPS措施（也就是将非政府机构的标准或措施为其所用，使其成为强制性标准或措施）。只要成员方采用了非政府机构制定的不符合《SPS协定》之规定的标准或措施或由这些标准或措施提供的服务，就认为成员方违反了《SPS协定》，而不是非政府机构的行为。

综上所述，具有强制性的非政府机构制定、采用或实施的标准或措施受《SPS协定》规制，那么，非强制性的非政府机构制定、采用或实施的标准或措施是否就完全不受《SPS协定》规制呢？作者认为，根据《SPS协定》第13条的实施规定，这些非强制性措施虽不受协定直接的纪律约束，但却受间接约束。第13条第二、第三句要求成员方以积极作为的方式支持非政府机构遵守《SPS协定》（遵守的范围当然包括非政府机构制定、采用或实施的标准或措施应符合协定之规定），第四句又明确规定"各成员不得采取其效果具有直接或间接要求或鼓励此类区域或非政府机构，或地方政府机构以与本协定规定不一致的方式行使作用的措施"，这就表明对那些不具有强制性的非政府机构之标准或措施且不符合《SPS协定》规定的，成员方不得要求或鼓励非政府机构制定、采用或实施这些标准或措施。第13条自始至终只对成员方提出相应要求，而不要求非政府机构履行任何义务或作出任何保证。这表明协定无意干涉非政府机构之行为。《SPS协定》在充分尊重非政府机构行为自由的前提下，对成员方提出了相应要求以保证这些非政府机构之行为不会对国际贸易产生不必要的限制作用。也就是说，《SPS协定》并不是直接规制非政府机构制定、采用或实施的有关卫生或植物卫生标准、措施之行为，而是通过规制成员方之行为对非政府机构的上述行为予以间接规制。

至此，作者对上文提出的"非政府机构制定、采用或实施的有关卫生或植物卫生标准、措施是否受《SPS协定》规制"的问题有了明确的回答，即强制性的非政府机构制定、采用或实施的有关卫生或植物卫生标准、措施受《SPS协定》的直接规制，非强制性的非政府机构制定、采用或实施的有关卫生或植物卫生标准、措施受《SPS协定》间接规制。对于上文提到的圣文森特和格林纳丁斯等WTO成员遇到的EUREPGAP认证问题，本案中，要认定欧共体违反《SPS协定》，以下两种情况最有可能：如果EUREPGAP认证为欧共体有关法律规范所规定的强制性要求且EUREPGAP认证不符合《SPS协定》之规定，则欧共体实施的有关法律规范违反《SPS协定》；如果EUREPGAP认证要求不具有强制性且不符合《SPS协定》之规定，在此情况下，欧共体采取了相关措施以要求或鼓励非政府机构制定、采用或实施这些标准或措施，则欧共体违反《SPS协定》。

无论事实上是哪种情况，都应围绕欧共体因允许EUREP这一非政府机构制定、采用或实施和《SPS协定》不相符合的EUREPGAP认证而违反《SPS协定》的观点进行主张，而不能主张EUREP因制定、采用或实施和《SPS协定》不相符合的EUREPGAP认证而违反《SPS协定》或WTO其他规定。❶

在此还想指出一种比较特殊的情况，即有的成员方的非政府机构所实施的标准或措施具有事实上的强制性。这些标准或措施并没有被引用到法律规范中，或虽引用但以授权性规范的形式出现，换言之，这些标准或规范形式上没有强制性，但它们具有实质上的强制性。在某些领域，如果一项产品不符合这些标准或规范，它就不被消费者、零售商们所认可，根本没有市场竞争力。于是，生产者要卖出这些产品，就必须采用由某些往往是非常权威的非政府机构制定的标准或措施。作者认为，因市场经济规律导致这种情况下的非政府机构之标准或措施的强制性，不应该和因政府行为导致非政府机构之标准或措施具有强制性的情况混为一谈，而应充分尊重市场经济规律和消费者的选择。也就是说，即使成员方境内存在这种事实上的强制性标准或措施且其不符合《SPS协定》之规定，也不能因此认定该成员方违反《SPS协定》。然而，我们不得不承认，市场也有失灵的时候，消费者也可能盲目，而最终获益的却是制定这些标准或措施的非政府机构中的控制者（如大公司、财团等经济实体）。它们通过各种方式让消费者盲目地确信某些标准或措施是

---

❶ 学者Samir R Gandhi也持该观点。See Samir R Gandhi, Regulating the Use of Voluntary Environmental Standards Within the World Trade Organization Legal Regime: Making a Case for Developing Countries, Journal of World Trade. New York: Oct 2005. Vo.l 39, Iss. 5, pg. 855, 26 pgs.

必不可少的，从而间接强迫零售商、其他生产者采用这些标准或措施，增加产品的生产或销售成本，限制国内和国际市场竞争。为了保证非政府机构在制定、采用或实施有关标准或措施时不滥用它的权利和资源，TBT委员会制定了《欧洲良好行为规范》，要求政府应采取其所能采取的合理措施以保证其领土内的非政府机构接受并遵守《欧洲良好行为规范》。如此一来，《良好行为规范》所确立的一套透明、公正的标准制定程序就能适用于非政府机构的标准制定行为，并达到通过程序公正来促进实体公正的目的，防止非政府机构滥用它的权利和资源制定一些不合理的标准并因它在国内市场的特殊地位而使那些不符合这些标准的进口产品被拒之门外，对某些货物贸易造成变相阻碍。虽然该规范仅针对技术性标准（不含卫生和植物卫生标准）的制定、采用和实施，但正如前文提及的墨西哥代表所言，如果SPS委员会想要就有关卫生或植物卫生的非政府机构制定、采用或实施标准或措施问题予以进一步讨论时，应先了解一下《欧洲良好行为规范》。这可能是成员方对第13条做进一步完善的途径之一。但根据《SPS协定》现行规定，这种具有实质上强制性的标准或措施暂没有被直接规制。

三、《SPS协定》对非政府机构规制的启示

《SPS协定》直接涉及食品安全、人类及动植物之生命和健康，而食品安全是人类生存和发展的基础，它关系到每个食品消费者的切身利益、国家的安全和社会的稳定，因此越来越受到人们的重视。构建一种新型的食品安全监管模式已成为社会热点，而非政府机构主体在食品安全监管中的作用日益凸显，成为一种新型监管模式的路径选择。

传统理论认为，政府监管是食品安全监管的主导力量。但是，随着社会情势的变迁，社会关系的日益复杂化和分割化，政府职能体现出需求膨胀和管制约束的双重特征，单一的政府监管已然不能单独实现食品安全监管的职能。食品安全监管领域出现分散化的权利架构和多元化的主体结构。因此，在政府职能之外，我们必须引进新的主体，来协助政府在食品安全领域的监管。一方面，市场主体作为市场经济活动的参加者，必然为实现自身利益，而会不遗余力地发挥其应有的作用，其在食品安全监管中的作用是不可或缺的。另一方面，社会中间层主体在食品安全监管中的作用越来越受到百姓和政府的重视，其作用也越来越突出。这里尤其强调社会中间层主体中的行业协会或商会的作用。

第二章 《SPS协定》的理论研究

上述论证（即强制性的非政府机构制定、采用或实施的有关卫生或植物卫生标准、措施受《SPS协定》直接规制，非强制性的非政府机构制定、采用或实施的有关卫生或植物卫生标准、措施受《SPS协定》间接规制）给了我们一定的启示，我国在外贸实践中具体适用《SPS协定》第13条时，应从货物进口和出口两方面予以考虑。

就货物进口贸易而言，作者认为可以利用第13条合理规避WTO成员方之相关义务。鉴于WTO多边贸易机制规制的是成员方政府行为，在政府行为受到日益严格法纪约束的情况下，通过非政府机构（特别是作为市场经济主体之一的行业协会）来达到限制某一产品进口之目的（这个目的既可能是进口成员方政府所希望的，也可能是进口成员境内生产者、制造商所希望的，或者两者共同希望的）是完全可能的，有时这种方法是非常行之有效的。根据上文所述，即使成员方境内某个产品领域的行业协会制定、采用或实施的标准或措施对该产品的进口造成了不合理的限制或阻碍，但只要成员方政府不采取积极作为方式要求或鼓励此类行业协会制定、采用或实施和《SPS协定》不符合的标准或措施、不将这些标准或措施转化成强制性的标准或措施，就不能认定成员方违反《SPS协定》，也就不能强迫成员方采取任何措施以禁止这些行业协会制定、采用或实施和《SPS协定》不符合的标准或措施。❶ 从某种程度上而言，这种方法的确能够规避WTO之法纪约束。然而，采用这种方法有个关键性前提，即成员方境内需存在影响力较大、具有行业权威性、专业性的行业协会，能够担当起独立制定、采用或实施相关标准或措施的重任。如果我国想采用这个方法合理规避WTO之相关义务，就得让我们的行业协会、商会进一步发展并发挥更大的作用。❷ 最理想的结果就是由这些行业协会制定、采用或实施的标准或措施变成事实上的强制性标准或措施。虽然，目前我国国内行业协会在行业标准的制定工作方面尚待改进，❸ 但是随着我国日益重视行业协会、商会在标准化活动中的作用，特别是《标准化"十一五"

---

❶ 实际上，在现有WTO法律框架下，缺乏对成员方境内非政府机构实施的限制国际竞争之行为的有效约束。然而，WTO作为一个政府间的国际组织并不适合干涉私主体之行为。因此，通过约束政府行为来间接规制非政府机构之行为可能是这个问题唯一合理的解决方法。这也正是《SPS协定》和《TBT协定》所采取的方法。

❷ 2006年7月27日，国家发展和改革委员会发布了第46号公告，公布了原445项国家标准调整为行业标准。作者认为，这一举措是非常明智的。

❸ 赵朝义，白殿一. 发挥行业协会在我国标准化活动中的作用［J］. 北京：中国标准化，2004 (12)：49-50.

发展规划纲要》中明确提出"推动建立国家标准、军用标准、行业标准协调互补的标准体系""加强农业标准化体系建设，促进发展现代农业""加快制定食品、消费品安全标准，保障人民健康安全""各级政府部门、行业协会和企业积极配合，采取切实可行的措施保证各项任务的完成""各级政府部门、行业协会、企业要密切配合，稳步推进，认真落实"。作者相信在未来的几年，我国的行业协会在农业及农产品、食品卫生安全方面将更有作为。当然，作者认为，在加强行业协会在标准化活动中作用的同时，应建立更加有效、透明的监督机制，以防止行业协会滥用权利限制合理、适当的竞争。

就货物出口贸易而言，我国可能会遇到和圣文森特和格林纳丁斯等WTO成员同样的问题，即进口成员境内非政府机构利用严格的行业标准或措施限制我国相关产品的进口。比如针对三鹿奶粉事件发生后，世界上一些国家和地区对中国乳粉、乳制品、含乳食品，甚至食品采取了不同程度的限制措施。对于各国和地区在保障食品安全、保护人民生命健康等方面的关注，我们表示理解。但作者认为，在应对此类问题时，应注意区分这些标准或措施的真正性质。对于因成员方政府行为导致的强制性标准或措施而不符合《SPS协定》之规定或成员方政府要求或鼓励非政府机构制定、采用或实施这些不符合协定规定的标准或措施，我们应积极主张该成员方违反《SPS协定》；除此之外的标准或措施，我们应和这些非政府机构进行交流和沟通，期望达成能够使双方获得双赢的解决方案。

第四节　SPS领域私人标准规制问题研究[1]

卫生与植物卫生委员会的主要任务是监督各国在WTO法律框架下实施食品安全和动植物健康的措施，并讨论由此产生的问题。2005年，圣文森特和格林纳丁斯在卫生与植物卫生委员会上针对欧盟有关香蕉的私人标准提出控告，认为EUREPGAP[2]制定的SPS措施和TBT措施相关要求比政府性标准更

---

[1]　师华，王小婷.SPS领域私人标准规制问题研究［R］//WTO的多边贸易机制：挑战与改革.WTO法与中国论坛暨中国法学会世界贸易组织法研究会年会论文.

[2]　EUREPGAP是欧洲零售商产品工作组良好农业规范的简称。其中，EUREP是立足于欧洲的商业贸易组织，其成员包括了种植者、产品营销组织（PMO）、种植者联盟、食品制造商和零售商；GAP则是在商业化农产品生产的框架下，将有害物综合治理（IPM）和农作物综合管理（ICM）规范相结合的一种机制。

为严格，此时应当适用政府性标准，这是私人标准第一次在卫生与植物卫生委员会上被正式提出。❶ 随着食品安全问题的日益突出，私人标准在SPS领域内得到更为广泛的应用，现已成为卫生与植物卫生委员会讨论的重要议题。本节通过梳理卫生与植物卫生委员会对私人标准相关议题的讨论，探究卫生与植物卫生委员会对私人标准所持的态度和采取的规制措施，从而对我国应对私人标准带来的挑战提出建议。

一、SPS领域私人标准的产生和发展

（一）私人标准的含义

关于私人标准现在尚未有正式的定义，在2013年6月27、28日召开的卫生与植物卫生委员会会议上，中国和新西兰两国分别向委员会提交了有关私人标准定义的不同提议，双方的分歧代表了SPS成员在私人标准定义问题上的主要异议，主要集中在"私人标准是否涵盖在SPS协定第13条所规定的内容"这个问题上；卫生与植物卫生委员会则表示希望给双方更多的时间，用以缩小在私人标准定义问题上的分歧并努力达成共识。❷

对私人标准的含义做出明确的界定，是确保其得以有效适用的前提。为了准确理解SPS领域内的私人标准，这里需要将其与其他两个概念进行比较，一个是美国、日本等国家采用的"自愿性标准"，另一个是我国国内法中使用的"推荐性标准"。

西方发达国家的技术性法律法规体系主要由技术法规、自愿性标准与合格评定程序三部分组成，其中自愿性标准本身不具有强制性。❸ 根据美国材料与实验协会（American Society for Testing and Materials，ASTM）❹ 的说明：ASTM标准是自愿制定和自愿采用的，只有当政府机构在法规或者在合同中引用时，才具有约束力。❺ 通常，自愿性标准由企业、专业团体协会等通过协商

---

❶ Private sector standards discussed as SPS Committee adopts two reports，WTO：2005 News Items，29 - 30 June 2005，Sanitary and Phytosanitary Measures：Formal Meeting.

❷ Members greet food safety body's half century with plea for science—based trade measures，WTO：2013 News Items，28 June 2013，Sanitary and Phytosanitary Measures：Formal Meeting.

❸ 史永丽，姚金菊，任端平，赵英达．食品安全标准法律体系研究［J］．食品科学，2007（28）．

❹ 美国材料与实验协会是美国最大的非营利性标准协会之一，是全球公认的发展和推广国际自愿性统一标准的代表。其制定的标准致力于在世界范围内提高产品质量和安全，促进市场准入和贸易以及树立消费者信心。

❺ 杨志雄，吴艳．我国自愿性标准与WTO《TBT协定》的关系［J］．WTO经济导刊，2012（4）．

一致共同制定,依靠其市场影响力和权威性吸引有关各方执行。

我国使用的推荐性标准见于1989年实行的《标准化法》,其中规定:"国家标准、行业标准分为强制性标准和推荐性标准。"强制性标准一般是指在一定范围内通过法律行政法规等强制性手段加以实施的标准,具有法律属性。强制性标准以外的标准是推荐性标准,与自愿性标准相同,我国的推荐性标准也是自愿采用的,但因其常由政府推荐,所以具有很强的官方色彩。❶

与以上两种标准相似,SPS领域下的私人标准也具有自愿性特征。另外,较之于政府或国际标准化组织等制定的公共标准,私人标准的要求往往更加严格。尤其值得注意的是,由于私人标准通常由在全球影响较大的跨国公司、行业组织、专业协会等制定,作为相关产品进入该国市场的条件,因而这些标准"名义上为自愿标准,没有法律强制其实施,但在实践中往往被用作商业规范而具有强制规范效力"❷。结合私人标准的相关特征,可以认为,"私人标准是由公司、行业、非政府间国际组织发起和制定的规范本公司和行业在特定领域内行为的自愿规范"❸。

(二) 私人标准产生的原因

1. 全球食品安全问题日益严重

食品安全已经成为全球性问题,严重影响着人类的安全健康。世界卫生组织估计工业国家每年约有1/3的人口受到食品引发的疾病困扰。诸如疯牛病、二噁英以及其他食源性疾病的爆发和传播极大地削弱了消费者对食品安全的信心。在全球化的今天,食品安全事故的影响力、破坏力和治理难度大大增加,许多国际组织如世界卫生组织(World Health Organization,WHO)、联合国粮食及农业组织(Food and Agriculture Organization of the United Nations,FAO)等都在各自领域内出台了对食品安全新的立法规定,各国也在积极制定和完善食品安全立法。❹

---

❶ 杨志雄,吴艳. 我国自愿性标准与WTO《TBT协定》的关系[J]. WTO经济导刊,2012:91.

❷ Henson, S. J., and J. Northen, (1998). Economic Determinants of Food Safety Controls in the Supply RetailerOwnBrandedProductsintheUK, Agribusiness 14: 2 113. 126. Fulponi, L, (2006).

❸ 陈亚芸. 私人标准对SPS协定的挑战——兼评应对措施和前景[R]//中国法学会世界贸易组织法研究会"WTO法与中国论坛"暨2010年年会论文集,2010:483-493.

❹ 陈亚芸. 私人标准对SPS协定的挑战——兼评应对措施和前景[R]//《中国法学会世界贸易组织法研究会"WTO法与中国论坛"暨2010年年会论文集2010:484.

2. 消费者对产品的质量、安全和生产要求的提高❶

随着人类生活方式的改变和家庭收入的增加，消费者对食品的质量、安全以及生产、加工属性等各方面有了更多的关注，除感官和外观等品质特点之外，人们还对食品安全、动物福利、劳工条件以及环境保护等生产加工条件提出了更高的要求。❷

3. 生产商面临市场竞争和食品安全责任的双重压力

生产商要迎合消费者日益提高的产品质量要求，以保证其产品的市场竞争力。同时，随着食品安全监管的日益严格，生产者和销售者在食品安全问题上承担起更严格的责任。对此，各大食品跨国公司利用其在全球市场上的规模优势，以市场准入为门槛，纷纷制定高于国家规定的标准和安全操作规范，对加工、运输、储存、配送等整个产品周期的所有环节实行严格监管，以此保持其信誉、扩大市场份额以及减少食品安全事故带来的负面影响。❸

（三）私人标准产生的影响

私人标准已经逐渐成为国际市场准入的条件，在食品安全、动植物健康广受关注的国际市场中，私人标准越来越多地影响到食品、农产品进出口等SPS领域下的诸多问题。一方面，相对于一般的国际标准，私人标准的严格要求，无疑是改善食品安全状况的有效手段；另一方面，私人标准的过高要求常常对发展中国家中小出口商构成贸易限制。

1. 私人标准的积极影响

私人标准的积极作用主要体现在以下几个方面：

首先，私人标准能够促进先进生产力的推广，提高产品质量，促进食品安全和动植物健康。其次，严格的私人标准的应用能够提高相关品牌的信誉，并对满足相应标准的生产者的市场准入提供了更为便捷的途径，从而有利于提高出口方的市场竞争能力，❹ 并且，达到私人标准要求的产品，往往能够带来高额的利润。最后，私人标准迫使发展中国家生产商努力达到更高的产品质量、安全卫生和环境保护要求，有利于快速缩小其与发达国家企业之间的

---

❶ 戚亚梅. 私营标准与国际食品贸易发展 [J]. 标准科学，2009（5）.

❷ Alfredo Lobo Director of Quality Inmetro, Private Standards schemes and Developing Country Market Access: Findings from 4 case studies. WTO website, 2013.6.24.

❸ 陈亚芸. 私人标准对 SPS 协定的挑战——兼评应对措施和前景 [R] //中国法学会世界贸易组织法研究会"WTO 法与中国论坛"暨 2010 年年会论文集，2010：485.

❹ Private standards are a mixed blessing. committee hears, WTO: 2007 News Items, 28 February and 1 March 2007, Sanitary and Phytosanitary Measures: Formal Meeting.

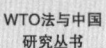

差距,适应国际市场竞争的需要,最终实现国际标准的广泛推广和适用。

2. 私人标准的消极影响

第一,对发展中国家中小出口商造成贸易限制。

普遍认为,私人标准的制定可以促进贸易,但是对中小生产者来说则相反。一些发展中国家认为,私人标准一般更为严格,出口方若想达到其所设定的要求,需要投入较高的成本,这将使中小出口商面临更大的竞争压力。而且,私人标准的认证程序实质上将原来进口商的成本转移到了出口者的身上。随着标准范围领域的扩宽和内容的复杂化趋势加剧,这些问题变得更为严峻。世界银行的一项调查显示,最不发达国家的出口将受到相关私人团体制定的更高标准的限制。❶ 进而又对私人标准对这类国家农产品出口的影响做出了详细的研究,调查首先围绕像巴西、印度、中国等金砖国家的农产品出口状况来进行。总体看来,私人标准的制定导致这些国家的出口普遍减少。

第二,私人标准对 SPS 基本原则的挑战。

一些发展中国家成员提出,许多私人标准违反了《SPS 协定》的相关规定,具体表现在:(1)私人标准并非始终具有科学依据;(2)私人标准脱离公共标准的规定,与相关政府性技术法规的要求相违背;(3)私人标准与国际标准要求不符,违反了《SPS 协定》的"协调一致原则";(4)私人标准的订立透明度不足,缺乏广泛磋商,故而其在实践中发挥强制性约束力的公平性受到质疑;(5)许多私人标准的规定模糊,导致出口者和生产商很难明确进口国要求的相关产品质量水平,从而无法援引《SPS 协定》的等效规则。❷

第三,对政府技术法规、公共标准的影响。

一般来说,私人标准大多是由一些跨国公司、行业协会和非政府组织制定,代表了其各自行业、领域垄断势力的利益,具有明显的针对性,并常常与政府和国际组织制定的标准相违背。基于这些主体的垄断地位,制定的私人标准在实践中具有实质上的强制性,生产者和出口商往往过度关注私人标准,忽视公共标准,导致政府部门尤其是国际组织统一制定和执行标准的职能受到削弱。

---

❶ Members note food label fraud, hear 17 concerns, as "SPS" trainees top 10000, WTO: 2013 NewsItems, 21 – 22 March 2012, Sanitary and Phytosanitary Measures: Formal Meeting.

❷ Members take first steps on private standards in food safety, animal-plant health, WTO: 2011 News Items, 30 and 31 March 2011, Sanitary and Phytosanitary Measures: Formal Meeting.

二、对 SPS 领域私人标准的规制和完善

（一）SPS 领域中有关私人标准的重要议题

WTO 成员方对 SPS 领域的私人标准问题的关注焦点主要围绕以下几个方面：私人标准并非始终具有科学依据；私人标准脱离国际标准和政府性技术法规的要求；许多私人标准不能满足协同一致的原则；私人标准的设立缺乏透明度；私人标准的制定忽视了等效原则的适用；私人标准给发展中国家中小出口商造成了贸易壁垒。❶ 另外，进口国的政府部门对非政府机构标准制定行为的监管、私人机构和国际统一标准组织的关系、私人标准与 WTO 项下的其他部门如技术性贸易壁垒协定的关系❷等问题也是近年来卫生与植物卫生委员会讨论的重要议题。

卫生与植物卫生委员会连续 5 年对私人问题的研究和讨论表明了其对该问题的高度关注，在实践中委员会也制定了"三步走"的战略。秘书处 G/SPS/W/230 文件建议，作为拟议行动的一部分，对 SPS 私有标准的影响进行比较研究。第一步通过问卷调查，实际考察私人标准对于利益各方的影响，该步骤现已完成；第二步出具描述性的报告，对私人标准的现状、成因、性质、特征、趋势以及对现有国际贸易和国家标准的影响进行分析，为后续政策出台奠定基础；第三步，制定应对措施。❸

（二）卫生与植物卫生委员会规制私人标准的措施❹

在 2011 年 3 月的会议上，卫生与植物卫生委员会接受了由 30 个成员组成的临时工作组所提交的规制 SPS 领域私人标准的"五项措施"的报告。这五项措施主要涉及私人标准内涵的界定、信息共享，以及加强委员会与其他相关组织合作等内容，关于如何确定成员方政府对私人标准行为的监管义务等其他问题，目前尚未达成统一意见。根据卫生与植物卫生委员会发布的文件，作者认为，委员会对私人标准的规范主要体现在以下三个方面：

---

❶ Members note food label fraud, hear 17 concerns, as "SPS" trainees top 10000, WTO: 2013 NewsItems, 21 – 22 March 2012, Sanitary and Phytosanitary Measures: Formal Meeting.

❷ Private standards are a mixed blessing, committee hears, WTO: 2007 News Items, 28 February and 1 March 2007, Sanitary and Phytosanitary Measures: Formal Meeting.

❸ G/SPS/W/230 Private Standards—Identifying Practical Actions for the SPS Committee—Summary of Responses, Committee on Sanitary and Phytosanitary Measures, 25 September 2008.

❹ G/SPS/55 Actions Regarding SPS—Related Private Standards, Committee on Sanitary and Phytosanitary Measures, 6 April 2011.

1. 尽快确定 SPS 领域下私人标准的正式定义

私人标准问题涉及安全、质量、劳工以及社会和环境议题，影响到诸多领域产品的国际贸易活动，尤其在有关食品安全和动植物健康的国际贸易活动中扮演着越来越重要的角色，给生产者和出口商都将带来新的机遇和挑战。应当注意的是，卫生与植物卫生委员会应当仅在与 SPS 有关的方面对私人标准问题展开讨论。只有当私人标准涉及的问题属于《SPS 协定》的规制范围，才受《SPS 协定》的约束，也才可以援引协定中的相关条款对其进行规范。

结合《SPS 协定》的相关内容，可以将调整的私人标准问题限定在这样的范围内，即由私人主体制定或采用的属于《SPS 协定》附件 A 第一段中所列的影响国际贸易的四项要求，即

（1）保护成员境内的动物或植物的生命或健康免受虫害、病害、带病有机体或致病有机体的传入、定居或传播所产生的风险。

（2）保护成员境内的人类或动物的生命或健康免受食品、饮料或饲料中的添加剂、污染物、毒素或致病有机体所产生的风险。

（3）保护成员境内的人类的生命或健康免受动物、植物或动植物产品携带的病害，或虫害的传入、定居或传播所产生的风险。

（4）防止或控制成员境内因虫害的传入、定居或传播所产生的其他损害。

2. 发挥 Codex、OIE 和 IPPC 涉及的国际组织对私人标准制定的指导示范作用

首先，要构建 Codex、OIE 和在 IPPC 框架下运行的国际组织间的信息共享机制。❶《SPS 协定》序言中明确 Codex，OIE 以及在 IPPC 框架下运行的国际组织制定的标准是指导各成员实施 SPS 措施的基础。❷ 实践中，有些私人标准中的要求与相关国际标准规定不符，例如，在食品安全方面，有些零售商制定的最大残余量（Maximum Residue Limits，MRLs）标准比 Codex 所规定的含量更为严格；在动物健康领域，一些私人标准在限制疯牛病（Bovine Spongiform Encephalopathy，BSE）方面也比 OIE 制定的标准要求要高，对贸易造成了许多不必要的限制。为了促进国际标准的统一和协调，卫生与植物卫生委

---

❶ Codex，OIE，以及 IPPC 分别为食品法典委员会（the Codex Alimentarius Commission）、国际兽疫局（the International Office of Epizootics）以及《国际植物保护公约》（the International Plant Protection Convention）的简称。

❷《SPS 协定》序言中规定，"期望进一步推动各成员使用以有关国际组织制定的国际标准、指南和建议为基础的动植物检疫措施，这些国际组织包括食品法典委员会、国际兽疫局，以及在《国际植物保护公约》框架下运行的有关国际和区域组织"。

员会需要加强相关国际组织对私人标准信息的交换和共享机制，寻求各私人标准制定者之间的良好沟通，以减少因标准要求差异造成的国际贸易中的差别待遇和不合理限制。

其次，卫生与植物卫生委员会要注意跟进和参考其他机构对私人标准的研究成果。私人标准内容广泛，涉及诸多领域，在此之前，许多国际组织已对私人标准问题展开深入的调查和探讨，取得了显著的成果，甚至构建了较为成熟有效的监督管理机制。卫生与植物卫生委员会要与相关国际标准组织以及WTO框架下的其他部门加强沟通，借鉴其在规制私人标准问题上的实践经验，努力构建出协调一致的监管体系。在2013年6月27、28日召开的卫生与植物卫生委员会会议上，针对私人标准的解释问题，就有成员提出可参考技术性贸易壁垒委员会（Technical Barriers to Trade Committee）在类似情况下的做法，借鉴其业已形成的良好规范（Good Practice）及其在关于国际标准制定的六项基本原则。❶

最后，发挥国际标准组织对成员国内私人标准制定工作的指导作用。依《SPS协定》第13条❷的规定，政府有义务对境内的私人标准进行监管。事实上，由于参与制定私人标准的主体包括零售商、生产商、认证机构和非政府组织，那么，政府成为了可与这些主体进行良好沟通的最理想选择。在此过程中，Codex，OIE和IPPC应积极发挥对成员方政府关于私人标准制定工作的指导作用，督促各成员就境内私人标准的发展状况及时与卫生与植物卫生委员会进行沟通和联系。这样不仅可以发挥政府部门在信息资源上的优势，帮助私人主体和生产商更好地了解SPS对私人标准的规范成果和相关国际标准的要求，还可以在参与委员会讨论中反映其境内相关主体的实际状况和诉求，方便委员会在全面衡量和广泛讨论的基础上，作出科学合理并易于接受的政策决定。

---

❶ G/SPS/55 Actions Regarding SPS—Related Private Standards, Committee on Sanitary and Phytosanitary Measures 6 April 2011.

❷ 《SPS协定》第13条规定："各成员有责任全面履行本协定中规定的所有义务。各成员应制定和执行积极的措施和机制，以支持中央政府机构以外的机构遵守本协定的规定。各成员应采取现有的合理措施，以确保其境内的非政府实体以及其境内有关实体是其成员的地方机构，遵守本协定的相关规定，此外，各成员不应采取产生直接或间接地要求或鼓励这类地方机构或非政府实体，或地方政府机构以不符合本协定规定的方式行事影响的措施。各成员应保证只有在非政府实体遵守本协定规定的前提下，才能依赖其提供的服务实施动植物检疫措施。"

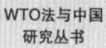

3. 推动国际标准的接受和适用

调查显示，许多生产商和出口商并没有意识到 SPS 领域内统一的国际标准与私人标准在要求内容和程度上的区别，为了进一步阐明这个问题，促进国际标准的广泛适用，卫生与植物卫生委员会可以与 Codex、OIE 和在 IPPC 框架下运行的国际组织进行合作，向有关主体提供关于此类问题的详实信息，以此凸显建立在科学依据基础上的国际标准的优越性。毕竟，若能使国际标准被政府和私人机构同时接受，则能得到保证产品安全和促进贸易的双赢结果。况且，若能在相关标准要求的问题上达成更好的全球共识，则不仅能够促进私人标准与公共性标准内容上的相互融合，也可提高生产者和出口商与私人标准制定者就标准内容进行协商的能力，因而可以改善中小型出口商所面临的被动和不利局面，并在一定程度上消减了私人标准对贸易的不利限制影响。

（三）促进私人标准的合理解释

一般来说，了解标准的制定过程、适用条件和具体要求无论对政府部门，还是生产者和出口商来说都尤为重要。基于有些标准存在内容复杂、含义模糊的情况，生产者很可能面临两种情形：一是其产品不符标准，无法出口到相关市场；二是产品高于标准的要求，这必然意味着相同条件下其生产成本的扩大。无论出现哪种情况，对生产商的生存发展都将是不利的。而实用的解释方法则可以方便生产者快捷有效地达到标准要求，并降低成本。❶

因此，私人标准制定者需要对标准进行合理有效的解释，以帮助相关主体准确理解标准的确切含义和要求；再者，受标准约束的生产者、出口商还要特别注意对不同标准制定主体进行区分，因为不同制定主体本身有其各自基本的规范和要求，考虑私人主体的广泛性，这一因素在私人标准的问题上则更为明显。因此，在正确理解标准要求的同时，还要结合制定主体的不同情况，对标准进行科学有效地适用。

（四）促进相关主体之间的利益协调

1. 考虑发展中国家的利益，促进对中小出口商的援助

高于一般要求的私人标准，给生产者带来了技术和资金上的额外负担，私人标准制定者，如跨国公司、行业协会与中小型生产者之间存在明显的利

---

❶ STDF Information session on private standards, Sanitary and Phytosanitary Measures: Events, 26 June 2008.

益冲突。只有合理地平衡二者之间的利益关系,才能实现私人标准经济效益的最大化。对此,最根本的问题是如何在满足大型连锁巨头和消费者对更高产品的要求的基础上,制定出对中小生产者有利的非限制性标准措施。

首先,制定标准要按照《SPS协定》的要求,以风险评估为基础,并依照科学规范对标准进行解释,使标准能更好地被理解和接受。同时,针对目前私人标准适用中存在的问题,曾有人提出,可以在保证达到等效回报的前提下,为小型生产者提供更为实际和可操作性强的替代性措施。作者则认为,应着重解决因私人标准类别增加导致该领域的生产者要承担更多认证费用的问题。这里,要注意私人标准制定工作的协调一致,相关标准制定者之间应做好沟通协作,构建科学有序的私人标准体系,这样不仅能避免由于标准过于繁杂带来的理解和适用上的困难,方便生产者明晰各项标准要求,减少其认证费用,从而减轻发展中国家中小出口商进入出口市场的压力,也有利于私人标准得以广泛接受和适用。

2. 加强私人标准制定主体和政府、国际组织间的沟通协作

更好的全球共识将促进公共和私人标准的协调一致发展,同时生产者和出口商应更多地与私人标准制定者进行沟通协商,以获得更大的主动权,表达其在私人标准问题上的立场和态度,可以促进私人标准的制定更为科学合理,并能得到更好的适用和推广。2007年6月27日在日内瓦召开的UNCTAD/WTO联合信息会议上,有国际组织的代表提出,为防止因私人标准滥用带来全球食品价格的上涨,保证向消费者持续提供安全食品,同时不妨碍自由贸易,必须防止垄断,加强私人标准制定者与公共机构的联系,促进私人机构与国际标准组织更紧密的合作。[1]

三、中国应对私人标准的实践和对策

(一)中国在私人标准领域面临的压力和挑战

作为农产品贸易大国,中国与其他WTO成员方已经因私人标准问题产生多起争端。中国与欧盟曾就含铝进口面条和其他面粉产品引发纠纷。欧盟的相关标准中规定,因为食物天然含有铝,禁止生产商在食物中额外添加铝元素,且食物中铝最大含量为10mg/kg,任何高于这一标准的都是进行了添加的,中国则认为其准入门槛太严格和检查数目太多。由于中国出口面条中的

---

[1] Joint UNCTAD/WTO Informal Information Session on Private Standards, Monday, 25 June 2007.

铝含量是50mg/kg，因此在出口过程中受到了此项标准要求的限制。❶

中国企业在资金和技术能力上相对比较薄弱，对私人标准的认识也不充分；同时国内标准体系落后，无法适应对外贸易的要求，这些导致中国在国际贸易中应对私人标准的能力还很欠缺。迄今为止，SPS领域的私人标准已经成为我国在国际贸易中经常面临的限制因素。

（二）中国应对私人标准的态度和措施

1. 正视私人标准的社会效益和经济效益

适用私人标准可以更高程度地保护消费者的利益，改善我国食品安全现状。食品安全问题一直是SPS领域关注的焦点议题，同时也是引发私人标准产生的最初和主要原因。20世纪90年代中期，自愿性标准体系被引入我国，出口型企业必须满足贸易伙伴的要求，这在当时成为推动中国企业执行自愿性标准的主要动力。同时，私人标准严格的安全卫生要求理念的引入也在一定程度上推动了国内食品安全状况的改善。

对出口方而言，如能满足私人标准，不仅可以维持长期贸易关系和增加市场份额，也可得到提高生产效率从而降低环境污染并增强劳动者保护等社会效益。然而，众多企业，尤其是中小企业缺乏对自愿性标准体系的了解，没有能力参与自愿性标准体系，也不愿执行自愿性标准。这里所指的自愿性标准，主要指的就是私人标准。❷ 事实上，即便是对发展中国家或者最不发达国家，满足私人标准也是非常有必要的。经济数据显示，达到私人标准的回报利润非常可观。❸ 关于私人标准对我国出口企业的影响，一项针对我国茶叶产品生产企业的调查显示，私人标准在提高企业市场竞争力以及促进环保方面，其积极作用得到了肯定，分别有88.89%和72.22%的企业表示私人标准在上述两方面起到了推动作用。在提高企业效率方面，有60%以上企业认为私人标准起到了积极的促进作用。❹

---

❶ Indonesia's port closure causes concern among fruit and vegetable exporters，http：//www.wto.org/english/news_ e/pres12_ e/pr665_ e. htm. 2013. 6. 25.

❷ 杨志雄，吴艳. 我国自愿性标准与WTO《TBT协定》的关系［J］. WTO经济导刊，2012(4)：92.

❸ Spencer Henson, Oliver Masakure, and John Cranfield："Do Fresh Produce Exporters in Sub-Saharan Africa Benefit from Global GAP Certification?" In FERG Working Paper No. 2 FT, July 2009.

❹ 戚亚梅，白玲，郑床木等. 农产品国际贸易中私营标准及其影响研究［J］. 标准科学，2010(7).

2. 援引《SPS协定》条款应对私人标准不合理的贸易限制

关于私人标准与《SPS协定》的冲突问题，一直是各成员关注的焦点。在国际市场竞争中，私人标准常成为大型跨国公司、行业利益集团进行市场垄断、控制其他小生产者的手段，并作为限制国外出口商市场准入的门槛。作者认为，为了避免我国中小型生产企业在此种情况下可能受到的冲击，减少国外私人标准对我国出口产品的贸易限制，可以援引《SPS协定》的相关条款，对此类标准提出合规性的质疑。涉及食品安全和动植物健康问题的私人标准，应当符合《SPS协定》的要求，如前文所述，现今许多私人标准的制定缺乏科学依据，在作为贸易壁垒措施时尤其如此。对此，受到标准限制影响的国家可援引《SPS协定》第5条，以其违反了协定关于"风险评估和适当的动植物卫生检疫保护水平"的要求对标准的效力进行质疑和反驳，从而限制此类标准的适用。

3. 政府部门应积极协助出口企业应对私人标准带来的贸易风险

首先，我国政府在国际活动中，要结合WTO相关规则的要求，表明发展中国家在私人标准问题上的立场和态度，尤其在参与卫生与植物卫生委员会对私人标准问题的讨论中，要求委员会在肯定私人标准保护人类和动植物生命健康作用的同时，应进一步加强对私人标准制定和适用过程的规范和制约，推动有关国际组织对私人标准进行有效规制，促使私人标准在协定要求下制定和施行，为我国出口企业利用国际规则保护其利益提供协助。

其次，加强与相关国际组织间的信息沟通和协作。一方面，关注Codex、OIE和在IPPC框架下运行的国际组织和相关机构对私人标准的研究进展，另一方面，要及时向国内企业提供信息支持，方便其了解私人标准与国际统一要求之间的差距，从而帮助其利用国际标准规范来打破国外不合理的私人标准形成的市场准入门槛。

最后，政府部门要对国内私人标准的制定进行引导。为了规范我国境内私人标准的制定工作，真正发挥私人标准在提高出口企业国际市场竞争力的指引作用，政府部门应加强前瞻性预警，保持与国际标准的一致性，推动国际认证。❶ 作者认为，现阶段我国许多出口企业的产品很难达到国外私人标准的严格要求，因此，可以先向其推广适用国际标准组织制定的统一标准。同时建议这些标准制定主体、出口企业和行业组织加强对SPS领域下关于私人

---

❶ 阙占文.从新近WTO/TBT争端论技术性贸易措施的应对[J].国际贸易,2013(3).

标准的相关规则的了解，这样不仅能保证我国境内制定的私人标准不违背国际规则，也可相应提高我国出口企业应对私人标准贸易限制影响的能力。

总之，私人标准在 SPS 领域的广泛应用，是提高食品安全需要、市场经济机制和各国贸易政策等因素共同作用的结果，严格的私人标准要求，对提高商品质量、保障人类生命健康、保护环境具有促进作用，与《SPS 协定》保护人类、动物或植物的生命健康的目的是一致的。但是，私人标准常常给中小出口商设置过高的市场准入门槛，逐渐成为发达国家限制发展中国家产品出口的贸易壁垒，对 WTO 国际贸易规则提出挑战。因此，为了避免私人标准的滥用，卫生与植物卫生委员会对其规制范围内的私人标准问题进行了广泛的讨论和调研，初步确定了规制私人标准行为的五项措施，注重加强相关国际组织间的沟通协调，促进私人标准的合理解释，并努力推动私人标准领域内相关主体的利益协调。从而在避免贸易限制的前提下，实现私人标准在保障食品安全和促进动植物健康方面的作用。中国需积极对待当前国际私人标准发展带来的机遇和挑战，顺应国际潮流，提高相关产品的质量要求，借此改善国内食品安全状况，并提高应对因私人标准问题引起的贸易争端的能力。

第三章　WTO 主要成员方 SPS 管理体制研究

第一节　美国 SPS 管理体制

一、美国 SPS 相关机构及工作

WTO《SPS 协定》的核心内容是，各成员有权采取保护人类、动物或植物的生命或健康所需的卫生与植物卫生措施，但这些措施必须遵循以科学为基础、透明度、非歧视等原则。在美国，有多个联邦机构的工作涉及《SPS 协定》。根据其工作特点，可分成三个层次，一是贸易政策协调机构；二是决策科技支撑机构；三是联邦执行机构。[1]

（一）贸易政策协调机构与机制

根据1962年制定的《贸易扩大法案》，美国组建了贸易代表办公室（USTR），并形成贸易政策协调机制。作为总统的执行办公室，USTR 为美国在双边、地区以及 WTO 商贸和投资问题中提供政策引导。贸易政策协调机制包括三个委员会，即贸易政策分委会（TPSC）、贸易政策评估组（TPRG）和国家安全委员会/国家经济委员会（NSC/NEC）。其中，贸易政策分委会由90多个专业委员会分别解决不同领域的具体问题。其中，卫生与植物卫生委员会由美国健康与人类服务部的食品药品管理局、美国农业部动植物检疫局、食品安全检验局、海外农业局、美国环保局、商务部等机构组成，USTR 助理任主席，每年召开约10次会议。如果分委会无法达成一致意见，则向 TPSC、

---

[1] 戚亚梅. 美国 SPS 管理体系概览及启示 [J]. WTO 经济导刊, 2006 (1).

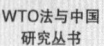

TPRG、NSC/NEC 逐级提交、讨论。如最终未达成一致，则提交总统裁定。❶

（二）科研技术力量和决策支持机构

美国非常重视科研机构的技术和决策支持工作。美国农业部、食药局、环保署等政府部门以及美国食品协会等一些中介机构，都有专门的科研部门以及大量科研人员为 SPS 事务提供技术支持与决策支撑。

1. 美国农业部农业研究局（USDA/ARS）

农业研究局（Agriculture Research Service，ARS）是农业部内重要的研究单位和技术支持部门。主要致力研究新知识，发展新技术，解决重要的全国性农业问题。它的研究范围包括从农场到餐桌的全过程，开展的项目主要涉及营养、食品安全和质量，自然资源与农业系统的保护，农作物的生产与保护等。该局在美国全境共有 100 多个实验室，并设有海外实验室。

2. 美国国家农业图书馆（NAL）

美国国家农业图书馆（National Agriculture Library，NAL）为美国四大国立图书馆之一。NAL 成立了多个信息中心，充分利用现代化信息网络，根据用户的不同需求，围绕农业部、农业团体和公众感兴趣的关键问题，提供个性化服务。这些信息中心包括食品与营养、技术转让、水质资源、食品安全等。食品安全信息中心是 NAL 的主题导向信息中心之一，主要内容包括食品安全、食源性疾病、食品安全教育、食品安全培训及相关信息。NAL 还与相关的国内农业研究机构、大学及部分政府机构合作，创设了农业网络信息中心（AGNIC）。网站链接了因特网上经过精心选择的多门类的农业信息资源。

3. 农业经济研究局（USDA/ERS）

农业经济研究局（Economic Research Service，ERS）约有 450 人，它主要通过杂志、研究报告、市场分析报告等形式，定期提供有关食品、农业、自然资源和美国农村发展相关的公众和私人决策的经济和政策信息，对农民、消费者及决策者面临的许多重要问题进行经济分析。

4. 兽药中心（FDA/CVM）

FDA 下的兽药中心（Center of Veterinary Medicine，CVM）是一个消费者保护组织。通过批准安全和有效的动物产品，加大对《联邦食品、药品和化妆品法》（FDCA）和其他条例的执行力度，促进公众和动物健康。其主要管理范围包括兽药、饲料和医疗器械，主要任务是确保人类食物安全和动物健

---

❶ 戚亚梅．美国 SPS 管理体系概览及启示［J］．WTO 经济导刊，2006（1）．

康。CVM 的研究重点是兽药评估、抗生素耐药性、疯牛病和生物技术。

5. 食品安全与应用营养中心（FDA/CFSAN）

FDA 的另一中心——食品安全与应用营养中心（Center for Food Safety and Applied Nutrition，CFSAN）的研究主要包括内外部综合性项目，化学、微生物、毒理、营养等实验室为基础的研究和非实验室性的研究，如经济分析、消费者调查和教育、计算模式、危险性评估等。❶

（三）联邦执行机构及职能

在美国，负责 SPS 领域具体工作的联邦机构主要有：

1. 农业部动植物检疫局（USDA/APHIS）

APHIS 隶属于农业部，主要职能是保护美国动植物的生命健康和安全，使其免受有害生物的危害，利用动植物检疫技术手段调控美国农产品进出口。总部由植保植检、兽医、生物技术等六个业务部门以及其他一些综合性部门组成。此外，APHIS 在美国 50 个州和 3 个海外岛屿分别设有地区办公室，并在 25 个国家设有办公室。其工作的主要法律依据是《植物保护法》《动物健康保护法》和《生物反恐法》。

APHIS 涉及《SPS 协定》领域的工作主要有：进口农产品风险分析——建立在有害生物风险分析上的农产品检疫准入程序是各国所普遍接受的。如果其他国家希望向美国出口新的农产品，须先向 APHIS 申请。APHIS 在有害生物风险分析（PRA）的基础上，拟定进境检疫要求。APHIS 进口检疫准入程序不仅是有害生物风险分析过程，还要考虑进口对经济和社会的影响。在进境检疫要求以最终法案的形式在《联邦纪事》（Federal Register，FR）上公布后，才有可能开始贸易。APHIS 是美国进出境动植物检疫的重要技术主管部门。2003 年后，美国新成立的国土安全部的海关和边境保护局（Customs and Border Protection，CBP）下的农产品检验处负责对于入境农产品验证、查验、抽样、统计等工作。它按照 APHIS 制定的工作手册进行检查。APHIS 还负责对 CBP 人员进行培训。

此外，APHIS 还开展了美国家禽业促进计划（National Poultry Improvement Program，NPIP）和美国国家兽医认可计划（National Veterinary Accreditation Program，NVAP）。NPIP 是一个自愿性计划，由美国农业部、各州以及家禽企业共同执行。通过新技术的有效应用提高全国家禽及其产品的水平。APHIS 主

---

❶ 戚亚梅. 美国 SPS 管理体系概览及启示［J］. WTO 经济导刊，2006（1）.

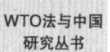

要与各州政府签订共同执行的谅解备忘录，各州政府的管理程序、决定也要经过 APHIS 的审议。NVAP 也是一个自愿性计划，APHIS 的兽医处负责 NVAP。通过 NVAP，保持一线检测，报告国内外动物疫病；帮助各州之间、国际间的动物运输；保证国家调控计划的统一实施。

2. 农业部食品安全检验局（USDA/FSIS）

食品安全检验局负责监督管理美国国产和进口的肉、禽肉和蛋制品的安全卫生以及正确标识及适当包装。FSIS 下设 15 个地区办公室、3 个实验室，并拥有自己的培训中心。此外，美国的 Codex 也设在这里。FSIS 行使职能的主要法律依据包括《联邦肉品检验法案》《联邦禽肉产品检验法案》《联邦蛋制品检验法案》和《食品质量保护法案》。与《SPS 协定》有关的主要有风险分析、对肉禽蛋制品的管理、国家残留监控计划、全国微生物基础数据计划等。❶

首先，介绍风险分析工作。FSIS 在风险分析方面的工作主要有两项，一是围绕肉、禽、蛋制品开展一系列研究，主要是这三类产品中的生物、化学危害的风险评估；二是组织、参与农业部食品安全风险评估委员会工作。

其次，介绍对肉禽蛋制品的管理。区别于其他美国食品管理部门，FSIS 对肉蛋生产企业实行预先注册管理制度。建立新的肉蛋生产企业必须向 FSIS 总部提出申请、提交基础信息，并根据要求提供卫生执行标准、卫生标准操作计划和危害分析和控制体系计划书面文件。FSIS 审核合格后，对企业进行实地检查，确认符合卫生要求后给予该企业注册资格和专有的注册编号。在进口产品的检验管理方面，美国 FSIS 通过评估来确定外国食品管理体系是否具有等效性，即外国食品管理体系不需要和美国体系相同，但是必须采用卫生措施，以提供和美国国内体系相同的防止食品危害的保护水平。FSIS 进行等效性认证的过程，包括文件评估、现场审查和口岸复检。

再次，国家残留监控计划（National Residue Program，NRP）实际是一个由 FSIS、FDA 和 EPA（美国环境保护署）等多部门共同执行的计划。其中，FSIS 主要负责制订和实施国家残留计划。同时，对动物组织和蛋品进行抽样检测，确认国产和进口的动物产品和蛋品是否符合残留限量要求。

最后，FSIS 还开展了全国微生物基础数据计划。该计划帮助 FSIS 了解并评估食品供应动物中以特定微生物为代表的总体微生物状况，并记录其随时

---

❶ 戚亚梅. 美国 SPS 管理体系概览及启示［J］. WTO 经济导刊，2006（1）.

间发生的变化，以此为依据，FSIS 制定规则并实施监管。

3. 农业部海外农业局（USDA/FAS）

美国农业部海外农业局主要职能是负责市场发展、商业协议谈判和收集分析市场统计信息。美国 SPS 通报咨询点设在海外农业局的食品安全和技术服务处（FSTSD），其主要职责是向 WTO 秘书处提交美国的 SPS 通报、接收其他 WTO 成员对美国 SPS 通报的评议意见以及组织协调本国有关部门对其他 WTO 成员发布的 SPS 通报进行评议，并将最终意见发往 FAS 在通报国的工作点和 WTO 秘书处。

4. 食品药品管理局（DHHS/FDA）

FDA 隶属于美国健康与人类服务部，内设生物制剂评估和研究中心、食品安全与应用营养中心、兽药中心和国家毒理学研究中心等部门，主要监管对象包括食品（肉、禽及蛋制品除外）、食品添加剂、兽药、饲料添加剂、生物制品和化妆品等。与 SPS 相关的工作有进口食品检查和残留监测计划等。此外，《包装与标签法》和《生物反恐法》是其重要的法律依据。[1]

美国大约 20% 进口产品是食品，FDA 负责对进口产品进行口岸抽查，抽查检验比例约为 1%。"9·11"事件后，为了预防生物恐怖，FDA 通过进口食品企业登记、进口食品预先通报制度以及预警制度加强了对进口食品的管理。另外，FDA 残留监测计划主要包含产品达标监测、污染水平监测和总膳食调查。其中在农用化学品方面，主要是负责制定兽药和食品添加剂等的限量要求，并对动物饲养场的用药情况进行监测。FDA 通过残留监测计划来监测执法的影响，找出潜在的健康危害，有利于国家营养监测，为危险性评估提供支持。

5. 环境保护署（EPA）

美国环境保护署的农药项目办公室（Office of Pesticide Programs，OPP）与 SPS 事务关系非常密切，下设 9 个处，主要涉及农药生产企业登记、新农药审核注册和农药残留限量标准的制定，其执行的主要法律依据有《联邦杀虫剂、杀菌剂和灭鼠剂法》（FIFRA）、《联邦食品、药品和化妆品法》（FFDCA）和《食品质量保护法》（FQPA）。目前，在 SPS 方面进行的主要工作有 EPA 的农药注册、农药残留限量标准的制定、EPA 农药重新评估和注册计划以及农药残留监测体系。EPA 制定的农药残留限量是美国农药残留监测体系

---

[1] 戚亚梅. 美国 SPS 管理体系概览及启示 [J]. WTO 经济导刊, 2006（1）.

的基础。❶

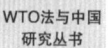

除了上述的这些机构，美国大气海洋管理局、商务部等机构也与 SPS 有关，在必要时参与相关工作。

二、美国 SPS 管理体系的特点

美国在 SPS 管理上尽管涉及部门众多，但分工比较明确，管理细致有序。

（一）法律依据明确，相关工作遵循法律规定

明确的法律依据和对职责的清晰分工是美国 SPS 管理体系的首要特点。从美国 SPS 管理体系看，尽管涉及诸多部门，但是各部门工作均有明确的法律依据，各自在联邦法律所赋予的确定范围内开展工作。❷

在为各部门开展工作提供明确法律依据的同时，联邦法律也就其各自职能进行了清晰的划分。例如，在美国，农药的管理主要涉及三个部门，即 EPA、USDA 和 FDA，它们共同担负规范农药生产与使用的责任，但 FFDCA 及其他一些相关法律对三者的具体职能作出了明确区分：EPA 主要负责农药的全面评审、注册、重新注册、特别评审和制定农作物及动物饲料中最大允许残留量等工作；FDA 监督实施农药残留限量，并负责对进口和国内市场上的农副产品、加工食品中农药残留进行监测；USDA 负责所辖产品和农产品产地以及部分市场农产品农药残留监测，并负责组织残留监控，确定不同时期残留监测重点。

（二）法规制定程序统一，制定过程公开透明

美国 SPS 的政府执行机构在制定相关法规、措施过程中，有明确的制定程序，注重程序的合法性。根据《行政程序法》（APA）的规定，政府行政立法程序必须合法，违反程序制定的法规无效。因此，FDA、FSIS、APHIS 以及其他一些政府部门在制定法规、措施时，都遵循这样一个过程：一是法规建议草案阶段，在《联邦纪事》上公布草案；二是征求意见阶段；三是最后阶段，法规在《联邦纪事》上公布，并对评议意见作出反馈。

此外，在有关《SPS 协定》履约立法过程中，也非常注重立法过程中的公众参与以及透明度建设。通过《联邦纪事》和《联邦法典》制定的机构政

---

❶ 戚亚梅. 美国 SPS 管理体系概览及启示［J］. WTO 经济导刊，2006（1）.
❷ 段辉娜.《实施卫生与植物卫生措施协议》对中国畜产品出口的影响研究［M］. 北京：经济科学出版社，2010：63.

策、机构程序手册、公众会议、新闻媒体以及互联网等多种手段,使方方面面有机会了解、参与。

(三)有效应用风险分析,"风险"概念贯穿始终

联邦政府各部门在SPS工作领域非常注重风险分析工作,投入大量人力物力。APHIS、FSIS、FDA等政府机构设有专门部门,拥有大量专业人员从事相关工作,每年投入大量经费开展相应研究,为SPS工作提供支持。

另外,美国在SPS事务中全面应用风险分析理念和技术,根据风险程度的不同,有针对性地采取不同的管理制度和措施。例如在食品安全管理工作中,从确定食品安全风险问题、制订工作进程、提出风险评估草案、执行评估、分析成本效益、选择适用的管理方式到最终执行和再评估,注意将风险分析的理念贯穿于全过程。风险分析的有效应用,提高了管理制度和措施的科学性、针对性和有效性。

(四)质量监管体系科学健全,信息充分共享利用有效

由政府主导、从产品生产到人类消费健康做出多项监控,是美国SPS领域工作的一大特点。从动植物检疫局的美国家禽业促进计划和国家兽医认可计划到食品安全检验局的国家残留计划、全国微生物基础数据计划再到食药局、疾控中心的残留监测计划和国家抗生素耐药性监测系统,这些项目构建了一个从产品质量安全到人类消费安全的监测系统。虽然各个计划、项目之间各有侧重,但相互关联。而且,美国这些监控计划与系统通常由一个部门牵头,多个部门参与。各部门充分利用自己的信息与技术力量,促进计划与系统项目的有效实施。同时,项目实施所获得的信息数据一般也都能实现共享利用。通过这些监控计划与项目,美国建立了全面的安全监控网络和信息交换网络。❶

---

❶ 戚亚梅. 美国SPS管理体系概览及启示[J]. WTO经济导刊,2006(1).

第二节 加拿大 SPS 管理体制

一、加拿大 SPS 管理体系

(一) 成立食品检验署,解决多头管理弊端

加拿大食品检验署(Canadian Food Inspection Agency,CFIA)1997年4月成立,是负责组织实施全国动植物检验检疫以及食品安全相关法律法规的联邦政府行政执法机构。自成立以来,它在保护加拿大动植物健康、食品安全,促进加拿大农林产品以及食品的出口贸易方面发挥了重要的作用。加拿大食品检验署是加拿大 SPS 管理的核心部门。至今,加拿大动植物检验检疫和食品安全管理模式仍保持了世界一流的水准。

世界贸易组织成立之后,为顺应食品安全管理、动植物检验检疫工作发展的新趋势,1997年3月,加拿大议会专门通过了《加拿大食品检验署法》,决定设立加拿大食品检验署。其主要目的是使加拿大的产品更好地参与国际贸易和国际竞争,进一步明确政府在食品安全管理、动植物检验检疫工作中的作用和责任,减少不同政府部门间的职能交叉和重复,加强联邦政府和各省政府间的合作和协调,提高工作效率,强化主管部门的责任和义务,更好地保护加拿大消费者。[1]

加拿大食品检验署成立后,除了卫生部负责食品安全政策、食品安全和营养质量标准的制定等工作外,所有动植物卫生标准的制定、食品检验和动植物检验检疫工作全部由加拿大食品检验署负责。CFIA 是加拿大唯一有权执行食品检验、动植物检验检疫的联邦政府机构。

(二) 食品检验署的组织形式

根据《加拿大食品检验署法》的规定,加拿大农业和农业食品部部长负责管理和指导加拿大食品检验署的工作,并对议会负责,向议会汇报食品检验署的工作。由12名与食品检验署工作领域直接相关的、具有相应专业知识和经验的人员组成部长顾问委员会,就加拿大食品检验署的工作向加拿大农

---

[1] 段辉娜.《实施卫生与植物卫生措施协议》对中国畜产品出口的影响研究[M].北京:经济科学出版社,2010:66-67.

业和农业食品部部长提供政策建议。加拿大食品检验署署长由议会主席任命,向农业和农业食品部部长报告工作,并有权自行决定食品检验署的工作。《加拿大食品检验署法》授权食品检验署可签署对外协议,并自主确定哪些单位可为食品检验署的工作提供实验室等服务支持,具有强制性执法权,可独立发布禁令或召回决定等。❶

加拿大食品检验署总部位于渥太华。一名执行副署长负责食品检验署的日常工作,其余六个副署长分别负责食品检验署的政策制定、执法服务、科研、机关服务、人力资源和公共事务这六个方面。另外,有国际事务司、联络准备以及政策协调司、机关规划和报告司、法律服务处四个司处直接向执行副署长报告工作,动物产品司、植物产品司和食品安全司均要向负责政策制定的副署长报告工作。

加拿大食品检验署实行全国垂直管理,将全国分成四个区域,分别设立办公室作为派出机构。这四个区域办公室分别为大西洋区域办公室、魁北克区域办公室、安大略区域办公室和西部区域办公室,这四个区域的负责人直接向负责执法服务的副署长报告工作,同时在渥太华总部设有执法协调处,负责协调全国的执法工作。在四个区域办公室也分别有负责政策制定的官员,分别独立地向渥太华总部负责相应政策的部门报告工作,并就相关的政策法规对本区域的执法人员进行培训,对政策在本区域的执行情况进行监督,向总部作出反馈。从其机构设置可以看出,加拿大食品检验署内部负责制定政策和负责政策实施的部门是分开的,这样有利于保证政策的科学性和公正性,也有利于对政策执行情况的监督。❷

(三) 食品检验署的职责

按照《加拿大食品检验署法》以及其他 12 个部与加拿大食品检验署职能相关的法律规定,所有进出口以及跨省销售使用的食品、动植物和动植物产品,必须经过加拿大食品检验署检验人员的检验检疫。加拿大省政府有关部门负责只在本省内生产、销售和使用的食品和动植物、动植物产品的检验检疫。这种高度集中的管理方式,使其更方便地制定和执行全国范围内的食品安全、动物卫生和植物保护战略。凡纳入中央政府管理的工作,省政府不得

---

❶ 段辉娜.《实施卫生与植物卫生措施协议》对中国畜产品出口的影响研究 [M]. 北京:经济科学出版社,2010:66-67.

❷ 段辉娜.《实施卫生与植物卫生措施协议》对中国畜产品出口的影响研究 [M]. 北京:经济科学出版社,2010:66-67.

参与,这使得中央政府和省政府的工作职责更加清晰。

加拿大食品检验署负责的工作可以分为三个部分,即食品安全、动物卫生和植物保护,正好是《SPS协定》所覆盖的三个方面。按照加拿大目前的国家食品安全战略,可以将这三个方面的工作分成14个领域。在食品安全方面,食品检验署负责食品安全体系建设,涵盖了九个领域,❶ 分别是水产品、奶产品、蛋类产品、肉类卫生、蜂蜜、鲜果和蔬菜、加工产品、食品安全调查、公平标签加施;在动物卫生方面,食品检验署负责全国的动物卫生工作,保证动物健康,防止动物疾病在动物间或向人类传播,包括两个领域,即动物卫生计划和饲料计划,越来越被国际社会关注的动物福利问题也包含在动物卫生计划之中;在植物保护方面,负责植物资源保护,防止植物和森林资源受植物病虫害侵害,包括三个具体领域,分别是植物保护、杂草和化肥。❷

(四)食品检验署的决策以《SPS协定》为基础

加拿大食品检验署在制定SPS有关决策时遵循五项原则,分别是公共健康和安全优先原则、预防为主的原则、风险预警原则、风险分析原则、透明度原则。其中,风险分析是其遵循的主要原则。当一个国家或地区的产品首次向加拿大出口之前,必须先进行风险分析。对于风险较低的商品,加拿大食品检验署可能采用输出国的风险评估报告,或参考其他国家所作出的风险分析报告;对加拿大产业可能有影响、风险相对较高的商品,必须经过加拿大政府组织严格的风险分析。这一方面可以为政府作出是否同意该商品进口、进口时必须符合何种条件等决策提供科学依据;另一方面,由于风险分析费时费力,而且受到许多因素的制约,还可以构筑起非常隐蔽的SPS措施来阻止相关国家的产品输入加拿大。❸

二、加拿大动植物产品质量监管体系

加拿大的动植物卫生监管链贯穿从农产品到餐桌的全过程,保证了农畜产品的质量。

---

❶ 段辉娜.《实施卫生与植物卫生措施协议》对中国畜产品出口的影响研究[M].北京:经济科学出版社,2010:68-70.

❷ 国家食品安全中心网站,http://www.fsi.gov.cn/news.view.jsp?id=17666,访问时间:2014年3月.

❸ 段辉娜.《实施卫生与植物卫生措施协议》对中国畜产品出口的影响研究[M].北京:经济科学出版社,2010:68-70.

1. 前期监管

前期监管的管理重点针对饲料、种子和肥料等进行。加拿大食品检验署根据法律授权,通过对种子品种的注册登记,肥料加工厂的注册登记,饲料添加剂的登记,种子、化肥、饲料的抽样检测和标签要求等,保证农场所用的上述生产资料在质量和安全性上都要符合国家的相关标准。

2. 生产监管

在生产阶段,政府和相关产业协会联合做了大量的工作。随着食品安全在公众生活和国际贸易中的影响越来越大,加拿大政府拨出专款,用于推行加拿大农场食品安全项目。该项目由加拿大农业联合会统一管理,各产业协会具体负责组织农户参加,其目的是将危害分析和关键控制点的思想引入农畜产品的生产管理中。项目所需费用主要由政府承担,各产业协会在这项工作中也发挥了非常重要的作用,承担了模型的设计,项目实施的监督和审计工作,各省的农业部门负责对项目设计合理性的技术审核和最终认定。

3. 加工和贸易监管

根据法律授权,加拿大食品检验署对所有从事进出口食品企业包括在跨省贸易生产和加工的企业进行注册管理,这是国际公认的一种有效的提高食品安全标准和水平的管理体系。国际食品法典委员会已经制定了相应的原则和标准,最大限度解决食品中的生物、物理和化学危害问题,系统地、预防性地进行食品安全管理,以预见和预防危害的发生来取代或减少对产品的检验。[1]

加拿大食品检验署对国外进口食品和动植物产品的管理非常严格。对于进口食品,在批准来自某国某种食品进口之前,首先要对该国食品安全管理体系进行全面评价,对相关的动植物疫情进行评估,此后确定具体的进口要求。进口开始时,一般会进行一定时间的试验进口。试验结果符合要求之后,才批准进口。

4. 后续监管

首先是监督检查。为确保国内及进口动植物的产品符合相关法规要求,加拿大食品检验署通过现场检验、抽样检测和对不符合要求的产品采取相应的处理措施等方法,监督进入流通环节的动植物及其产品的安全。监督检查主要通过一般性监测、重点监测和针对性措施三种方式进行监督。

---

[1] 段辉娜.《实施卫生与植物卫生措施协议》对中国畜产品出口的影响研究[M]. 北京:经济科学出版社,2010:69-71.

其次是食品召回。食品召回指的是，当发现某种已经在市场上销售或正准备进入市场的食品存在某种危害消费者健康或生命的风险时，所采取的迅速将有关食品撤出市场包括撤回已售出食品的紧急措施。食品召回可迅速而有效地处理不安全食品，最大限度地减少和消除食品安全危害等，对切实保障消费者健康和安全、规范食品企业的生产加工行为并完善政府公共行政职能具有十分重要的意义。加拿大食品检验署按照食品所存在危害的严重性将食品召回分级：一级召回是指食用该种食品将导致严重的健康损害或死亡，对该级别的召回，加拿大食品检验署一定会就召回措施发布通告，提醒广大消费者；二级召回是指食用该种食品将导致临时性的健康损害，加拿大食品检验署可以就召回措施发布通告，提醒广大消费者；三级召回是指食用该种食品有健康风险，但是不会导致严重后果，通常情况下加拿大食品检验署并不发布通告。❶

三、加拿大疫情监测和快速反应体系

加拿大建立了较为完善的疫情报告、疫情追索和疫情扑灭的经济补偿制度，有利于及早发现疫情，及时扑灭疫情，提高反应速度，降低危害程度。根据《联邦植物保护法》和《联邦动物健康法》的规定，任何公民都有责任向政府报告可疑的动植物疫情。《联邦植物保护法》规定了明确的检疫性有害生物名单，《联邦动物健康法》制定了必须报告的动物疾病名单和需要通报的动物疾病名单。

为确保动植物疫情发生后，能够及时有效地追溯疫情根源并准确划定疫区范围，加拿大食品检验署联合相关的动植物产业协会逐步构建了动植物跟踪追索体系。例如，在全国范围内建立牛的身份识别体系，每一头牛都对应有单独的耳号。此外，关于羊和猪的身份识别体系也陆续开始建设和使用。根据植物检疫科学特点，建立了国内植物、植物产品调运证书体系，确保了疫情追踪调查的有效性和准确性。❷

加拿大政府在出现问题时，特别是出现严重性问题时能够迅速制定出建设性的、基于科学的解决策略和反应措施。加拿大政府设有公共安全和应急

---

❶ 段辉娜.《实施卫生与植物卫生措施协议》对中国畜产品出口的影响研究［M］.北京：经济科学出版社，2010：69－72.

❷ 段辉娜.《实施卫生与植物卫生措施协议》对中国畜产品出口的影响研究［M］.北京：经济科学出版社，2010：70－72.

预案部,对影响国家和公共安全及其他紧急情况制订应急预案,一旦出现危害人类及动植物健康的情况便立即采取紧急应对措施。对于紧急问题的处理,由加拿大食品检验署负责。2005 年 1 月 2 日,当加拿大检验出第一例疯牛病病例后,加拿大立即成立了专门的工作组,在全国范围内采取快速反应,包括对病牛来源进行追溯,对全国所有的活牛采取身份登记制度,对国内公众进行疯牛病知识宣传普及,与国外有关政府进行交流和沟通。正是因为加拿大政府采取了快速反应措施,增加了消费者信任度,许多国家在不到一年的时间内开始恢复从加拿大进口牛肉。为了恢复向中国出口牛肉,加拿大食品检验署连续五次派代表团访华,与国家质检总局和农业部进行磋商,并将这个问题当作温家宝总理访问加拿大时的一个议题在两国首脑会晤时正式提出。❶

扑灭动植物疫情,往往需要大规模地宰杀或去除可能染病的动植物,给动植物所有者带来很大的经济损失。为保证扑灭动植物疫情的有效并顺利进行,加拿大通过立法的形式确立国家在扑灭动植物疫情时的经济补偿制度。加拿大政府对动物检疫的补偿标准一般以捕杀动物市场价格为依据,在一定限度范围内评估并确定。2005 年在大不列颠省发生的禽流感疫情时,加拿大政府捕杀了数百万只禽鸟,政府都对饲养者给予了一定的补偿,既保证了捕杀工作的顺利进行,也保证了农场主的利益。上述制度有效地保证了加拿大动植物疫情的及时报告、准确追索、有效根除。❷

第三节 欧盟 SPS 管理体制

2006 年以来,欧盟为强化对食品生产、流通及销售全过程管理,出台了一系列新的食品安全法规。新法规对从第三国进口到欧盟的水产品、肉类食品、肠衣、奶制品以及部分植物源性食品的官方管理与加工企业的基本卫生以及食品污染物的限量标准、食品标签等提出了新的要求,提高了市场准入门槛,在很大程度上影响了我国相关产品的出口。我国多年来的出口实践也

---

❶ Mary E Burfisher, Steven Zahniser. Multilateralism and Regionalism: Dual Strategies for Trade Reform. Amber Waves, 2003 (9), PP. 22 – 30.

❷ 段辉娜.《实施卫生与植物卫生措施协议》对中国畜产品出口的影响研究 [M]. 北京:经济科学出版社, 2010:69 – 72.

暴露出产品生产及出口过程中存在的一些问题，我国需要认真对待并加以改进，并采取切实有效的措施不断提高产品质量安全水平，以有效应对新法规的要求并促进扩大出口。[1]

一、欧盟新食品卫生法规变化情况

首先，新法规更多地关注食品安全、动物健康与动物福利问题，而将贸易行为涉及的安全问题加以排除。欧盟重视突出食品生产加工及销售的全过程管理，强调了食品生产者在保证食品安全中的重要职责，将食品安全管理放大到食物链的全过程，要求杜绝食品生产过程中可能产生的任何污染，更加强调食品安全的零风险。同时，也突出了食品生产过程中的可追溯管理与食品的可追溯性，强调食品尤其是动物源性食品的身份鉴定标识与健康标识。

其次，强调官方监管部门在保证食品安全中的重要职责。官方监管控制工作涉及保护公众健康的所有方面，包括保护动物的健康和福利方面。这意味着今后向欧盟出口的农产品，不但要符合欧盟食品安全相关标准，还要放大延伸至食品安全管理链条，对我国官方监管工作与出口生产企业提出了更高的要求。

再次，限定污染物最高含量。EC1881/2006号条例对硝酸盐、真菌毒素、重金属等六大类食品污染物作出了最高限量要求。涉及的产品包括水产品、动物产品、粮食制品、调味品、罐头食品、蔬菜、水果、酒类等各类食品和农产品，几乎都在新法规监控范围内。

最后，欧盟还出台规范食品标签和广告内容。欧盟关于食品营养及健康声明的第1924/2006号法规规定，在欧盟市场出售、供人食用的任何食品或饮品，必须确保食品包装上向消费者提供的营养资料准确可靠。为达到这个目的，法规列明了对标签和广告宣传的具体要求。

二、欧盟食品安全管理政策

欧洲共同体（现称欧盟）委员会从20世纪60年代初就制定了食品安全政策，以确保食品在成员国之间自由流通，每一个国家层面上的法律条款必须由欧洲共同体的条款来代替。欧盟委员会的初期法规可以称为垂直或处方法规，也就是，它们只适用于一种或一组食品。1980年，欧盟颁布实施了

---

[1] 杨洁．欧盟新食品安全法规与农产品出口［J］．中国检验检疫，2009（10）．

《欧盟食品安全卫生制度》。当食品方面出现一系列的问题（例如疯牛病、沙门氏菌、大肠杆菌0～157）后，消费者对欧盟食物管理制度的信任度降低了。1985年，欧盟委员会发表《食物通讯》，食品安全立法程序加速发展。欧盟委员会食品安全法规的制定从4点出发：（1）对公众健康的保护；（2）公众对信息的需要；（3）实现公平交易；（4）必需的政府管理。❶

1997年4月，欧盟委员会发表了关于欧盟食物安全法规一般原则的《绿皮书》。《绿皮书》的目的包括：了解法规在多大程度上满足消费者、生产者、制造商和贸易商的需要和期望；考虑如何发挥能增强政府管理和控制体系独立、客观、等值、有效性措施的应有作用；激励公众对食物法规进行讨论；使委员会能在需要的时候为食物法规的发展提出合理的建议。

《绿皮书》为欧盟食品安全法规确定了6个基本目标：确保为公众健康、安全和消费者提供较高水平的保护；确保货物在内部市场自由流通；确保法规以科学证据和风险评估为基础；确保欧洲产业的竞争力并增强它的出口能力；让企业、生产者和供应商共同承担食品安全的责任，推行以有效的官方控制为基础的危害分析和关键点控制体系（HACCP）❷；确保法规的连续性、合理性、一致性、简明化、易理解，以及与有关利益方充分协商。欧盟理事会于1997年12月就食品安全发表了宣言。

2000年1月12日，欧盟委员会发表了食品安全《白皮书》。这是欧盟新的食物政策的蓝本，它的使命是使法规成为一系列连续、透明的规则，加强对食物从"田间"到"餐桌"的监管，并提高科技咨询体系的能力，以保证公众健康和对消费者较高水平的保护。《白皮书》行动计划首次整合了整个食物链中有关食品安全的所有方面，内容包括从传统的卫生条款，到相关的动物健康、动物福利和植物卫生要求等。

紧随《白皮书》之后的一个重要的里程碑是，欧洲议会和欧盟理事会还推出《178/2002号条例》（下称《条例》）。这个条例是2002年1月28日在欧洲议会和欧盟理事会通过的。它是欧盟食品通法，确定了食品法规的一般原则和要求，建立了统一的欧洲食品安全管理机构，即欧盟食品安全局（简

---

❶ 唐华. 论欧盟食品安全法规体系及其对中国的启示［D］. 北京：对外经济贸易大学，2006.

❷ HACCP体系是Hazard Analysis Critical Control Point的英文缩写，表示危害分析的临界控制点。HACCP体系是国际上共同认可和接受的食品安全保证体系，主要是对食品中微生物、化学和物理危害进行安全控制。2002年我国正式启动对HACCP体系认证机构的认可试点工作。目前，在HACCP体系推广应用较好的国家，大部分强制性推行采用HACCP体系。

称EFSA），确立了处理食品安全问题的程序。❶

《条例》对不安全的食品有一个定义：不安全食品指的是对人体健康有害，或者不适合人类消费的。确定食品是否安全时，需要考虑消费者消费食品时和食品在生产、加工、销售阶段的标准条件。考虑提供给消费者的信息，包括标签上的信息，或其他个别食品可能产生的应避免的副作用的信息。确定食品是否对人体健康有害时，需要考虑的不仅是立即或短期或长期内对人体健康产生影响，而且还要考虑对后代的健康产生影响。考虑可能累积的毒素影响。考虑对于为特殊消费者群体制作的食品，对他们产生的特别的反应。在确定食品是否适合人类消费时，要根据其用途，从其污染的原因看，是来自外部因素，或者是源于自身的腐烂或变质。❷ 对任何食品，如果在一批货物中有一部分是不安全的，那么同一级别或同一类别的食品，也将被假设为不安全食品，除非通过随后进行的详细评估，有证据表明这批食品中的其余部分并非是不安全的。

《条例》要求，进入欧盟市场的食品必须符合具体标准要求。但是符合标准，并不妨碍主管机构采取合适的措施，对投放市场上的食品强加限制，或者尽管食品符合条款规定，但一旦有理由怀疑食品是不安全的，也需要将食品撤出市场。

《条例》对饲料安全作出专门要求。不安全的饲料，不能投放到市场或喂养食用性动物。不安全的饲料是指：对人类或动物健康有副作用，或者是用对人类消费不安全的食用性动物制作的食品。

《条例》对食品和饲料生产的可追溯性提出要求：在生产、加工和销售的各个阶段，建立对食品、饲料、食用性动物和任何其他企图添加到食品和饲料中的物质的可追溯性机制。食品和饲料经营者应当有能力确认其食品、饲料、可食用性动物或任何准备添加到食品和饲料中的物质的供应来源。同时，经营者还应建立一套系统或程序，能够在主管当局需要时，及时提供上述信息。

《条例》明确了食品和饲料的召回制度：食品和饲料经营者一旦认为或有理由相信他所进口、生产、加工、制造或销售的食品不符合食品安全要求，就应马上启动从市场上撤除有问题食品的程序，并通告主管当局。在产品已经到了消费者手中的情况下，经营者应有效、准确地向消费者通告撤销该食

---

❶ 唐华．论欧盟食品安全法规体系及其对中国的启示［D］．北京：对外经济贸易大学，2006.
❷ 唐华．论欧盟食品安全法规体系及其对中国的启示［D］．北京：对外经济贸易大学，2006.

品或饲料的理由，如有必要，在其措施不能有效地达到较高程度保护人们健康的目的时，可以从已购买该产品的消费者手中收回这些产品。

三、欧盟食品安全管理机构

欧盟委员会是就风险管理问题与各国有关机构进行沟通的主要机构，负责提出关于食品法规的建议，并在实施 SPS 措施、TBT 措施和各项规则中发挥重要作用。

2002 年初，欧盟委员会正式成立了欧盟食品安全管理局（EFSA），对食品进行"从农田到餐桌"的全过程进行监控。欧盟食品安全管理局由一个管理委员会、一个咨询论坛、八个专门科学小组和一个科学委员会等部门组成。❶

EFSA 的使命是，在对食品和饲料安全有直接或间接影响的所有领域，为共同体（即欧盟）立法和制定政策提供科学建议以及科学和技术支持。EFSA 对这些领域范围内的所有问题提供独立的信息，并进行风险通报。EFSA 要对内部统一市场运行框架内的动物健康和福利、植物健康和环境给予关注，致力于对人类生命和健康的高度保护。EFSA 对与食品和饲料安全有直接或间接关系的风险监测和风险特征的资料进行收集和分析。

EFSA 具备的条件是：具有独立的权限范围，远见的科学技术建议以及相关信息，透明的运作程序和方式，以及勤奋的工作状态。

EFSA 的主要任务在《条例》上规定了 12 项：一是为欧盟委员会提供科学建议。二是对风险评估方法学的统一发展进行促进和协调。三是对风险评估提供科学和技术支持。四是可委托其他机构从事科学研究。五是对科学和技术资料，进行查询、收集、整理、分析和总结。六是对所出现的风险进行确认和定性。七是建立一个组织网络体系并负责运作。八是回答欧洲委员会的质询。九是为食品安全合作提供科学和技术帮助。十是确保为公众和相关群体提供快速、可靠、客观及综合性信息。十一是独立表达自己的结论和看法。十二是承担欧洲委员会指派的任务。

EFSA 还在风险管理方面向其成员国提供必要的支援。在食品安全危机发生时，欧盟理事会将成立一个危机处置小组。EFSA 将为该小组提供必要的科学技术和政策建议。危机处置小组会收集相关信息，提出防止和消除风险的

---

❶ 唐华．论欧盟食品安全法规体系及其对中国的启示［D］．北京：对外经济贸易大学，2006．

办法。EFSA还承担着快速报警的任务。各成员国的食品安全机构有责任将本国有关食品和饲料存在的安全风险及其限制措施的信息,迅速通报给欧盟快速预警体系。欧盟理事会将收到的通报信息转发给各成员国和EFSA。EFSA的宗旨是要保持食品安全相关信息的公开与透明,将一切与公众利益相关的食品安全信息公之于众,最大限度地减少食品安全问题可能带来的隐患。❶

在EFSA督导下,一些欧盟成员国也对原有的监管体制进行了调整,将食品安全监管职能集中到一个部门。德国于2001年将原食品、农业和林业部改组为消费者保护、食品和农业部,接着并于2002年设立了联邦风险评估研究所和联邦消费者保护和食品安全局两个机构。丹麦通过持续改革,将原来担负食品安全管理职能的农业部、渔业部、食品部合并为食品和农业渔业部,形成了全国范围内食品安全的统一管理机构。法国设立了食品安全评价中心。荷兰成立了国家食品局。

四、欧盟食品安全的全过程管理体系❷

首先,是农产品、食品生产与加工环节的管理。

产地环境管理:首先从法律上规定了各种有毒重金属在农产品中的最高含量。2004年欧盟制定法律规定了140多种禁止使用的农药和添加剂,这些农药和添加剂的残留量不允许在产品中被检测出来。另外,对按照标准和原则进行生产的农户给予补贴,进行激励。

农业投入品管理:欧盟对农业投入品的管理分两部分:一是欧盟的监测机构对农产品、食品进行农药残留检测,并制定了严格的处罚机制,对违规的农场处以重罚,直至禁止其从事农业生产。二是行业协会等自律组织进行自查,各种专业委员会对下属的协会开展技术培训、规定自查措施等。

产中质量监管:在农产品的生产环节中,欧盟推出了良好生产实践指南(即标准化生产规程),农户只要按照指南进行生产即可。

产后质量监管:欧盟采取的措施主要有:所有的加工企业在加工环节,必须实施工业产品的标准化生产方式;所有的加工企业必须采取HACCP系统进行自我安全控制,并有非常良好的记录,以供随时检查;所有的农产品加工企业必须注册取得执业资格,只有当局认可的企业才能对农产品进行生产加工,否则被视为非法生产;对特殊的农产品,要求通过有机认证。

---

❶ 唐华. 论欧盟食品安全法规体系及其对中国的启示 [D]. 北京:对外经济贸易大学,2006.
❷ 唐华. 论欧盟食品安全法规体系及其对中国的启示 [D]. 北京:对外经济贸易大学,2006.

其次，是农产品、食品包装管理。

农产品包装管理：欧盟采取包装材料与物体的管理，规定了10种可以使用的包装材料，并同时规定凡是用于包装农产品的物体或材料，应在标签上注明"用于食物"或附上"杯与餐叉"的符号。除了要求包装安全外，还要求包装者要根据农产品的性质与特点，选择不同的包装材料，以保证农产品在包装后能够保持原有风味，便于储存、运输，保质期较长，同时不会引入污染或对环境造成污染。

农产品标志管理：欧盟的农产品标志管理分两部分，一是通用标志，在农产品的标志中必须规定有产品名称、组成成分、净重、有效日期、特殊存储条件或使用条件等内容；二是专项指令要求，就是对农产品的价格标志、农产品成分标志、营养标志、转基因农产品与饲料标志、有机农产品标志、牛肉标志等进行专项管理。

农产品追溯制度：欧盟主要建立了畜禽动物的可追溯系统和转基因产品的可追溯系统。要求所有的农产品生产、加工企业必须注册，以便采取严格的登记制度；所有的生产和加工企业必须严格按照HACCP体系进行生产和加工，并有非常完整的记录；所有上市的农产品必须有严格的标志管理，所有生产信息记录在标志中；严格的检测手段和快速检测方法；严厉的处罚制度，或生产者如何从市场上撤回对消费者健康及生命存在着严重危害的产品的程序。

最后，是市场准入管理。

欧盟有严格的市场准入制度。具体包括：严格执行动植物卫生检验检疫标准，提高进入门槛；农产品的质量、技术标准、标签和包装的检验检疫必须合格；实施新型的"绿色壁垒"，即进口的农产品必须符合生态环境和动物福利标准；实施所谓的新技术标准，对诸如转基因产品实施更加严格的准入门槛。此外，欧盟还通过制定农药残留指标、农产品生产的标准等措施保证其食品安全。欧盟先后出台了几十项涵盖所有食品的法律、法规，为保证食品安全制定了十分具体的标准和监管程序，仅农药残留限量的标准就有15 700个。

五、欧盟食物消费安全管理模式[1]

欧盟实行由一个独立部门进行统一管理的食品安全管理模式。欧洲食品

---

[1] 唐华. 论欧盟食品安全法规体系及其对中国的启示［D］. 北京：对外经济贸易大学，2006.

安全局（EFSA）是欧盟对食品安全管理的独立机构，独立地对直接或间接与食品安全有关的事件提出科学建议。成员国和欧盟共同执行食品安全管理政策。欧盟委员会也参与对欧盟的食品安全管理。食品产业受成员国有关机构的监督，但这些机构同时受欧盟的管理。

自2006年1月1日起，欧盟有关食品安全的一系列法规全面生效，食品安全的监督管理将成为一个统一、透明的整体。法规要求欧盟的每个成员国在2007年1月1日建立和实施对于食品和饲料的国家控制计划。一些国家如德国、丹麦和瑞典等，均以欧盟食品安全指令为原则和指导，制定和解释本国的食品安全法规和部门具体执行指南，形成层次分明的法规体系。

欧盟食品安全管理体系有以下几个特点：

一是以消费者的健康和利益为宗旨，建立层次分明的食品安全法规体系。起初，欧盟层面有关食品安全的立法和实施，由欧盟的卫生和消费者保护总司负责。2004年4月成立欧盟食品安全局以后，该机构负责为欧盟委员会、欧洲议会和欧盟成员国提供风险评估结果，并为公众提供风险信息。把消费者健康保护和利益放在最高地位，提出食品生产与加工企业对食品安全负有全部责任，并在保护健康和保障安全中应用预防性原则等。

二是以风险评估为科学依据，开展食品安全管理。根据国际食品法典委员会（CAC）和欧盟关于食品安全管理要以科学为依据的原则，一些国家如德国、丹麦和瑞典的食品安全管理，均基于科学研究的结果，即以风险评估结果为依据。他们对食品安全管理的基本策略是，强调法规管理机构的一致性和风险管理与风险评估的一致性，建立责任明确、职能清晰、统一协调的国家食品安全管理体制和科学支撑体系。欧盟成员国纷纷建立了统一的食品安全监督管理机构，并将风险管理与风险评估分别在不同的机构进行，以保证以科学为基础的风险评估不受行政干扰，独立地开展食品安全风险评估。

三是本着合作及透明性原则，建立部门间协调机制。食品安全管理不仅涉及"从农田到餐桌"一条线式的管理，还牵涉到其他管理部门和科技部门，同时消费者协会、食品业协会也与食品安全管理密切相关，即所谓的食品安全利益相关者，它们之间的交流与合作是实施食品安全管理的重要前提。欧盟的食品安全管理必须是高效的、透明的、可靠的，要求利益相关者责任的一致性、各部门协作的一致性以及公众的积极参与性。

第四节 日本 SPS 法律体制

日本是中国的重要贸易伙伴，尤其是中国农产品主要出口目的地之一，但是日本严密的、系统的动植物检验检疫条款使中国农产品屡屡受挫，从另一方面看，却也为中国建立完善动植物检验检疫体系提供了可借鉴的经验。

一、日本动植物法律法规概述

日本历史上曾发生过震惊世界的锡米中毒事件，因此，日本对农产品质量安全的立法十分重视。

1948 年，日本厚生省颁布实施了《食品卫生法》，农林水产省颁布实施了《出口农产品管理法》，1957 年改为《出口检查法》，该法律在 1997 年废止。随着进口食品的增加，日本的食品安全立法不断加强和完善。1970 年由农林水产省颁布法律《农林产品品质规格和正确标识法》，同时还颁布了《植物防疫法》《家畜传染病防治法》《农药取缔法》及《农药管理法》等一系列与农畜产品质量安全密切相关的法律法规，对农畜品的进口、生产、加工和流通等各环节实行依法管理。❶

此后，日本又制定了新的《农业基本法》。2001 年日本发现疯牛病后，出现了全国农业协会恶意欺骗消费者、使用虚假标识、以进口肉冒充国产肉等事件。由此导致国民对政府原有农畜产品质量安全监管体制失去信心，这一现象对法律体系提出了新的问题。在此背景下，2003 年制定了《食品安全基本法》，以"保护国民健康为第一先决条件，确保食品安全，将采取一系列必要的管理措施"为基本指导思想，并于 2003 年 7 月 1 日成立了"食品安全委员会"之后，日本分别对原有的相关法律法规又进行了相应调整。

二、日本动物卫生法律体系

日本动物卫生法律体系主要可分为三个层次，一是动物卫生法律，由日本国会制定；二是政令、内阁府令，相当于我国的条例，由内阁或内阁总理大臣颁布；三是省令及规则等，一般由各省以省令的形式颁布。此外，还包

---

❶ 段辉娜.《实施卫生与植物卫生措施协议》对中国畜产品出口的影响研究 [M]. 北京：经济科学出版社，2010：75.

括与动物卫生相关的国际条约、双边/多边协议、议定书和各种技术标准等。日本动物卫生法律体系中主要的法律规范为《日本家畜传染病预防法》及其实施令和实施细则,以及《日本狂犬病预防法》及其实施令和实施细则。此外,《日本食品安全基本法》《日本食品卫生法》《日本牛海绵状脑病特别措施法》《日本兽医医疗法》《日本水产基本法》等200余件法律法规也涉及动物卫生方面的内容。总体来说,日本的整个动物卫生法律体系较为健全,体系运转的效率也较高。这主要体现在下列几个方面:一是法律的配套完善,以《家畜传染病预防法》《狂犬病预防法》为主,其他100余项法律规范为辅,形成了立体的法律体系;二是法律的修订较为及时,《日本家畜传染病预防法》自1951年出台后,已修订24次,仅最近10年就修订了9次;三是法律条款内容具体,有很强的可操作性,有利于执法机构统一执法尺度,可较好地避免执法的随意性;四是在动物卫生法律体系建设中注重借鉴国际通行规则,确立适当的动物卫生保护水平,严格市场准入,促进畜牧业的发展,保证食品安全卫生;五是技术标准名目繁多,很多针对进口商品的技术标准是强制性的。这些技术标准,一方面促进了企业提高产品质量,保护了消费者的利益,另一方面提高了外国商品准入门槛;六是对违法行为的处罚较为严厉。❶

三、日本出入境检验检疫法律

(一)法律基础

日本国会制定了《日本家畜传染病预防法》《日本狂犬病预防法》和《日本食品卫生法》等法律。上述法律的实施令由内阁以政令的形式颁布实施,如《日本家畜传染病预防法实施令》和《日本狂犬病预防法实施令》等。这些相关的法律法规构成了日本动物检疫法律体系的基石。

日本的行政命令因制定的行政机关不同,分为政令、内阁府令、省令和规则等,其中政令由内阁制定,其效力优于其他命令,一般包括法律实施所必要的规则,以及法律授权的事项。内阁府令由内阁总理大臣发布,而省令则由各省的大臣制定。

(二)立法宗旨

日本非常注重保护本国的产业和市场,对于本土畜牧业的保护,主要凸

---

❶ 段辉娜.《实施卫生与植物卫生措施协议》对中国畜产品出口的影响研究[M].北京:经济科学出版社,2010:77.

显在对疫病的防护上。日本没有制定单行的出入境动物检疫法律,《日本家畜传染病预防法》对进出口动物检疫作了规定。该法第一章第1条规定:"本法的目的是预防家畜传染病(包括寄生虫病)发生,防止其蔓延,振兴畜牧业。"❶

立法宗旨十分明确,主要包括三项内容:一是预防家畜传染病;二是控制家畜传染病的传播;三是保护和促进本国的畜牧业发展。这一立法宗旨体现了日本的实际国情,日本四面环水,无陆地与其他国家相通,动物防疫的天然环境十分优越。日本虽然有发达的工业,但是对传统农牧业的保护十分重视。日本本土资源不足,需要从国外进口大量的农畜产品,因而境外动物疫病传入风险较大,为保护本国畜牧业,需要重点防御、控制动物疫病传入和蔓延。

(三) 立法体制

日本虽然全面接受三权分立原则,但是它还是一个单一制的君主立宪制国家,政府实行内阁制。依据宪法,日本内阁有权制定政令,但是所制定的政令只限于两种情况:一是为实施宪法和法律的规定,可以发布行政命令;二是根据法律的特别授权,可以发布授权政令。以实施法律为目的的政令,只能以必要的细化规定为其内容。另外,日本宪法还规定地方公共团体实行自治的原则,地方公共团体有制定条例的权力。❷

第五节 印度 SPS 管理体制

一、印度充分利用发展中国家的身份

WTO对发展中国家制定了多条优惠条款,以适应发展中国家的经济发展状况。印度充分利用发展中国家的身份,积极进行谈判和磋商,最大限度地维护本国市场利益。

依据《农业协定》的基本原则,所有参加农业改革计划的成员方所承担

---

❶ 陈博文,何宏恺等.中日出入境动物检验检疫法律体系比较研究[J].检验检疫科学,2007(4):10-16.

❷ 段辉娜.《实施卫生与植物卫生措施协议》对中国畜产品出口的影响研究[M].北京:经济科学出版社,2010:77.

的义务以及所有享有的权利都是公平的。但是，考虑到非贸易因素、粮食安全、环境保护和人类共同进步的需要，协定对发展中国家的农业发展制定了一些特殊条款，允许发展中国家在 WTO 农业规则下采取适当的特殊政策以及在特定条件下，申请免除部分消减承诺。❶

通过充分利用《农业协定》特殊差别条款，印度基本上做到了既遵守 WTO 规则又部分变相地否定了 WTO 基本规则在印度实施。在市场准入方面，除本土不能生产的农产品外，印度对其余农产品的进口都采取了较高的关税和非关税壁垒限制。印度 1996 年以前对一万种商品进行进口限制，为了与 WTO 要求接轨，印度政府需要逐年消减受限商品的数量。为了赢得缓冲时间，印度政府多次与 WTO 成员方谈判，达成了逐步取消配额限制，降低关税的协议。2000 年 4 月 1 日，印度在取消 714 种商品配额数量限制的同时，通过谈判，对其中的 11 种商品保留征收高额关税的权力。根据关税约束承诺的灵活度，印度把初级农业产品关税设为 100%，加工产品设为 150%，食用油设为 300%。❷ 政府还将与 WTO 官员就关于农产品进口关税的谈判收编在财政法案中，今后如果进口的商品数量超过预计水平，政府仍将增加关税，虽然取消了进口数量限制，但是实施税率却提高了。

《农业协定》允许发展中国家在外汇短缺导致国际收支不平衡的情况下，实施临时性的非关税限制措施，但是这种非关税措施在国际收支状况改变后便不再具有合法性。印度利用此规定对 800 多种农产品进行数量限制，延续至今。

印度不断利用发展中国家的身份，向西方发达国家施压，要求他们进一步放开对印度农产品的进口，以使印度现有的产业优势得以充分发挥；同时，它还在各种场合一再强调发展中国家在乌拉圭回合谈判中作出的重大让步，强调需要有一个消化过渡时期，要求延长发展中国家履行 WTO 协议的过渡期限等。印度还利用 WTO 有关知识产权保护的协议和规定，加强对本国地方名特产农产品的品牌保护。针对这一问题，印度还专门制定了一部《商品地理标识（注册及保护）法案》，走在了所有 WTO 成员方的前列。此外，印度还利用 WTO 规则漏洞，建立国营机构，垄断了小麦、稻米、玉米及其他谷物、

---

❶ 段辉娜.《实施卫生与植物卫生措施协议》对中国畜产品出口的影响研究［M］. 北京：经济科学出版社，2010：79－82.

❷ 唐俊华，李建平，王东阳. 印度加入 WTO 后农业生产的变化及若干启示［J］. 中国农业资源与区划，2002（6）：8－11.

椰子油等农产品贸易经营。因为 WTO 规则里并未将国营贸易划归到非关税壁垒，《农业协定》允许各成员方保留国营贸易的进出口垄断权。❶

二、印度国内农业支持政策

（一）最低保护价政策

印度农产品最低保护价政策支持对象主要是小麦、大米和玉米等粮食作物。在 20 世纪 70 年代中期实现粮食基本自给自足之后，价格支持的对象逐渐扩大到黄麻、大豆和油料等 24 种农产品。据粗略估计，这些受到最低保护价格支持的农作物产值占农业总产值的 2/3。❷

（二）对投入品进行补贴

20 世纪 80 年代中期以后，印度就对农业投入品进行补贴，主要包括对肥料、电力、灌溉和农业机械进行补贴。加入 WTO 之后，印度仍然利用《农业协定》中针对发展中国家的补贴条款，对农业进行补贴。化肥补贴是印度农业补贴中的最大项目，采取政府定价、对生产化肥的厂商和进口商直接予以补贴、对运费进行补贴等办法来保持其产品的低价格。农业用电则采取区别对待的方法，生活在贫困线以下的农民免费用电，一般农户可免费使用灌溉用电，其他用电则享受优惠价。在农业机械方面，政府制定了有利于农业机械化发展的经济政策，并对此进行贷款支持，90% 以上的农民是通过银行贷款购买拖拉机、水泵等农用器械，这样就提高了印度农业的机械化程度。

（三）农业研究开发与技术推广

在农业科研投入上，加入 WTO 之前，印度每个五年计划用于农业发展和农业科研预算的比重就达到总预算科研经费的 20% 以上，1994 年，印度用于农业研究的经费占 GDP 的比重为 0.9%，接近发达国家的水平。❸ 20 世纪 90 年代尤其是加入 WTO 以后，印度政府更加注重引导科研所、农业大学和农业专家、学者向生物技术、基因重组和转基因研究、遗传研究等更高级和更系统的领域发展，同时还将计算机管理和网络信息技术逐步应用到农业生产中。现在，印度政府正组建有组织、高效率的农业科研、推广和教育体系，以便

---

❶ 段辉娜.《实施卫生与植物卫生措施协议》对中国畜产品出口的影响研究 [M]. 北京：经济科学出版社，2010：79 - 82.

❷ 陈建梅. 日本、印度农业补贴的经验与启示 [J]. 农业经济，2008（3）：42 - 43.

❸ 宗义湘，王俊芹，刘晓东. 印度农业支持政策 [J]. 世界农业，2007（4）：36 - 38.

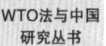

更好地促进印度农业技术的变革、创新和推广。

（四）农业基础设施建设投入

在印度，农村的电力、道路、灌溉等基础设施建设全部由政府出资，农民的负担大为减轻。加入WTO后，印度还加快了国内农产品市场设施的建设和改善。为减少农产品浪费和促进盈利，政府还在农产品生产区域为农民提供制冷储藏设备，并且改善农村零售市场的管理和配置，提高市场定位和大力传播市场知识。❶

（五）农业保险

印度一贯重视农业保险，在独立不久，便开始考虑农业保险问题。随着印度农业结构的改变，印度在充分利用WTO规则的前提下，进一步加大了对农业保险的支持力度，在以往保险体系的基础上，不断推出新的保险计划，进一步完善和拓展农业保险体系。

20世纪90年代，印度政府开始推出牲畜保险，该保险主要是牛保险。在各种不同的牲畜保险政策之下，对牲畜的数量或在死亡时的市场价值进行保险，保险金额可以达到牲畜正常市场价值的100%。此后，又相继推出了国家农业保险计划、咖啡产量指数和地区产量保险等，对不同的地区、不同的自然灾害、不同作物提供保险，保障了农民利益。❷

---

❶ 段辉娜．《实施卫生与植物卫生措施协议》对中国畜产品出口的影响研究［M］．北京：经济科学出版社，2010：79 - 82.

❷ 段辉娜．《实施卫生与植物卫生措施协议》对中国畜产品出口的影响研究［M］．北京：经济科学出版社，2010：79 - 82.

第四章 我国农产品出口现状研究

第一节 我国农产品出口遭遇的 SPS 措施

一、我国农产品出口相关的 SPS 通报与 SPS 特别贸易关注

（一）我国农产品出口相关的 SPS 通报

根据《SPS 协定》第 7 条的规定，各成员应当遵守透明度原则，及时通知其卫生与植物卫生措施的改变，并根据附件 B 有关规定提供相关的信息。SPS 通报包括常规通报和紧急措施通报❶：常规通报是指成员方新制定或修改的 SPS 措施可能对其贸易伙伴产生重大影响时进行的通报；紧急措施通报是指各成员在面临保护人类、动物和植物的生命或健康的紧急问题或发生此种紧急问题的威胁时采取的马上生效的紧急措施，但在实施后应及时进行的通报，并提供采取紧急措施的相关理由。

"据 WTO/SPS 委员会秘书统计，截至 2011 年 6 月 7 日，全球共有 92 个 WTO 成员发起了 12 249 项 SPS 通报。其中，共有 29 个国家针对中国发起 125 项通报"❷，通报量排名靠前的有：美国、新西兰、欧盟、阿尔巴尼亚、澳大利亚、巴西、菲律宾、加拿大等。虽然 WTO 各成员直接针对我国发起的 SPS 措施通报并不多，但是成员发起可能对我国进出口贸易产生影响的 SPS 通报多达近万项（除标明的受影响成员没有中国外，其他通报均视为可能对我国

---

❶ 此外，各成员还可以通过补遗附录、勘误表和修订本这三种形式为已发布的通报提供附加信息。

❷ 董银果. 中国农产品应对 SPS 措施的策略及遵从成本研究 [M]. 北京：中国农业出版社，2011：79.

产生影响),因为绝大多数 SPS 通报的受影响国均写着所有 WTO 成员方或所有贸易伙伴,因此都有可能对我国农产品贸易产生潜在影响。2011 年,在其他 WTO 成员中,"欧盟、澳大利亚、秘鲁发布了针对我国的 SPS 措施,分别是进口产/源于中国和中国香港特别行政区聚酰胺和三聚氰胺塑料厨具的具体条件和详细程序;进口中国鲜食葡萄的风险分析报告草案"❶;进口产/源于中国玉米种/棉籽/稻种/扁豆种的植物卫生强制要求。其中,我国对欧盟相关措施提出了评议意见。2012 年,在其他 WTO 成员中,"欧盟、美国、厄瓜多尔等成员发布了针对中国的 SPS 通报,分别是源自中国的大米中含非授权转基因成分的紧急措施;进口中国沙梨的拟定法规;进口中国柿子椒种的植物卫生要求。"❷ 其中,我国对欧盟和厄瓜多尔的通报提出了评议意见,欧盟和厄瓜多尔在答复意见中也分别接受了我国提出的意见。

2011 年,我国通过 WTO 秘书处向各成员通报 SPS 措施 166 项,2012 年,我国通过 WTO 秘书处向各成员通报 SPS 措施 25 项,入世后向 WTO 通报的 SPS 措施总数达到 544 项。"在 2012 年,我国所有 SPS 通报均同时向 WTO 提供措施草案全文。通报发出后,收到澳大利亚、美国、欧盟、巴西 4 个成员政府或行业协会的评议意见共 20 件(次),涉及 16 项通报。"❸ 我国政府有关部门均对相关评议意见进行了仔细研究考虑。2012 年,国家质检总局、农业部、卫生部等职能部门对其他 WTO 成员的 60 项 SPS 通报措施开展了评议,对外提交评议意见 30 件。❹ 评议的通报措施中涉及食品安全的最多有 44 项,评议涉及的通报成员主要有韩国、日本、澳大利亚、欧盟、美国、加拿大等。

(二)我国农产品出口相关的 SPS 特别贸易关注❺

从 1995～2012 年年底这 18 年间,各成员方共提出 344 项 SPS 特别贸易关注(Specific Trade Concerns,STCs),这些贸易关注可以分成食品安全类、

---

❶ 中华人民共和国国家质量监督检验检疫总局. 中国技术性贸易措施年度报告(2012)[R]. 北京:中国质检出版社,2012:30.

❷ 中华人民共和国国家质量监督检验检疫总局. 中国技术性贸易措施年度报告(2013)[R]. 北京:中国质检出版社,2013:29.

❸ 中华人民共和国国家质量监督检验检疫总局. 中国技术性贸易措施年度报告(2013)[R]. 北京:中国质检出版社,2013:1.

❹ 中华人民共和国国家质量监督检验检疫总局. 中国技术性贸易措施年度报告(2013)[R]. 北京:中国质检出版社,2013:196.

❺ 参见 SPS 官方发布 SPS 特别贸易关注,https://docs.wto.org/dol2fe/Pages/FE_Search/FE_S_S006.aspx?Query=(@Symbol=%20g/sps/gen/204/rev.13*)&Language=ENGLISH&Context=FomerScriptedSearch&languageUIChanged=true#,2013-9-1.

动物健康类、植物健康类和其他类。如图 4-1 所示，总体而言，40% 的贸易关注涉及动物健康和人畜共通传染病，30% 的贸易关注涉及食品安全，24% 涉及植物健康，6% 涉及其他诸如认证要求或翻译等议题。其中，动物健康和人畜共通传染病这一类可被进一步分为传染性海绵状脑病（TSEs）33%、口蹄疫（FMD）24%、禽流感（AI）9% 和其他动物健康问题（OAH）34%。

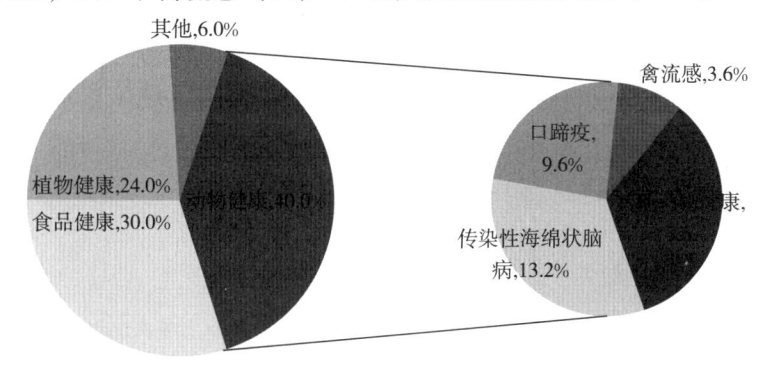

图 4-1 特别贸易关注比例图

发展中国家积极参与 SPS 委员会的此项议程项目。图 4-2 显示这 18 年来，发展中国家成员已经提出了 189 个贸易关注（在很多情形下不只一个成员方提出、支持或维持一个议题），而发达国家成员则提出 212 个议题，最不发达国家成员提出 5 个议题。其中发展中国家成员支持另一成员国提出的议题共 260 例，而发达国家为 180 例，最不发达国家 2 例。发达国家维持关于议题的措施有 202 例，由发展中国家维持的措施为 178 例。最不发达国家维持关于议题的措施仅为 1 例。

1995~2012 年，与我国❶相关的 SPS 特别贸易关注共 49 项，其中，我国对其他成员所采取的 SPS 措施提出的特别贸易关注共 29 项，其他成员对我国所采取的 SPS 措施提出的特别贸易关注共 20 项，表 4-1 和表 4-2❷具体所示为与农产品相关的特别贸易关注。

---

❶ 作者仅统计了大陆的 SPS 特别贸易关注。
❷ 参见 SPS 官方发布 SPS 特别贸易关注，https：//docs.wto.org/do12fe/Pages/FE_Search/FE_S_S006.aspx? Query =（@ Symbol =% 20g/sps/gen/204/rev.13 *）&Language = ENGLISH&Context = FomerScriptedSearch&languageUIChanged = true#，2013-9-1.

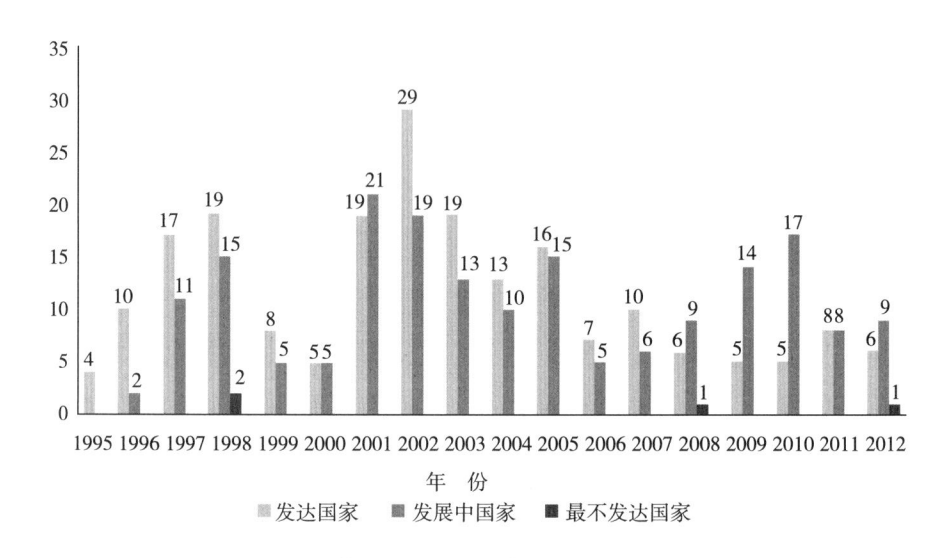

```
35
30                    29
25
20          19    19  21  19    19              17
      17              15  13 13    16 15          14
15              11                         10
10    10                8                       9       9
   4        2        5 5          10    7 5  6  8  5 5  6  8
                                              6        1
                  2                                 1
   1995 1996 1997 1998 1999 2000 2001 2002 2003 2004 2005 2006 2007 2008 2009 2010 2011 2012
                                  年 份
              ■ 发达国家   ■ 发展中国家   ■ 最不发达国家
```

图 4 – 2 1995 ~ 2012 年 WTO 成员提出的 SPS 特别贸易关注议题统计

表 4 – 1 我国对其他成员所采取的有关农产品方面的 SPS 措施的关注（共 29 项）

关注号	关注描述	解决情况
59	对美国木质包装材料暂行规定的关注	未通报
85	对澳大利亚对虾和虾制品临时检疫措施的关注	未通报
119	对菲律宾进口中国水果通报的关注	部分解决
148	对日本《食品健康法》修正案的关注	未通报
153	对美国限制中国盆栽植物进口措施的关注	未通报
169	对欧盟农药最高残留限量建议的关注	未通报
178	对日本修订食品和添加剂标准及规范的关注	未通报
185	因禽流感，对从印度进口产品限制的关注	已解决
191	对欧盟食品中最高农药残留限量通报的关注	未通报
198	对欧盟婴幼儿食品中黄曲霉素及赭曲霉素法规的关注	未通报
201	对日本食品添加剂（boscalid）标准和规范的关注	未通报
207	对欧盟茶叶中农药残留容许量和检测方法指令的关注	未通报
212	对日本肯定列表制度的关注	未通报
216	对美国对中国鸭梨输美限制措施的关注	未通报
221	对日本饲料及饲料添加剂安全保险和质量改进标准的关注	未通报
222	对日本暂停进口中国热处理过的秸秆和牧草的关注	已解决

续表

关注号	关注描述	解决情况
241	对美国对中国木制圣诞树进口限制措施的关注	未通报
256	对欧盟限制中国熟制禽肉进口措施的关注	已解决
257	对美国限制中国熟制禽肉进口措施的关注	未通报
269	对美国限制苹果的关注	未通报
277	对北美植物保护组织（NAPPO）草案标准的关注	未通报
282	对美国含肉、禽、加工蛋制品的食物产品措施的关注	未通报
284	对美国进口中国木制工艺品的限制措施的关注	未通报
289	对美国关于鲶鱼措施的关注	未通报
297	对加拿大规定宠物食品出口企业注册要求的关注	未通报
299	对美国《2009年食品安全加强法案》的关注	未通报
322	对欧洲限制进口聚酰胺和密胺塑料餐具的关注	未通报
330	对印度尼西亚闭港措施的关注	未通报
331	对欧盟限制面制品含铝的关注	未通报

表4-2　其他成员对我国所采取的有关农产品方面的SPS措施的关注（共20项）

关注号	措施描述	关注方	解决情况
114	中国采用现代生物技术生产的农产品食品安全法规	美国	未通报
115	中国因实蝇问题对柑橘和其他水果实施的进口限制	阿根廷	已解决
127	中国对荷兰动物源性产品的进口禁令	欧盟	已解决
128	中国对化妆品的进口禁令	欧盟	未通报
142	中国关于大肠杆菌零允许量的规定	美国	未通报
143	中国对木质包装材料的规定	欧盟	已解决
157	中国对水产品进出采取的检疫措施	欧盟	已解决
184	中国特定SPS措施透明度的缺失	美国	未通报
196	中国对美国禽肉采取的措施	美国	已解决
246	中国对二噁英动物源性产品的进口限制	欧盟	已解决
251	中国对生肉和家禽产品病原体零允许量的规定	美国	未通报
255	中国对区域化的实施和牛肉进口的禁令	巴西	未通报

续表

关注号	措施描述	关注方	解决情况
259	中国有关禽流感的限制	美国	未通报
261	中国对美国苹果进口品种的限制	美国	未通报
278	中国对蒸馏酒和综合酒精饮料健康标准的限制	墨西哥	未通报
279	中国因甲型 H1N1 流感限制猪肉产品进口	墨西哥	未通报
296	中国 SPS 通报方式	欧盟	未通报
319	中国鲑鱼健康检测和测试程序	挪威	未通报
324	中国对外国企业注册和监管的要求	印度	未通报
329	中国食品添加剂的测试方法	印度	未通报

二、我国出口农产品被扣留/召回情况

我国的主要贸易伙伴有日本、美国、欧盟、韩国、加拿大，这些国家对我国农产品的拒绝、扣留通报数量反映了我国农产品遭遇 SPS 措施状况。如表 4-3 所示，我国出口农食产品类被扣留召回情况。

表 4-3 我国出口农食产品类被扣留/召回情况❶

国家	发布机构	2007 年	2008 年	2009 年	2010 年	2011 年	2012 年
美国	美国食品和药品管理局	870	707	1056	867	620	756
日本	日本厚生劳动省	461	284	272	247	213	196
欧盟	欧盟食品和饲料委员会	266	395	209	270	332	333
韩国	韩国农林部国立兽医科学检疫院韩国食品药物管理局	—	262	487	366	378	445
加拿大	加拿大食品检验署	166	70	53	112	85	57
	总计	1763	1718	2077	1862	1628	1787

美国有着世界上最严格的食品安全监管体系。从政府部门分工来看，美国农业部（USDA）负责肉、禽、蛋的食品安全管理，其他食品则由美国卫生部下属的食品药品监督管理局（FDA）进行监管。2007~2012 年，美国扣留/

---

❶ 此图根据中国技术性贸易措施网站"中国出口受阻分析报告"整理而得（http：//www.tbt-sps.gov.cn/Pages/home.aspx）。

召回我国食品产品达到4876批次，是扣留/召回我国农产品、食品最多的国家，占全部扣留/召回总批次（10 835批次）的近一半，给我国农产品出口造成重大的损失。

日本是我国农食类产品出口第一大市场，但由于近年来贸易摩擦不断，我国农产品对日出口额呈逐年下降趋势，对日出口农产品占我国农产品出口总额的比例也逐年下降。2005年5月29日"肯定列表制度"及残留限量新标准的实施，大幅度提高我国农产品进入日本市场的门槛，给我国农产品出口带来严峻考验。"肯定列表制度"是日本政府为加强食品（包括可食用农产品）中农药、兽药和饲料添加剂等农业化学品残留管理而制定的一项制度。根据"肯定列表制度"，日本政府将禁止进口销售残留农药、饲料添加剂等超标的农食类产品。我国出口日本的农产品，不仅需要出具由我国出入境检验检疫机构出具的卫生证书，还要接受日本方面的抽查检验，甚至是全部批次检验。日本负责检验进口产品的机构是厚生劳动省，从上表中可以看出，日本扣留/召回我国农食产品批次亦呈逐年递减状态，作者认为这可能是日本肯定性列表带给我国农产品出口方面造成的阻碍，另外，贸易摩擦等各方面原因也使得我国农产品对日出口额逐年下降，在总量下降的基础上扣留/召回批次下降也属合理。

2012年，美国、日本、欧盟、韩国和加拿大相关机构扣留/召回我国出口不合格农食类产品位列前三位的产品为：水产及其制品类，蔬菜及制品类，肉类。扣留/召回原因位列前三位的是：品质不合格，农兽残不合格，不符合动物检疫规定。其中，2012年我国出口水产品及其制品中被扣留/召回批次最多的产品为鱼产品，被扣留/召回的主要原因是品质不合格；蔬菜及制品类被扣留/召回批次最多的产品为蔬菜及制品，被扣留/召回的主要原因是农兽残不合格；肉类被扣留/召回批次最多的产品为禽肉及其制品，被扣留/召回的主要原因是证书不合格。

三、SPS措施对我国农产品出口企业的影响

为全面客观反映国内外技术性贸易措施现状，自2006年以来，国家质检总局会同全国技术性贸易措施部际联席会议各成员单位每年会对我国出口企业受技术性贸易措施情况进行调研分析，其中包括农产品出口企业遭受SPS措施影响的情况。

根据国家质检总局在全国范围内组织的"2011年和2012年国外技术性贸

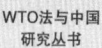

易措施对中国企业影响情况调查报告"获知如下信息：第一，2011年农食产品类出口企业遭受的直接损失额为91.3亿美元，2012年农食产品类出口企业遭受的直接损失额为41.5亿美元。其中，对美国、欧盟、日本和韩国出口直接损失额居于前列。第二，农食产品出口企业2012年共发生新增成本6.5亿美元，2011年新增成本33.9亿美元。第三，农兽药残留限量、食品微生物指标限定、重金属等有害物质浓度上限、食品添加剂要求、加工厂或仓库注册要求等是我国农食产品企业遭遇的主要技术性贸易壁垒。第四，作为企业获取国外技术性贸易措施信息的最主要来源，无论国家质量监督检验检疫机构，抑或是国外经销商、中国有关行业协会和商会、媒体（包括报刊、杂志、电视等）对于TBT/SPS咨询点的关注却相对较少，这均使得中国企业无法得到充分的相关咨询。第五，在面对国外技术性贸易措施时，大多数企业最渴望得到的帮助是"国外技术性贸易措施的最新信息的及时获知""提供针对具体产品的应对指南""提供有针对性的技术咨询"和"及时对外交涉谈判，以求将影响降至最低"。

四、我国农产品出口遭遇 SPS 措施案例研究

（一）中国输美鸭梨黑斑病案

美国是我国传统特色农产品鸭梨的主要出口市场之一。2003年12月19日，美国农业部以市场上发现中国鸭梨被黑斑病新种（交链孢属菌）感染为理由，暂停进口我国鸭梨，并对销售货架上的鸭梨作出下架处理。

在此之前，我国出口到美国市场的鸭梨从未因检验检疫问题出现过纠纷，美方的突然举动对我国出口鸭梨企业产生巨大影响。据不完全统计和估算，"当时已经进入美国市场或已在美国通关的鸭梨共有326个集装箱，按照每个集装箱成本10万元人民币计算，出口美国鸭梨造成的直接损失达3260万元"。[1] 不仅仅如此，美国的措施还引起了一连串的连锁反应：加拿大于2004年1月28日和2月17日相继取消从河北省和山东省进口鸭梨，新西兰、澳大利亚等国家也数次在双边会谈中对这一问题表示关注。我国出口鸭梨的国际市场形象严重受损，国内鸭梨出口企业严重受创。

国家质检总局迅速启动应急处理机制，与美国和加拿大有关部门进行紧急磋商。对于出口到美国的鸭梨，我国严格按照美国进境检疫要求，根据

---

[1] 黄冠胜.中国特色进出境动植物检验检疫[M].北京：中国标准出版社，2013：527.

"出口鸭梨检验检疫管理措施"的规定采取了降低黑斑病发生的措施,在这一点上得到了美国来华预检官员的认可,但是中美双方在黑斑病新种的鉴定、致病性、检验地位等问题上产生了很大分歧。为了进一步解决在检验检疫中出现的这一新问题,国家质检总局于2004年2月派出专家组赴美开展技术谈判。我国用大量研究证据表明我国出口到美国的鸭梨不存在黑斑病新种,随后双方经协商同意将研究重点由"确定黑斑病新种"转移到"寻找有效措施降低梨黑斑病发病率"上,并为此找到了两个可行的方案。❶ 为了进一步验证方案的有效性,在2004年12月开展的中美植物检疫双边会谈中,美方提出进行现场验证。中美双方对现场验证的结果表示满意,认为已找到可以有效降低黑斑病发病率的措施。2005年,中美双方就中国鸭梨恢复输美问题达成谅解备忘录,自此我国鸭梨正式恢复对美出口。

中国鸭梨出口美国围绕黑斑病进行了多年的争论,其争论焦点在于美国暂停中国鸭梨进口措施是否具有科学依据。根据《SPS协定》的基本原则,WTO各成员应确保任何SPS措施的实施都以科学原理为依据,如果没有充分科学依据的SPS措施则不再实施。经过中美双方的科学研究、讨论和协商,最终就上述问题达成一致意见,恢复了我国鸭梨出口美国。❷

在解决中美关于鸭梨黑斑病的贸易纠纷中,有几点是值得我国农产品出口检验检疫制度所借鉴的。第一,在涉及SPS措施是否正确的问题上,应从抓住措施的科学依据入手,对缺乏科学依据或依据不充分的,根据《SPS协定》基本要求,据理力争,加强外交交涉,争取扭转不利局面,恢复正常贸易,在外交交涉无效的情况下,还可以诉诸于WTO争端解决机制来解决彼此之间的贸易问题。第二,要重视发挥专家团队的作用。鉴于SPS措施的复杂性和专业性,解决出口贸易纠纷不仅需要检验检疫专业人员,有时也还需要一些专家发挥他们的业务专长,为对外谈判提供技术支持。

(二)中国在WTO诉美国禽肉限制措施案(DS392)

截至2013年10月31日,在WTO争端解决实体(Dispute Settlement Body, DSB)中提出涉及《SPS协定》的磋商共40起,其中欧共体荷尔蒙牛肉案(DS48)、澳大利亚鲑鱼案(DS18)、日本农产品案(DS76)、日本苹果

---

❶ "一是果实加工过程中,增加剪梨柄环节,同时手工分级代替机器分级;二是对加工后的鸭梨,进行药剂浸泡处理。"见黄冠胜.中国特色进出境动植物检验检疫[M].北京:中国标准出版社,2013:528.

❷ 在此之后加拿大也恢复了对我国鸭梨的进口。

进口限制案（DS245）、欧共体影响生物技术产品（GMO）进口案（DS291）、澳大利亚苹果进口限制案（DS367）、美国禽肉限制措施案（DS392）、美国丁香烟案（DS406）等争端进入专家组/上诉机构的审查程序。这些案件要求协商的条款集中于《SPS协定》第2条，第3条，第5条，第7条，第8条。❶

1. 案情简介

该案背景起因于2004年禽流感爆发，中美双方对彼此的禽肉产品采取进口限制措施，之后虽于同年双方同意相互解除禁令，但最后仅中国大陆单方面开放，而美国却未解除禁令。2009年3月11日，美国国会通过2009年《农业拨款法案》（以下简称《法案》）。该《法案》第727节（以下简称"727条款"）规定："根据本法所提供的任何拨款，不得用于制定或执行任何允许向美国进口中国产禽肉制品的规则。"❷ 由于美国政府行为必须依据国会拨款进行，因此，通过上述立法，美国国会禁止美国食品安全和检验署从事任何审查中国禽肉是否符合美国标准的活动，实际上也就全面切断了中国禽肉进口。这等于是透过对美国政府经费用途之限制，禁止中国大陆禽肉产品进入美国市场，将贸易保护主义推到了极致。

由于谈判未果，2009年4月17日，中国政府致函美方，就《法案》"727条款"提起世贸组织争端解决机制下的磋商请求，正式启动世界贸易组织争端解决程序。2009年5月15日，中美双方通过视频会议的方式进行了磋商，但是未能达成协商一致的解决方案。2009年7月31日，WTO争端解决机构通过对于美国影响中国禽肉进口的措施争端一案，成立"中国诉美国禽肉限制措施案"（DS392）专家组。除欧盟、危地马拉、韩国，以及土耳其先保留其第三方权利，巴西以及中国台湾其后亦保留第三方权利。

在此之后，专家组组织召开过两次听证会，一次第三方听证会。2010年6月14日，专家组散发了中期报告；7月26日，专家组将最终报告散发当事方。2010年9月29日，专家组将最终报告向所有世贸组织成员公开散发。2010年10月25日，世贸组织争端解决机构正式通过该案专家组报告。

---

❶ http://www.wto.org/english/tratop_e/dispu_e/dispu_agreements_index_e.htm?id=A19#selected_agreement，2013-10-31，根据其统计数据得出，按照案件次数由高到低排名前十的条款依次为：第5条（28个案件），第2条（27个案件），第7条（18个案件），第8条（17个案件），第2.2条（16个案件），第2.3条（16个案件），第5.1条（15个案件），第3条（14个案件），第5.6条（14个案件），附件二（13个案件）。另：每个案件可能涉及《SPS协定》多个条款。

❷ Section 727, Agriculture Appropriations Act 2009 (Exhibit CN-1).

"专家组最终裁决几乎全面支持了中方主张"❶,裁定美国《2009 年综合拨款法》关于限制中国禽肉进口的条款不符合世贸组织规则。❷

2. 中国诉美国禽肉限制措施案所涉《SPS 协定》相关条款分析

第一,关于美国"727 条款"的性质——"727 条款"是否属于"SPS 措施"?

专家组首先回顾了《SPS 协定》下"SPS 措施"的定义以及专家组和上诉机构解释 SPS 措施的方法。其次,专家组注意到有关 SPS 问题的争端基本都会涉及争议措施是否属于 SPS 措施的问题。其中,在涉及 SPS 措施定义的首个争端——欧共体影响生物技术产品案中,专家组提出了判定 SPS 措施的"三步测试法",即在判断某个措施是否属于 SPS 措施时,必须考虑该措施目的、法律形式和性质。专家组认为,在附件 A(1)(a)~(d)中提到了目的要件("适用的任何措施"),附件 A(1)第二段中措辞"法律、法令、规则、要求和程序"分为两个部分,前三个指的是措施的形式要件,后两个指的是措施的性质要件。❸

专家组以上述理论为依据,分析判断"727 条款"是否属于《SPS 协定》下的 SPS 措施。专家组仔细研究了《SPS 协定》附件 A(1)第二段第一句话的规定❹,认为"要求和程序"实际上也是 SPS 措施的形式,而后面"特别包括……"则是世贸组织成员已经采取的一些 SPS 措施的示例。专家组认为,在判定是否属于 SPS 措施时,没有必要严格遵循"三步测试法",而是要仔细地审核该项措施的各个方面,对措施进行整体性审查。

在此基础上,专家组对"727 条款"立法历史❺进行了考察,得出结论认为"727 条款"的目的是保护人类和动物生命和健康免受从中国进口的受污染禽类制品所带来的风险,因此,该条款是符合附件 A(1)(b)的目的而适用的措施。其次,专家组认为,虽然从表面上看"727 条款"是一项仅涉及美国政府执行机构的活动拨款的措施,并未直接规制检验检疫活动,但它实际上是美国国会采取的对 SPS 事务执行机构(美国食品安全和检验署)执行

---

❶ 龚柏华. WTO 争端解决与中国(第三卷)[M]. 上海:上海人民出版社,2011:39.

❷ 其中,裁定"727 条款"不符合《SPS 协定》第 5.1 条,第 5.2 条,第 2.2 条,第 5.5 条,第 2.3 条,第 8 条。

❸ Panel Report, EC—Approval and Marketing of Biotech Products, para. 7. 149.

❹ "卫生与植物卫生措施包括所有相关法律、法令、规则、要求和程序,特别包括……"。

❺ 伴随 2009 年《农业拨款法》发布了《解释性联合声明》,其中解释了美国国会限制用拨款来制定或实施允许从中国进口禽肉制品规则的原因。See Panel Report, US—Poultry (China), para. 7. 93.

相关法律规则活动加以控制的一种方式，因此属于《SPS协定》附件A（1）第二段的范围。由此，"727条款"属于《SPS协定》附件A（1）中的SPS措施。

根据上述结论，再加之"727条款"直接或间接影响了禽类制品的国际贸易，专家组裁定，"727条款"构成了《SPS协定》范畴内的SPS措施。

第二，关于《SPS协定》条款的适用问题。

鉴于美方在抗辩中首先援引《SPS协定》第4条，并声称在等效制度下，成员只需遵守《SPS协定》第4条义务即可，而《SPS协定》其他条款对于等效制度不适用，因此，专家组认为，在审查"727条款"与《SPS协定》其他条款相符性之前，必须首先确定关于等效制度是否仅受《SPS协定》第4条约束，换言之，《SPS协定》其他条款是否不适用于等效制度。

专家组首先研究了2004年7月23日世贸组织SPS委员会通过的《关于执行〈SPS协定〉第4条的决定》（以下简称《决定》）。[1] 专家组指出，虽然该《决定》并非强制性的，但其阐释了《SPS协定》第4条与《SPS协定》其他条款之间的关系，以及如何执行第4条。《决定》规定，进口成员应当澄清其SPS措施所达到的"适当保护水平"，包括提供风险评估和技术标准方面的解释；进口成员应该对出口成员提供的相关信息进行分析，以确定该成员采取的SPS措施能否实现本国的"适当保护水平"。这些规定涉及风险评估、技术标准、"适当保护水平"等问题，都属于《SPS协定》其他条款的范围。这就意味着，基于等效制度采取的措施应当同时符合《SPS协定》其他条款的规定。

其次，专家组还指出，第4条中没有任何措辞表明，该条款应当与《SPS协定》其他条款分割，该条款的适用也不意味着排除《SPS协定》其他条款的适用。与此同时，专家组还从语义角度出发，认为《SPS协定》第2.2条明确适用于"任何"SPS措施，而第2.3条也没有区分实体性SPS措施和程序性SPS措施，这些条款毫无疑问应当适用于"727条款"。

关于美国提出的"实体性SPS措施"和"程序性要求"的差别，首先，专家组同意欧共体影响生物技术产品进口案专家组所作的分析，认为《SPS协定》第5条适用于"实体性"SPS措施。其次，专家组在对"727条款"

---

[1] Committee on Sanitary and Phytosanitary Measures, Decision on the Implementation of Article 4 of the Agreement on the Application of Sanitary and Phytosanitary Measures, document G/SPS/19/rev.2, dated 23 July 2004.

审查后认为，由美国食品安全和检验署制定并实施允许从特定国家进口禽肉产品的规则，是禽肉产品可以进口至美国的前提。在美国食品安全和检验署未制定或者实施该规则的情况下，事实上美国禁止了这些国家禽类产品的进口。"727条款"是通过资金限制，禁止进口中国禽类产品，以实现"适当保护水平"，即确保市场中的禽类制品是安全的。因此，"727条款"实际上是一个"可自行发挥作用的实质性SPS措施"❶。

专家组由此认定，《SPS协定》第5.1条、第5.2条、第5.5条、第5.6条、第2.2条和第2.3条均适用于"727条款"。

第三，关于《SPS协定》下的科学依据要求。

科学性是SPS措施的基本要求。《SPS协定》第2.2条规定，SPS措施仅在为保护人类、动物或植物生命或健康所必需的限度内实施，并根据科学原理，且无充分科学证据则不再维持。第5.1条则明确规定了SPS措施必须给予风险评估的基本原则；第5.2条进一步指出了世贸组织成员在进行风险评估时应予考虑的各个因素。

专家组首先对这些条款之间的关系进行了分析。专家组指出，第5.1条可以视为第2.2条基本原则的一项具体实施；若一项SPS措施未根据第5.1条和5.2条的要求进行风险评估，则可以推定其不符合第2.2条的规定；但是，第2.2条的含义更宽泛，因此并非所有违反第2.2条的情形均包括在第5.1条和第5.2条的范围之内。为此，专家组首先决定先讨论风险评估问题，然后再讨论第2.2条问题。

关于风险评估，专家组首先讨论了《SPS协定》下关于风险评估的概念。专家组指出，《SPS协定》附件A（4）规定了两种不同的风险评估；鉴于"727条款"性质上属于《SPS协定》附件A（1）（b）项规定的SPS措施，所以相关风险评估应当符合《SPS协定》附件A（4）下风险评估定义中第二分句的要求。而在"美国/加拿大——持续报复案"（DS320/DS321）中，专家组曾指出，进行附件A（4）第二分句的风险评估，需要从三个方面着手：（1）确定有关食品、饮料或饲料中的添加剂、污染物、毒素或致病有机体；（2）确定对人类或动物健康的任何不利影响；（3）评估由于食品、饮料或饲料中存在的特定添加剂、污染物、毒素或致病有机体而产生的潜在不利影响。❷此外，专家组还进一步强调，风险不能仅仅是泛泛而论，而必须针对特

---

❶ Panel Report, Australia—Salmon (Article 21.5 – Canada), para. 7.156.
❷ Panel Report, Canada—Continued Suspension, para. 7.479.

定的风险进行。

在本案中,美方在实施"727条款"前未进行风险评估,且事后也未向专家组提交任何风险评估的补充材料。上诉机构曾指出,"风险评估并不需要一定由实施SPS措施的世贸组织成员进行"❶,因此,"虽然某些研究并非美国政府作出",但"这项事实本身并不意味着这些研究不能构成风险评估"❷。但是,美国政府并未主张这些研究报告构成"727条款"的风险评估依据。因此,专家组裁定美国"727条款"没有以风险评估为依据,违反了有关风险评估的义务。

专家组进一步裁定美国违反了《SPS协定》第2.2条。专家组指出,如果一项SPS措施未基于《SPS协定》第5.1条和第5.2条规定的风险评估要求作出,则可以推定这项措施并非根据科学原理,且无维持的科学依据。专家组还指出,虽然美国提交了许多关于禽流感、三聚氰胺污染饲料等报刊文章材料,但是这些材料不能作为消费中国禽肉构成风险的证据。专家组为此裁定,"727条款"并无充分证据支持,因而违反了《SPS协定》第2.2条。

第四,关于《SPS协定》下的一致性要求。

《SPS协定》第5.5条规定,在防范对人类生命或健康、动物和植物的生命或健康的风险方面,世贸组织成员在实施"适当保护水平"时应当具有一致性。

专家组首先回顾了上诉机构在此方面的实践。在欧共体荷尔蒙牛肉案中,上诉机构指出,构成违反《SPS协定》第5.5条,必须同时满足三个要件:(1) 该成员在不同情形下实施了不同的"适当保护水平";(2) 在这些情形下,"适当保护水平"存在"任意或不合理"的差异;(3) 这些任意或不合理的差异造成对国际贸易的"歧视或变相限制"❸。

关于第一个要件,专家组认为需要从两个方面进行分析:首先,是否存在"不同但可比的情形"❹。其次,在保护水平方面是否存在差异。专家组在对中美双方提交的材料审核后认为,从中国进口的禽肉和从其他世贸组织成员进口的禽肉具有共同的风险(即沙门氏菌、弯曲杆菌和李斯特菌),因此存在"不同但可比的情况"。与此同时,专家组还认为,即使"727条款"和正

---

❶ Appellate Body Report, EC—Hormones, para. 190, followed by Panel Report, EC—Approval and Marketing of Biotech Products, para. 7. 3024.

❷ Panel Report, US—Poultry (China), para. 7. 191.

❸ Appellate Body Report, EC—Hormones, paras. 214 – 215.

❹ Appellate Body Report, EC—Hormones, para. 217.

常的美国食品安全和检验署程序均会导致禁止禽肉进口的结果,但前者是绝对的,后者是附条件的,两种措施体现的"适当保护水平"是实质不同的。

关于第二个要件,专家组认为,在判定是否存在"任意或不合理"的差异方面,关键是要看导致这种差异是否存在"合理的原因或理由";其次,鉴于本案涉及 SPS 措施,专家组认为主要应当看这种"适当保护水平"的差异是否有科学原理或科学证据作为依据。最后,虽然美方在本案中提交了大量研究报告证明中国存在食品安全危机,力图证明来自中国的禽肉比来自其他世贸组织成员的禽肉风险性更大,但专家组指出,"727 条款"没有基于风险评估,也缺乏相关科学证据,因此,其实施的不同的"适当保护水平"缺乏科学依据,构成了"任意或不合理"的差异。

关于第三个要件,专家组援引了专家组在澳大利亚鲑鱼案中的分析框架,即在判定是否属于"歧视或变相限制"时,要考虑三个"预警信号":(1)不同的保护水平是否具有"任意或不合理"的特征;(2)在不同保护水平之间具有"相当实质"的差距;(3)有关的 SPS 措施与《SPS 协定》第 5.1 条和第 2.2 条的不符性。但这些因素并非决定性的。本案专家组认为,首先,美国有关禽肉的保护水平显然是"任意或不合理的";其次,"727 条款"是一种全面禁止措施,其体现的"适当保护水平"与《禽类制品检验法》中体现的"适当保护水平"具有实质性不同;最后,专家组也裁定"727 条款"与《SPS 协定》第 5.1 条和第 2.2 条不符。这样,三个"预警信号"都已出现。此外,专家组还考虑到,美国"727 条款"仅适用于中国进口禽肉本身即具有歧视性质。据此,专家组裁定,美国实施不同的"适当保护水平"造成对国际贸易的"歧视或变相限制"。

基于以上分析,专家组最终裁定,美国对来自中国的禽肉产品和来自其他世贸组织成员的禽肉产品适用了不同的适当保护水平,这种区分是任意的和不合理的,构成了对中国的歧视,因而违反了《SPS 协定》第 5.5 条,并且由此导致其也不符合《SPS 协定》第 2.3 条第一句。

美国是现代化农业强国,中美禽肉贸易有着良好的发展前景。根据美国农业部统计数字,中国已成为美国最大的农产品出口市场。随着中国经济的飞速发展,中国对肉、蛋、奶等农产品的需求也迅速扩大。可以说,农产品已经成为美国对华贸易重要顺差来源之一。

在禽肉贸易领域,虽然在中国诉讼压力之下,美方已经取消了"727 条款",但是美国仍然通过其他检疫措施和程序,限制中国禽肉产品对美国出口，中美禽肉贸易仍然面临阻碍和困难。2010年12月，在第12届中美商贸联委会会议上，禽肉贸易问题再次成为会谈焦点。"美方表示，中国熟制禽肉输美包括加工熟制禽肉和中国自产熟制禽肉两部分。美方计划来华对屠宰场等生产设施进行现场核查。关于区域化进口中国无疫区的冰鲜禽肉，美方希望中方提供完整信息，以便美方开展研究、审查有关地区疫病情况。"❶ 特别值得提及的是，中美两国的消费习惯差异❷使得在双边禽肉贸易有很强互补性和双赢性，可以各取所需，互相填补市场需求。因而，进一步推动两国之间禽肉贸易，真诚沟通与合作，共同致力于解决检疫和食品安全监管等问题，并在此基础上双向对等开放市场，才是合作双赢的选择。

第二节 我国农产品出口检验检疫制度现状

食品卫生是一个重大的公共卫生问题，而农产品卫生不仅关乎广大人民群众的身体健康和生命安全，还直接影响着国家的经济建设和社会发展。农产品卫生标准是保证农产品卫生，防止食源性疾病的重要工具，农产品卫生标准的制定与实施不仅为保护国民健康发挥了重要作用，同时，也对规范农产品生产经营行为、促进农产品产业的健康发展起到了十分重要的推动作用。我国入世后，农产品卫生标准作为WTO的《SPS协定》所指的农产品进出口过程中的卫生与植物卫生措施，对我国食品进出口贸易的影响尤为突显。农产品卫生标准的制定工作引起了政府、行业、企业、消费者等社会各界的普遍关注。❸

一、农产品出口检验检疫历史回顾

我国自20世纪50年代开始研制和实施食品卫生标准，那时主要是针对某些比较突出的食品安全问题而制定单项卫生标准。如1953年卫生部制定的酱油中的砷限量指标。1960年国务院转发了卫生部、国家科委等制定的《食用合成染料管理暂行办法》，规定了允许使用的五种合成色素和使用限量。

20世纪70年代初，卫生部组织成立14个标准制定协作组，食品卫生标

---

❶ 龚柏华. WTO争端解决与中国（第三卷）[M]. 上海：上海人民出版社，2011：54.
❷ 中国消费者比较偏爱鸡腿、鸡翅和鸡爪等产品，而美国消费者青睐使用鸡胸肉。
❸ 李晓瑜. 我国食品卫生标准的现状与发展趋势 [J]. 食品科学，2006（9）.

准化工作进入了全面组织、系统安排阶段，先后完成了全国 20 多个地区食品中铅、砷、镉、汞、硒、黄曲霉毒素 B1 等污染物的流行病学及污染状况调查、镉等污染物的每日允许摄入量研究等工作。到 20 世纪 70 年代末，提出了粮、油、肉、蛋、乳等类别易发生食品卫生问题的食品产品卫生标准，以及食品添加剂、汞、黄曲霉毒素、六六六和滴滴涕、放射性物质限量等 14 类 54 项卫生标准。1982 年我国颁布了《中华人民共和国食品卫生法（试行）》，1995 年食品卫生法正式颁布，食品卫生标准的制定工作有了明确的法律依据和保障。

到 20 世纪 90 年代末，制定的各类食品卫生标准多达 500 余项，涉及食品，食品添加剂，食品容器、包装材料，食品用工具、设备，用于清洗食品和食品用工具、设备的洗涤剂、消毒剂以及食品污染物质、放射性物质容许量等方面的标准。

二、我国农产品卫生标准现状

随着我国加入 WTO，卫生标准面临着严重挑战。因为我国在入世之初就作出承诺：自加入之日起完全遵守《SPS 协定》，并保证所有与 SPS 措施有关的法律、法规、要求和程序符合《SPS 协定》；不会将 SPS 措施作为变相的贸易限制，中国将保证依照《SPS 协定》淘汰所有没有充分科学依据的 SPS 措施。[1] 根据《SPS 协定》的规定，各成员所制定卫生措施必须与国际标准（国际食品法典委员会制定的标准是其认可的国际标准）协调一致。任何成员在制定高于国际标准的健康保护水平的卫生措施时，必须建立在适宜的健康保护水平上，必须有充分的科学依据。基于此，卫生部组织卫生标准委员会适时地对食品卫生标准进行了全面清理和修订。

三、我国农产品出口检验检疫法律规定

我国在进出境检验检疫领域，主要有三部法律规定，按照法律施行日期依次为：一是《中华人民共和国进出境动植物检疫法》（以下简称《动植物检疫法》），该法于 1991 年 10 月 30 日第七届全国人民代表大会常务委员会第二十二次会议通过，自 1992 年 4 月 1 日起施行。《动植物检疫法》明确了动植物检疫的宗旨、任务，确立了我国动植物检疫的基本制度，将进出境动植

---

[1] 赵丹宇. SPS 和 TBT 协定解析 [J]. 中国食品卫生杂志，2002（2）：18-23.

物检疫工作纳入法制轨道，为其提供了坚实的法律保障。二是《中华人民共和国进出口商品检验法》，该法于1989年2月21日第七届全国人民代表大会常务委员会第六次会议通过，于2002年4月28日第九届全国人民代表大会常务委员会第二十七次会议修订，自2002年10月1日起施行。三是《中华人民共和国国境卫生检疫法》，该法于1986年12月2日第六届全国人民代表大会常务委员会第十八次会议通过，于2007年12月29日第十届全国人民代表大会常务委员会第三十一次会议修订，自公布之日起施行。

除上述三部专门规定进出境检验检疫的法律规定及其对应的实施条例❶之外，《中华人民共和国食品安全法》及其实施条例同样在第六章对"食品进出口"进行了专门规定，《中华人民共和国海关法》《中华人民共和国对外贸易法》《中华人民共和国农产品质量法》《中华人民共和国认证认可条例》《中华人民共和国进出口货物原产地条例》等法律法规也有涉及出入境检验检疫的规定。

截至2010年11月，国家质检总局根据法律和国务院的行政法规、决定、命令制定了有关检验检疫行政管理的规范性文件，现行有效规章共计178件，❷如《出入境检验检疫行政处罚程序规定》《出入境检验检疫风险预警及快速反应管理规定》《出入境粮食和饲料检验检疫管理办法》《出境水生动物检验检疫监督管理办法》《进出境肉类产品检验检疫监督管理办法》等。

此外，我国签订的国际条约、政府间协定等规范性法律文件，也是我国出入境检验检疫法律体系的有机组成部分。

这些有关检验检疫的法律规定构成了我国农产品检验检疫法律体系的内容，包含了农产品质量安全和检验检疫实体和程序上的规定，形成了比较完整的农产品检验检疫法律体系，为我国农产品出口检验检疫的实施提供了法律上的保障。

四、我国农产品出口检验检疫制度与《SPS 协定》相比存在的问题

根据《中国加入世贸组织工作组报告书》第199段和第200段，我国承

---

❶ 其中，于1996年12月2日颁布、1997年1月1日施行的《中华人民共和国进出境动植物检疫法实施条例》进一步明确了进出境动植物检疫的范围，完善了检疫审批规定，强化了检疫监督制度，明确动植物检疫与口岸其他查验、运递部门和国内检疫部门协作、配合关系等。

❷ 参见国家质检总局发布信息，http：//www.aqsiq.gov.cn/zwgk/jlgg/zjl/2011/201104/t20110420_182414.htm，2013 - 09 - 01。

诺"根据《SPS协定》的规定，仅在保护人类和动植物的生命或健康所必需的限度内实施SPS措施"。我国表示"绝大部分SPS措施是基于国际标准、指南和建议的"，表示"将不会以作为对贸易的变相限制的方式实施SPS措施"，"保证如无充分的科学依据，则不维持SPS措施"。我国承诺"自加入之日起完全遵守《SPS协定》，并保证其所有与SPS措施有关的法律、法规、法令、要求和程序符合《SPS协定》"。

为顺应入世之需，我国于1998年4月将原国家进出口商品检验局、原农业部动植物检疫局和原卫生部卫生检疫局合并组建中华人民共和国国家出入境检验检疫局（简称"三检合一"）。又于2001年4月，将原国家质量技术监督局和原国家出入境检验检疫局合并，成为统一执法的中华人民共和国国家质量技术监督检验检疫总局。❶

根据入世承诺，借鉴国外先进立法经验，我国于2002年对《中华人民共和国进出口商品检验法》进行了修改，2009年颁布新的《中华人民共和国食品安全法》，废止旧的《中华人民共和国食品卫生法》。从加入WTO后累计制定修订400多个部门规章和规范，500多项国家标准和行业标准，❷逐步建立和完善以法律法规、部门规章、技术标准等为载体的多层次、全覆盖的进出境动植物检验检疫法律规范和技术标准体系，使我国有关SPS措施的立法从形式上符合《SPS协定》的要求。

为适应我国农产品对外贸易的快速发展和应对国外技术性贸易措施，国家质检总局逐步健全和完善了出境动植物检验检疫管理制度体系。现行的出境动植物检验检疫包括：注册登记、企业分类管理、出口查验、产品溯源管理、质量安全示范区建设、风险管理等。❸ 这些制度规定了出口生产企业在出口生产及贸易等环节的责任，明确了进出境动植物检验检疫自身的职责，对进一步提升出口动植物及其产品质量安全水平，增强出口农产品国际市场竞争力，促进农产品贸易健康发展，为农产品出口检验检疫及监管提供了法制保障。与此同时，经过多年的实践探索，进出境动植物检疫开始向确定可接受风险水平、以管理风险为核心的综合管理措施方向发展，逐步建立进出境动植物检验检疫风险管理体系，全面提升监管工作的科学性和有效性。风险管理制度的核心是风险分析，并在此基础建立了动植物疫情疫病检测、安全

---

❶ 俗称"内外并轨"。
❷ 黄冠胜. 中国特色进出境动植物检验检疫［M］. 北京：中国标准出版社，2013：460.
❸ 黄冠胜. 中国特色进出境动植物检验检疫［M］. 北京：中国标准出版社，2013：199.

风险监控和风险预警与快速反应等多项风险管理措施。❶

在肯定我国有关检验检疫制度立法和相关制度的同时,也应当认识到其与《SPS协定》的内在要求依旧存在着差距,我国农产品出口检验检疫制度仍然存在着问题。

(一)与协调统一这一要求之间的差距

实施统一、协调的法律制度是《SPS协定》所设置的内在目标,❷ 也是《SPS协定》第3条所调整的内容,而我国SPS法律法规和相关执法机构彼此之间缺乏应有的统一与协调。

我国现行检验检疫制度法律法规基本制定于20世纪80年代末90年代初,由不同部门负责起草,而且还是在"三检"从各自分立到合而为一的大幅度整合背景下完成的,所以这些法律彼此之间缺乏应有的协调。其中相当一部分内容仍然反映了计划经济体制下内外贸管理截然分离的立法思想,并由此形成内外有别的检验检疫法律制度,分别遵循不同的法律法规要求。入世之后,虽然国家一级的内外执法机构完成了合并,施行内外一体化管理,但是在国家质检总局内设机构中,主管司局仍然存在内外检分离管理的倾向,如产品质量监督司侧重对国内产品的管理,而进出口食品安全局、检验监管司、动植物检疫监管司则主要负责涉外产品的检查监督。地方各级的相应部门依旧处于内外分立的状态:省级以下机构设置没有变化,质量技术监督部门负责国内市场的产品质量监管,而检验检疫机构负责进出口产品的质量监管。

此外,我国很多部门,包括质检总局、农业部、卫生部、环保部等,都具有农产品出口检验检疫管理权限,承担了农产品出口安全的检验检疫职责。各部门虽然有自己的职权范围,但是在工作中还是有相互重叠的领域,加之各部门之间是横向的关系,相互间没有隶属或监督,相对独立,导致部门之间的利益冲突,造成监管环节的交叉或空白,从而难以形成执法合力。入世之后,为促进我国协调实施《SPS协定》,加强相关部门在技术性贸易措施建设和实施方面的信息交流与配合,建立符合WTO规则和符合国际通行做法的技术性贸易措施协调机制,我国于2003年7月2日成立了技术性贸易措施部

---

❶ 黄冠胜. 中国特色进出境动植物检验检疫[M]. 北京:中国标准出版社,2013:238.

❷ 《SPS协定》序言第六段:期望进一步推动各成员使用协调的、以有关国际组织制定的国际标准、指南和建议为基础的卫生与植物卫生措施,但不要求各成员改变其对人类、动植物的生命或健康的适当保护水平。

际联席会议制度。❶ 技术性贸易措施部际联席会议由国家发展和改革委员会、科学技术部、公安部、信息产业部、农业部、商务部、卫生部、国务院法制办公室、海关总署、国家工商行政管理总局、国家环境保护总局、中国民用航空总局、国家林业局、国家食品药品监督管理局、国家中医药管理局、国家认证认可监督管理委员会、国家标准化管理委员会组成，国家质检总局负责召集。技术性贸易措施部际联席会议的主要任务有三个方面：沟通信息、研究政策和协调行动。自其成立至今已召开12次成员会议，21次联络员会议，❷ 在实现信息沟通、资源共享、问题研究、协调统一、增加互动等方面做出了一定的贡献，但是由于技术性贸易措施部际联席会议制度自身的属性——不作出任何决定，不发布任何指示，不受理对有关问题的请示，联席会议的效力范围有局限性，无法对现在存在的缺乏协调统一的问题进行更加有效的规制。

（二）与国际标准之间的差距

根据《SPS协定》第3条，"为在尽可能广泛的基础上协调卫生与植物卫生措施，各成员的卫生与植物卫生措施应根据现有的国际标准、指南或建议❸制定"，除非本协定另有规定，或者根据第3.3条，"各成员可以实施或维持比已有关国际标准、指南或建议为依据的措施所提供的保护水平更高的动植物检疫措施，但要有科学依据，或一成员根据第5.1条至第5.8条中有关规定，认为该措施所提供的保护水平是合适的"。标准是动植物检验检疫工作的主要技术依据，是法律法规的重要支撑，是提高检验检疫工作科学性、规范性和权威性的技术保障。但遗憾的是，我国国际标准的采用率偏低，而且标准水平和数量都普遍低于现有国际标准。例如，2013年3月1日起实施的食品安全国家标准《食品中农药最大残留限量》里农药最大残留限量标准有2293个，与国际食品法典标准（CAC）、美国和日本等国家相比，我国农药残

---

❶ 部际联席会议办公室设在国家质检总局。
❷ 第12次成员会议于2011年12月6日在北京召开，第21次联络员会议于2013年6月3日在深圳召开。
❸ 《SPS协定》附件A第3条国际标准、指南和建议：(a) 在粮食安全方面，指食品法典委员会制定的有关食品添加剂、兽药和杀虫剂残存物、污染物、分析和抽样方法的标准、指南和建议，以及卫生惯例的守则和指南；(b) 在动物健康和寄生虫病方面，指国际兽疫局主持制定的标准、指南和建议，以及卫生惯例的守则和指南；(c) 在植物健康方面，指在《国际植物保护公约》秘书处与该公约框架下运行的区域组织合作制定的国际标准、指南和建议；(d) 在上述组织未尽事宜方面，指经委员会认可，可参照向所有成员开放的其他有关国际组织公布的适当标准、指南和建议。

留标准还有一定差距。目前 CAC 农药残留标准数量有 3820 个，美国约有 1.1 万个，日本肯定列表有 5 万多个。❶ 与国际标准之间的差距可能会导致不利的后果：一方面，没有标准或者标准要求太低无法起到防止外来风险入侵的作用，而且在缺乏相关标准的前提下，很容易被认为有贸易保护主义之嫌，如果贸易争端升级，进入 WTO 专家组程序时也会因欠缺证据而处于不利的地位；另一方面，就我国农产品出口而言，我国标准与出口目的地国标准不同，容易导致企业增加检验检疫成本，给出口造成一定的困难。❷

（三）与科学性以及风险评估之间的差距

我国现有绝大多数 SPS 措施都有充分的科学证据支持。❸ 在风险评估方面，我国有害生物风险分析（Pest Risk Analysis，PRA❹）起步并不晚，20 世纪 80 年代，我国在有害生物评价指标、分析方法的建立以及有害生物在检疫工作的重要性程度和位次方面有了初步的成果。❺ 1995 年 5 月，原国家动植物检疫局成立了"中国植物有害生物风险分析工作组"，该工作组的成立表明我国正式将有害生物风险分析应用到检验检疫工作实践中，为我国动植物检疫法规的制定、检疫标准及检疫程序的制定提供理论和科学根据。另外，相关机构对检疫原则、概念等方面进行了研究，其中包括对疫区、禁止进口措施、有害生物允许量等问题提出有关定义和规定。❻ 这些成就标志着我国 SPS 措施决策已开始进入科学化管理的轨道。为进一步规范风险分析在进出境动植物检疫检疫工作中的应用，国家质检总局于 2001 年 9 月 17 日颁布第 1 号令《出入境检验检疫风险预警及快速反应管理规定》，标志着我国检验检疫风险预警系统正式建立。该规定自 2001 年 11 月 15 日起施行，共六章 18 条，主要包括：信息收集与风险评估、风险预警措施、快速反应措施（包括：检验检疫措施、紧急控制措施和警示解除）和监督管理。2002 年 3 月 20 日国家质检

---

❶ http://sp.chinadaily.com.cn/news/20121230/85612.html，2013 - 10 - 01.

❷ 例如一个农产品企业转型做农产品出口，而国外标准又高于我国标准，这就需要增加成本进行更高要求的检验检疫工作。如果我国采取的标准本身就是国际标准，那出口企业在执行相关标准方面就不存在太大难度。

❸ 肖冰.《实施卫生与植物卫生措施协定》研究 [M]. 北京：法律出版社，2004：239.

❹ 联合国粮农组织（FAO）1999 年版的《国际植物检疫措施标准第 5 号：植物检疫术语表》的定义是："评价生物学或其他科学、经济学证据，确定某种有害生物是否应予以管制以及管制所采取的植物卫生措施力度的过程。"

❺ PRA 课题研究组. 我国开展有害生物风险性分析（PRA）研究概述 [J]. 中国进出境动植检，1997（2）：14.

❻ 姚文国. 国际多边贸易规则与中国动植物检疫 [M]. 北京：法律出版社，1997：248.

总局出台《出入境动植物检验检疫风险预警及快速反应管理规定实施细则》❶，该细则共七章 23 条，主要包括：风险预警信息收集、风险警示通报（包括通报对象、方式和内容）、紧急预防措施、风险分析和监督管理。此后，国家质检总局于 2002 年颁布了《进境动物和动物产品风险分析管理规定》和《进境植物和植物产品风险分析管理规定》，有力推动了动植物检疫的风险分析工作。在农产品领域，《中华人民共和国农产品质量安全法》第 6 条❷对农产品质量安全的风险分析、评估制度和信息发布制度进行了概括性规定，第 12 条❸要求制定农产品质量安全标准应当充分考虑农产品质量安全风险评估结果。

但必须承认的是，与发达国家相比，我国的科学管理及风险分析方面的工作还有一定的差距，例如数据库系统不完善；国内疫情不明确，缺乏相关资料；专家参与不广泛、征求意见不够。此外，"我国目前完成的 PRA 报告多是进境 PRA"❹，缺乏出境的风险评估与分析，而国外在出境 PRA 方面做了很多工作以帮助其农产品出口。在卫生与植物卫生委员会 2002 年 11 月对我国的过渡期审议中，美国就我国质检总局对进口的生肉和家禽产品所含细菌为"零容许量"的标准提出质疑，质问这些限制性标准的科学原理是什么。❺由于资料有限❻，作者无法判断该标准是否具有充分的科学证据，但是无论如何，这个问题的提出应当引起我国立法部门对此类问题的高度重视。

---

❶ 国质检动〔2002〕80 号。

❷ 《中华人民共和国农产品质量安全法》第 6 条：国务院农业行政主管部门应当设立由有关方面专家组成的农产品质量安全风险评估专家委员会，对可能影响农产品质量安全的潜在危害进行风险分析和评估。国务院农业行政主管部门应当根据农产品质量安全风险评估结果采取相应的管理措施，并将农产品质量安全风险评估结果及时通报国务院有关部门。

❸ 《中华人民共和国农产品质量安全法》第 12 条：制定农产品质量安全标准应当充分考虑农产品质量安全风险评估结果，并听取农产品生产者、销售者和消费者的意见，保障消费安全。

❹ 陈洪俊，范晓虹，李尉民. 我国有害生物风险性分析（PRA）的历史与现状 [J]. 植物检疫，2002，16（1）：32.

❺ 肖冰.《实施卫生与植物卫生措施协定》研究 [M]. 北京：法律出版社，2004：240.

❻ 中国代表在回答美国的这一问题时只简略地说，中国的标准是：肉类及其他食品不得为致病病原体所污染。参见 United States—China's transitional review mechanism—Questions to China（G/SPS/W/126）和 Chair Report to the Council for Trade in Goods on China's transitional review（G/SPS/22）。

第三节 我国农产品出口检验检疫制度改革建议

一、协调统一立法和执法

首先,促使有关立法工作的协调统一。要加快立法进程,对现行的法律法规进行认真的清理,分析论证法律的实效性,避免在同一问题上有两部或两部以上的法律规范予以重复规定或提出不同管理要求的情况,借鉴发达国家的立法体例,建立与WTO规则相适应的检验检疫法律法规体系。另外,鉴于检验检疫工作性质的特殊,不妥善处理可能导致将进出口企业之间的贸易摩擦上升为国与国之间的贸易争端,给进出口同类产品的企业带来巨大的影响。因此,中央立法机关应加强对这类立法工作的指导和协调,全方位考虑各种情况和要求,避免部门利益对立法工作的影响,从而确保立法的公平与公正。检验检疫工作与众多部门有着密切联系,如农业部、卫生部、交通部,以及海关、边防、工商、药监等,为避免工作配合渠道不畅通使得具体管理制度形同虚设或达不到预期效果,对立法中具体管理制度的设计要充分考虑到与其他法律法规具体管理制度相衔接的可能性,保证具体管理制度的操作性与有效性。

其次,加强有关执法工作的协调统一。要充分发挥全国技术性贸易措施部际联席会议的作用。鉴于技术性贸易措施部际联席会议所涉及的部门其自身职能与工作领域都与对外贸易有联系,与技术性贸易措施有一定的关联,各部门之间要加强沟通,交流工作经验,这样可以全方位掌握国际技术性贸易措施动态,全面、及时地了解情况。技术性贸易措施部际联席会议采取的是一种协调工作的方式,为各有关部门提供了一个联系沟通的平台。通过这个平台,各部门之间可以相互沟通情况、研究政策、协调行动。

二、缩小与国际标准的差距

第一,将我国农产品中已经能够达到或者接近国际标准的部分根据农产品质量现状鉴定出来,并且优先转化与此相关的国内标准。事实上,发展中国家并非排斥所有的国际标准,因为其中很大一部分标准的要求都完全可以凭借发展中国家现有的技术水平和产品质量而达到,"只是在长期与发达国家

对抗中所形成的抵制性策略及由此而生的制度惯性下,发展中国家较多地游离于国际标准体制之外运行"。❶

第二,相比于静待其变,发展中国家应该积极参与相关国际标准制定,遏制发达国家主导国际标准的行为,发展中成员应当充分认识到涉足有关国际标准制定的必要性和可能性。

首先,《SPS 协定》第 3.1 条提及将有关国际标准纳入其义务内容的范畴,尽管只是"根据"而不必完全"符合",但这些国际标准的约束效力也受到了实质性影响。再加之第 3.2 条的规定,凡是符合相关国际标准的就视为符合《SPS 协定》与 GATT 1994,这样在实际上就赋予了国际标准与其义务内容相等同的法律拘束力。根据第 12.4 条的规定:"在一成员不将国际标准、指南或建议作为进口条件的情况下,该成员应说明其中的理由,特别是它是否以为国际标准、指南或建议该标准不够严格,而无法提供适当的卫生与植物卫生保护水平。如一成员在对采用标准、指南或建议作为进口条件做出说明之后又改变立场,则该成员应对改变提供说明,并通知秘书处以及有关国际组织,除非此类通知和说明已根据附件 B 中的程序作出。"鉴于此,为了在遵守《SPS 协定》义务的同时能够更大限度地节约贸易成本,并且力争在贸易争端中获得更有利的证据地位,作为发展中成员方的我们需要最大限度地接受和采纳国际标准。

其次,得益于《SPS 协定》法律保障,发展中国家可以更好地参与国际标准的制定。《SPS 协定》第 10.4 条和第 12.2 条分别有如下规定,"各成员应鼓励和便利发展中国家成员积极参与有关国际组织","委员会应鼓励所有成员使用国际标准、指南和建议"。为确保发展中国家能真正参与到标准的制定中,在 2000 年 10 月 8 日的总理事会上,各成员就"促进发展中国家成员参与相关国际标准的制定而应采取的措施"议题达成一致并开始执行,迄今为止总干事共提交了三份(WT/GC/45,WT/GC/46,WT/GC/54)❷ 报告涉及上述议题的执行现状和取得的进展,其中最新的一期报告是导致召开多哈部长级会议的因素之一。❸

总而言之,对发展中国家来说,在 WTO 体制下参与国际标准的制定不但

---

❶ 肖冰.《实施卫生与植物卫生措施协定》研究[M].北京:法律出版社,2004:250.

❷ See Three Reports by the Director—General on Actions to Increase the Participation of Developing Country Members in the Work of Relevant Sanitary and Phytosanitary International Standard—Setting Organizations(WT/GC/45,WT/GC/46,WT/GC/54).

❸ G/SPS/36,para. 70.

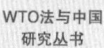

有法律上的必要性而且有法律和制度上的可能性。我国作为世界上最大的发展中国家更应当积极参加国际组织，参与制定和谈判国际标准，与发达国家加强信息、技术的广泛交流与合作，争取在标准制定的初始就掌握一定的主动权和话语权，从而改变目前包括我国在内的广大发展中国家成员被动服从由发达国家一统国际标准的局面。

三、建立科学支撑体系和风险评估机制

科学证据和风险评估均为《SPS协定》的核心条款。在WTO/SPS框架下，需要各成员方通过以科学为依据的评估承担可接受范围内的检验检疫风险，保证将SPS措施对贸易的不利影响降到最低限度，以促进国际贸易自由化。依据《SPS协定》第2.2条❶和第5.1条❷的规定，SPS措施需根据科学原理和以此为基础的风险评估，如果没有充分的科学证据则不再维持。《SPS协定》附件A第4条❸对"风险评估"进行了界定，《SPS协定》第5.2条对成员方进行风险评估时应参考的因素进行了列举，这些因素不是封闭性的。❹根据欧共体荷尔蒙牛肉案上诉机构的解释，所采取的SPS措施与科学原理/风险评估之间存在着一种客观、合理的联系，但这种联系并不意味着成员方采取某种SPS措施前必须证明其实施了风险评估，第5.1条并没有设置这种程序上的规定。

调整和完善农产品出口的风险预警机制，必须根据《SPS协定》，借鉴发达国家在这方面的成功经验，积极开展相关国际合作，完善我国农产品出口风险分析信息收集，提高评估能力，系统开展我国农产品出口风险预警的相关研究工作。

---

❶《SPS协定》第2.2条：各成员应保证任何卫生与植物卫生措施仅在为保护人类、动物或植物的生命或健康所必需的限度内实施，并根据科学原理，如无充分的科学证据则不再维持，但第5.7条规定的情况除外。

❷《SPS协定》第5.1条：各成员应保证其卫生与植物卫生措施的制定以对人类、动物或植物的生命或健康所进行的、适合有关情况的风险评估为基础，同时考虑有关国际组织制定的风险评估技术。

❸《SPS协定》附件A第4条：风险评估——根据可能适用的卫生与植物卫生措施评价虫害或病害在进口成员领土内传入、定居或传播的可能性，及评价相关潜在的生物学后果和经济后果；或评价食品、饮料或饲料中存在的添加剂、污染物、毒素或致病有机体对人类或动物的健康所产生的潜在不利影响。

❹ Appellate Body Report, EC—Hormones, para.187.

四、积极参与和应对 SPS 通报评议

对其他成员发布的 SPS 通报进行评议,是 WTO 成员享有的一项权利。我国要及时、有效地根据 SPS 通报,对国外新制定或修改的有关 SPS 措施的法律法规及相关标准进行分析研究,重点抓住通报中对我国农产品出口可能产生负面影响的内容进行评议,提出充分的修改理由和依据,明确表达具体而有针对性的建议和意见,促使通报方延长评议期或推迟措施实施时间,并在最大范围内采纳我国的评议意见,对拟出台的措施进行修改。同时,积极参与对其他成员方的 SPS 通报评议,能够使我国及时掌握国际技术性贸易措施的发展动态,做到及时预警,提早应对,最大限度地减少农产品出口产品可能遭受的负面影响。例如,"美国根据我国评议意见将苹果内氯苯嘧啶醇的残留限量放宽到与 CAC 标准一致"❶。又如,我国在对日本肯定列表制度的评议中对日方在有 CAC 标准的情况下不采用 CAC 标准,是否进行了风险评估,对于没有 CAC 标准而采用五个参照国标准制定的暂定标准问题,制定具体残留量标准依据问题,已公布的豁免物质名单范围等问题上提出评议意见。经过我国认真有效的 SPS 通报评议,日方承认肯定列表中所设定的部分暂定标准没有经过风险评估,并在采纳 CAC 标准、放宽几种物质的最大残留限量、增加豁免物质等一些具体事项上作出了让步和调整。

---

❶ 农业部农产品质量标准研究中心. 农产品技术性贸易措施通报评议与案例研究 [M]. 北京:中国标准出版社,2008:27.

第五章 以水产品为例研究我国农产品出口应对 SPS 措施的对策

SPS 措施是入世后中国农产品出口贸易面临的主要障碍，而水产品是农产品出口的第一大类。研究发现：SPS 措施控制标准的提升抬高了市场准入门槛，达到了贸易禁止或贸易限制的目的；检验认证项目的增多推高了遵从成本，使得利润流失，企业退出；SPS 措施的扩散放大造成了长时间和大范围的贸易限制或贸易禁止。中国应尽早修订相关标准，完善预警机制，建立从"池塘到餐桌"的全程质量控制系统，提升企业的质量安全竞争力，减少 SPS 措施的负面效应。

目前，随着 SPS 措施的广泛应用，我国农产品出口贸易所受影响越来越大。2009 年农产品和食品出口由于技术性贸易措施受损约 60 亿美元，❶ 其中出口受阻的水产品及其制品共 394 批次。技术性贸易措施对于我国农产品和食品行业的影响已超过关税、汇率等因素，成为制约农产品出口的最大障碍。根据 WTO 规定，由于技术性贸易措施会对贸易产生影响，WTO 各成员应遵守透明度原则，❷ 即制定或修订的标准、规范等技术性措施内容与现行国际标准/规范存在不同，或者没有相关国际标准，而且会对贸易产生影响的，各成员应在措施生效前向其他成员通报，并给予至少 60 天的评议期，有关各成员有权进行评议。开展官方评议，是体现我国作为 WTO 成员应享受权利的重要工作之一，有助于我国开展预警防范、打破技术性贸易壁垒、建立自身贸易措施应对体系，意义重大而深远。

对其他 WTO 成员所发布的可能影响我国国际贸易和产业发展的 SPS、TBT 通报，从经济、技术、法律法规等多角度进行研究，提出我国政府的评

---

❶ 国家质检总局. 中国技术性贸易措施年度报告［R］. 北京：中国质检出版社，2010.
❷ World Trade Organization. Agreement on the Applicationof Sanitary and Phytosanitary Measures ［R］. Geneva：WTO，1994.

议意见，即为技术性贸易措施通报评议，简称官方评议。有效的评议应该是从维护我国贸易与产业利益出发，掌握 WTO 规则，熟悉国际通行做法，有理有据地阐明自己的观点，提出具体的改善建议。❶

目前，我国水产品的产量已稳居世界首位，2012 年达 5603.21 万吨，其中养殖产量 4023.26 万吨，捕捞产量 1579.95 万吨。随着全球贸易自由化进程的加快，发达国家对水产品的检验标准普遍提高，检验指标范围也不断扩大，认证制度日趋繁琐，技术壁垒进一步趋于严格。目前，我国水产品出口仍然存在着质量安全水平有待提高、受国外 SPS 措施影响较大、促进水产品出口和发展的政策体系尚未健全完善等问题。如果不加快解决，将严重制约水产品出口的增长和可持续发展。

第一节 中国水产品贸易现状分析

随着经济全球化进程步伐的逐步加快，世界农产品贸易规模也不断扩大；其中，世界水产品贸易就是一个典型，2011 年世界水产品的总出口额为 1035.10 亿美元，比 1992 年的 418.22 亿美元增长了 147.50%。同期，中国水产品贸易也得到了快速发展。出口方面，由 1992 年的 15.59 亿美元增长到 2011 年的 169.69 亿美元，20 年间出口额增长了约 10 倍；并于 2002 年超过泰国，成为世界第一大水产品出口国；占世界水产品出口总额的比例也由 1992 年的 3.73% 增长到 2011 年的 16.39%。进口方面，由 1992 年的 3.29 亿美元增长到 2011 年的 57.54 亿美元，进口额增长了约 16.5 倍；占世界水产品总进口额的比例由 1992 年的 0.79% 增长到 2011 年的 5.56%。1992~2011 年世界水产品总出口额总体上呈现出不断上升的趋势，且从 2002 年以后增长速度加快；受金融危机的影响，1997 年、1998 年和 2009 年全球水产品贸易额有所下降。从中国水产品的贸易额占世界总出口额的比重来看，无论是出口额比重，还是进口额比重，都呈现出不断上升的趋势。

1992~2011 年中国水产品的出口市场主要分布在亚洲、北美洲和欧洲等国家和地区；其中又以向亚洲出口最多，年份最高比例在五分之四以上，最低也在五分之二以上，不过随着时间的推移，中国向亚洲出口水产品的比例

---

❶ 钱永忠. 农产品技术性贸易措施通报评议与案例研究 [M]. 北京：中国标准出版社，2008.

不断下降，而向北美和欧洲的出口比例有不断上升的趋势。从国别来看，日本是中国水产品最大的出口市场，2000年及以前占中国总出口的一半以上，不过随着中国水产品出口市场逐渐多元化以及加入世贸组织，中国向日本出口水产品的比例在2000年开始逐渐下降。此外，中国水产品出口比例下降的市场还有中国香港，向美国、韩国和德国三个市场的出口比例虽有波动，但总体有不断上升的趋势，而向马来西亚、俄罗斯、西班牙、加拿大和英国等市场出口水产品的比例也有不同程度的上升。1992~2011年，中国向这十个主要水产品出口市场的出口比例最高达到94.06%，2011年最低比例也达到了72.05%；而且在1992~2003年，这十个市场的进口额占中国水产品总出口额的比例都在90%以上，从2004年才开始有较大幅度的下降。

一、水产品贸易增长较快且持续顺差

近年来，中国水产品贸易增长较快。出口额从2001年的41.8亿美元增长到2008年的106.1亿美元，年均递增14.2%；进口额从2001年的23.1亿美元增长到2008年的54亿美元，年均递增12.9%。水产品是劳动密集型农产品，是中国具有比较优势的农产品，也是主要的创汇农产品。2008年贸易顺差达52.1亿美元，是2001年的2.5倍。

二、水产品出口以深加工产品为主

2008年，深加工产品出口额为49.3亿美元，占水产品总出口额的46.5%，初级冷冻鱼片出口32.5亿美元，占30.7%，其他出口份额较大的分别为初级软体类、活鱼和初级甲壳类等。从具体出口品种来看，对虾、贝类、罗非鱼、鳗鱼、大黄鱼等名优养殖水产品仍是主要出口品种。2008年对虾出口11.9亿美元，占出口总额的17.9%，其次为贝类（14.6%）、罗非鱼（10.9%）、鳗鱼（9.1%）。烤鳗在2006年之前一直位于水产品出口的第一大类，2007年降至第3位，2008年降到第4位。[1]

三、日本、美国、欧盟、韩国等为水产品出口的主要市场

中国水产品的出口地主要是日本、美国、欧盟、韩国、中国香港、东盟等。日本是中国水产品的第一出口市场，2005年出口到日本市场的水产品占

---

[1] 国家质检总局. 中国技术性贸易措施年度报告[R]. 北京：中国质检出版社，2009.

全部出口额的37.0%,2008年降到26.1%,下降了10.9个百分点。美国和欧盟市场的份额稍有上升,2005年出口这两个市场的水产品分别占全部水产品出口额的16.0%和13.4%,2008年分别升至19.0%和16.8%。东盟市场也从2005年的4.4%增至2008年的6.0%。韩国和中国香港市场则略有下降。2008年,水产品出口106.1亿美元,其中出口到日本、美国、欧盟、韩国四大市场的比重为72.3%。

第二节 SPS 措施对中国水产品出口贸易的影响

水产品分为海上捕捞和人工养殖,其产品主要供食用,因此,SPS措施对于水产品贸易的影响主要表现在化学品残留和生物性污染方面,❶也就是说控制人工养殖过程中过量添加抗生素或添加剂等药物以及加工储运过程的病原菌污染。作为食用的水产品,尤其是冷鲜和冷冻类水产品中,生物细菌如李斯特杆菌、霍乱弧菌、沙门氏菌等超标,会导致食源性疾病。因此,世界各国对进口食品的病原菌都有严格的规定。

另外,人工养殖过程中过量添加抗生素会导致人体的抗药性、储运加工过程中过量使用添加剂会导致食品的污染,因此,各国对水产品的农兽药和添加剂等化学品的使用和残留非常敏感,都会制定严格的控制标准,因此,化学品残留也是影响水产品出口的另一个重要因素,尤其是出口发达国家市场。

日本、美国和欧盟是中国水产品的主要市场,而这三大市场的SPS措施的影响约占水产品出口创汇的75%。来自国家质检总局技术性贸易措施(WTO/TBT – SPS)通报咨询中心的数据显示,2006～2012年中国水产品在以上三个市场的扣留呈现下列特点:批次多且所占比重大。2012年,美国、日本、欧盟、韩国和加拿大相关机构扣留/召回我国出口不合格农食产品类1787批次,其中位列前三位的产品为:水产及制品类347批次,较2011年的433批次减少了86批次;蔬菜及制品类255批次,较2011年的211批次增加了44批次;肉类224批次,较2011年的239批次减少了15批次。从表5 – 1看,水产品及其制品类扣留与2011年相比虽然有所降低,但是,被各国扣留

---

❶ 董银果. SPS 对我国典型农产品的作用机理探析 [J]. 南京农业大学学报:社会科学版,2009 (4): 15 – 20.

或召回的水产品种类却呈现多样化的趋势。从被扣原因来看，主要是因 SPS 措施特别是药残超标。

表5-1 2011年和2012年我国出口水产品类被扣留/召回产品种类❶

产品种类	2011年	2012年	增长情况（%）	具体产品种类	2011年	2012年	增长情况（%）
水产品及制品类	433	347	-86	鱼产品	197	145	-52
				其他水产品	80	101	21
				水产制品	56	40	-16
				虾产品	75	25	-50
				海草及藻	1	21	20
				蟹产品	18	13	-5
				贝产品	6	2	-4

2012年美国食品和药品管理局扣留我国出口不合格农食产品756批次，较2011年的620批次增加了136批次，其中，水产及制品类181批次，由于含有非食用添加物和标签不合格被扣留的批次明显增加。2007年美国因为药物残留禁止进口中国的斑点叉尾鮰、鲶鱼、虾和鳗鱼，使中国水产品的扣留批次飙升到了361批，而冷冻品占67.87%，其中冻烤鳗被扣留56批次，冷冻虾类88批。日本扣留中国水产品主要为检验出二氧化硫、孔雀石绿及抗生素类等药品或化学品残留超标。2012年日本厚生劳动省扣留我国出口不合格的农食产品196批次，其中，水产及制品类68批次，2012年我国出口水产品及其制品中被扣留批次最多的产品为其他水产品，被扣留的主要原因是农兽药残留限量不合格。被欧盟扣留的水产品也以农药残留如氯霉素等超标为主。

一、控制标准提升抬高市场门槛，导致各国对农兽药和生物性病菌的控制标准不同

生物性污染和化学品残留是影响中国水产品贸易的重要原因之一，首先是不断提升标准导致贸易数量限制；其次是增加检测检验项目导致成本控制效应；最后是负面消息导致贸易数量限制。

一般而言，越是发达的国家，对风险越敏感，控制标准也愈高。控制标

---

❶ 国家质检总局. 中国技术性贸易措施年度报告［R］. 北京：中国质检出版社，2012.

准的提升对于进口产品而言意味着进入的门槛抬高,只有较高质量的部分水产品符合条件,不能达到标准的企业只能选择退出市场。这意味着进口国的标准提高后导致对进口产品的需求下降,而国内供给一定程度上增加。这样SPS控制标准的提高对农产品进口起到贸易限制甚至贸易禁止的作用,即起到数量限制的作用。日本、欧盟、美国和韩国等是中国水产品的主要出口市场,而这些市场的SPS措施控制标准在不断提升,具体表现在四个方面:

(1) 各国加强对水产品生产过程的管理规范和要求,直接限制了外国产品的进入数量或出口企业的数量

如欧盟的《欧盟食品及饲料安全管理法规》以及提倡"从海洋或池塘到餐桌"的全程质量管理理念,是对整个食品供应链要求最严厉的法规。2005年1月1日起,凡在欧盟市场销售的水产品上必须贴有可追溯标签,否则拒绝进入。美国的"最严谨的水产养殖规范"是对水产品生产过程的标准化。2002年以来,韩国实施的《中韩水产品卫生管理协议》中,除微生物、化学物残留要求外,对金属异物检测也提出了苛刻要求,要求企业必须配备金属探测装置。

(2) 延伸标准的控制范围和提高控制水平

日本的"肯定列表制度"号称世界上最为严格的药残禁用和控制标准,涵盖302种食品、799种农业化学品,检测项目也增至54 782个,仅"暂定标准"一项就涉及264种食品、农产品,734种农业化学品,51 392个限量标准,分别是过去全部规定的2.8倍,5.6倍和1.4倍。而中国国内的限量标准仅涉及农业化学品200余种,限量指标不到3000条。[1] 2007年3月,日本再次公布《进口食品监控检查计划实施细则》,进一步抬高了进口食品监控检查"门槛"。欧盟2002年提高了水产品氯霉素检测标准、2004年提高了硝基呋喃检测标准,2006年提高了孔雀石绿标准,2007年提高水产品添加剂标准,这些标准的提升都使中国水产品出口下降。

(3) 对水产品出口企业进行严格管制

如美国、日本、欧盟、韩国都实行水产品出口企业注册制度,出口企业的原料、加工、包装、储运等环节都必须经过严格卫生检验;欧盟还实行企业"自我检查"制和水产品追溯制度。

---

[1] 李芳芳,冷传慧,王燕青.《肯定列表制度》对辽宁省水产品出口贸易的影响[J].国际贸易问题,2007(8):78-83.

（4）优化检验方法

检验方法的优化大大增加了检出率，提高了市场准入的门槛。2002年欧盟将水产品禁用药物硝基呋喃的检测，从药物母体检测法调整为代谢产物检测法。2005年起日本将鳗鱼的检测方法，从检测显性孔雀石绿含量调整为检测孔雀石绿含量，检出率从5ng/g提高到2ng/g。2002年8月，美国改变了氯霉素的检测方法，采用新方法筛选，用LC－MS方法进行确认检测，精确度由5ng/g提高到1ng/g，后又提高到0.3ng/g。

二、检测认证项目增多推高了遵从成本，导致利润下滑和企业退出

SPS措施作用水产品的另一个机制是价格控制效应，即通过检测检验项目和对生产过程的要求，提高出口商的遵从成本（Cost of Compliance，即将出口国SPS水平提高到满足进口国要求所必须增加的费用和付出的成本），如果遵从收益（溢价）小于遵从成本，则企业利润萎缩，被迫退出市场。

企业遵从成本的影响因素包括：

第一，两个国家标准的差异性。如果出口国和进口国的SPS措施存在巨大差异，对遵从成本影响较大。研究发现：双边标准有利于促进贸易增长，而进口国单边标准则对出口国造成负面影响，出口国单边标准有利于其产品出口。❶

第二，SPS标准的歧视性。如果SPS措施在设立或者实施中存在着对于某国和某出口商的歧视，则其遵从成本大大提高。根据SPS措施的歧视性，将遵从成本排序为：贸易小国面临所有进口商的歧视≥贸易小国面临贸易大国的歧视≥贸易大国面临所有进口国的歧视≥贸易小国面临一个贸易小国的歧视≥贸易小国面临无歧视≥贸易大国面临无歧视。❷

第三，出口企业获取信息的途径和信息的准确性。世界银行的报告认为，SPS标准的提高并不一定会抑制发展中国家的贸易，对于那些在新标准实施前，就已经主动采取应对措施的国家或企业，新标准实施却是抢占市场份额的良好机遇。❸

---

❶ MOENIUS J. Information versus product adaptation: the roleof standards in trade [R]. San Diego: University of California, 1999.

❷ 董银果. SPS措施影响贸易的模式——以中国农产品为例 [J]. 上海大学学报: 哲学社会科学版, 2008（3）: 19-27.

❸ WORLD BANK. The impact of food safety and agriculturalhealth standards on developing country exports [R]. NewYork: World Bank, 2005.

SPS 措施对水产品遵从成本的影响表现在：检测费用大幅提升。日本"肯定列表制度"中，鳗鱼的检验项目从 25 个增加到 112 个，则每批货物的检测费用净增加 2 万~3 万元。"斑点叉尾鮰事件"后，中国养殖鲶鱼、鲥鱼、虾、鲮鱼、鳗鱼这五类水产品输美必须提供第三方药检报告，平均每公斤鱼的检测成本增加 0.6~1 元（人民币），而检测时间则长达 1~2 月。2007 年浙江北极品水产公司的技术改造费达 200 万元，自检费用达 60 万元（欧洲的同行只要 150 美元即可），认证注册费用为 15 万元，这些费用相当于 2001 年同等规模出口商品费用的 10 倍。美国、欧盟、日本、韩国都要求进口水产品必须通过 HACCP 认证，实施水产品生产过程的监控。日本农林水产省决定在 2005 年之前，建立优良农产品认证制度，对在生产和销售过程中，能够正确进行身份认证的农副产品给予认证，并授予认证标志，拥有认证标志的产品方可进入日本市场。美国规定中国水产品进入美国市场，必须首先通过国家检验检疫机构的评审，取得输美水产品 HACCP 验证证书，并经美国食品药物管理局（FDA）备案后，才能进入美国市场。❶ 认证过程不但程序复杂，而且费用高昂。通关时间延长和管理费用提高导致的机会成本增加。增多的检测项目往往延长通关时间，如韩国自 2008 年 9 月 12 日起，开始大幅延长进口养殖水产品的通关时间，所有养殖水产品的检测周期由原来的 4 天改为 8 天。通关时间延长对水产品出口产生两方面的影响：一方面导致进口商的通关费用大幅上升，尤其是鲜活水生动物的暂养费用将成倍增加；另一方面严重影响产品的质量，对于冷鲜或者鲜活养殖水产品而言，经过 8 天的检测周期后，无法保证其鲜度，导致品质下降，企业面临降价的威胁，利润流失。大多数企业是以出口高端市场为导向，如果企业转向国内市场，则意味着所有的新增投资成为沉没成本。而随着遵从成本的大幅攀升，企业的利润空间越来越小，处在盈亏的边沿。成本收益原则迫使企业自动退出。

三、SPS 措施的扩散放大，导致持续大范围的贸易限制或贸易禁止

SPS 措施负面消息在传播中被放大，往往产生超过数倍甚至几十倍的实际影响。近年来，中国水产品贸易领域爆发的重大 SPS 贸易纠纷，对其他类产品出口以及整个国内经济也都产生了消极的影响，SPS 负面效应的直接后

---

❶ 邵桂兰，姜宏．中国水产品出口主要目标市场国的非传统贸易壁垒分析与比较［J］．农业经济问题，2007（7）：81-85.

果是贸易限制和贸易禁止的范围扩大，时间延长。

1. 个别连累整体

2001年初，1名奥地利的消费者因食用来自中国的虾仁出现氯霉素过敏。❶ 2002年1月25日，欧盟通过决议，自2002年1月31日起，欧盟禁止从中国进口供人类消费或用作动物饲料的动物源产品，包括禽肉、兔肉、水产品、猪肉等。这一禁令使中国每年丧失了6.23亿美元的水产品出口市场。受损的中国企业超过95家，平均每家损失300万～500万美元，同时让4.96万中国劳动力直接受到牵连，此外还有十几万养殖农户受损。❷ 时至今日，冷冻禽肉仍未解禁。另外，2007年6月28日，美国FDA正式对外宣布：加大来自中国的养殖鲶鱼、绀鱼、虾、鲮鱼、鳗鱼五类产品的进口控制，FDA在边境扣留此类产品。只有在证明中国出口的养殖水生动物中不含美国禁用的残留药物之后，方才放行这些进口货物。受此影响，广州海关数据表明，2007年7月，广东对美出口虾类产品同比下降24.2%，占当月广东虾类产品出口总量的28.6%。2007年我国虾对美出口比2006年下降28.7%；三文鱼出口下降15.9%。美国的限制也引发了其他进口市场连锁反应，导致2007年7月广东对欧盟虾类出口比2006年同期下降61.2%。❸

2. 一国波及多国

2002年1月，欧盟以氯霉素超标为由，禁止进口中国水产品。美国FDA立即作出反应，对我国虾类产品发出预警通报，禁止在动物源性食品中使用氯霉素、磺胺类等11种药物。同年5月，美国路易斯安那州、佛罗里达州均对从中国进口的所有小龙虾和虾类产品进行氯霉素检测。日本也于同年2月1日起对中国活鳗及冷冻白烧鳗监控查验包括氯霉素在内的11种药物残留，并不断地扩大范围。

3. 产业链的传递效应

出口遭到退运的农产品许多处在产业链的末端，其出口受阻后的波及面很广，往往给整个产业带来巨大的直接和间接损失。如2002年欧盟的禁令使浙江舟山2500余艘海虾捕捞船只、10余家加工企业被迫处于停产或半停产状态，万余名剥虾妇女及企业工人失业。

---

❶ 陈伟. 技术性贸易壁垒对我国水产品贸易的影响及对策[J]. 河北渔业, 2005 (5): 1-4.
❷ 陈伟. 技术性贸易壁垒对我国水产品贸易的影响及对策[J]. 河北渔业, 2005 (5): 1-4.
❸ 邵桂兰, 姜宏. 中国水产品出口主要目标市场国的非传统贸易壁垒分析与比较[J]. 农业经济问题, 2007 (7): 81-85.

4. SPS 措施通过媒体的宣传放大影响消费者行为

2007年1月，日本厚生劳动省检出1批中国烤鳗含有隐性孔雀石绿残留 0.062Lg/g。尽管 2007 年我国出口鳗鱼在日本的检验合格率在 99.8% 以上，日本的民意调查却显示，40% 的日本消费者只愿意消费本国产的鳗鱼。

5. SPS 的扩散效应使企业在出口中面临两难选择

为了预防 SPS 的扩散效应，中国商检对出口企业实行自律：若是出口企业被美国 FDA、欧盟委员会和日本的厚生省因为 SPS 原因通报，则停止出口，进行 6~12 个月（甚至 24 个月）的整顿。有些欧盟商人在行市下跌的情况下，常常威胁国内企业，产品检出药残问题，若企业同意降价和赔款，则大事化了，若不同意，则要向欧盟委员会发出通报（口岸通报、市场通报和客户通报）。由于水产品检测的人为干扰因素很大，即使出口时合格的产品也可能又被检出问题。这时，面对国外商人的威胁，国内企业非常被动，只能在减价和停业整顿间作出两难选择。

第三节 我国水产品出口遭受 SPS 措施的原因分析

SPS 措施的产生有其技术原因，也有其深层次的内部和外部原因。由于我国渔业基础薄弱，许多现行技术标准低于国际标准，我国水产品遭遇 SPS 措施的内部原因具体表现在以下方面。

一、渔业市场主体脆弱，水产品质量安全水平与发达国家存在一定差距

按照目前的农村家庭承包经营制，农户以分散式家庭经营的方式作为我国农（渔）业生产和经营的基本单位，也是农（水）产品出口的主体，从业人员文化知识水平较低，质量安全意识差，这种主体的脆弱性很明显，它们在面对国际、国内两大市场时，没有能力获得有效决策所需的充分信息，这使得水产品生产的盲目性较大、水产品的竞争力和市场认同度差。目前我国水产品质量安全标准还比较落后，正处于从追求产品数量到追求产品质量安全的转型阶段，以质量安全为核心的指导思想在渔业生产中还没有完全树立，水产品质量安全水平与发达国家的标准还存在一定差距。

二、出口水产品的产品结构与市场结构不尽合理

首先是产品结构失衡，特色产品少、竞争性产品多。我国出口水产品多为劳动密集型产品，质量水平不高，技术含量及附加值低。我国在出口水产品生产方面缺乏有效规划，对在其他国家难以生产的水产品和有中国文化特色、深受国外居民喜爱的水产品开发力度不够。目前，我国出口的中低档水产品无疑是贸易技术壁垒冲击的主要对象。

其次是市场结构失衡，市场风险集中。我国水产品的出口市场主要集中在美国、日本和欧盟，这些国家和地区科技发达、技术先进、标准严格，在设置 SPS 措施方面经验丰富。我国入世后，随大量水产品竞相压价进入国际市场，势必对当地渔业生产带来冲击，因此也容易遭遇 SPS 措施。

三、国内技术法规、标准体系不健全，检测检验手段落后

我国目前有水产国家和行业标准近 900 项，一些水产品的测定方法及标准参考了 ISO、CAC 等国际标准或先进国外标准。但在现行 128 项的水产品加工标准中，等同、等效或非等效采用国际标准的只有 4 项，占 3.1%。纵观近几年我国出口水产品被美国、日本和欧盟屡屡检出的质量问题，而我国对进口水产品的检测所发现的质量问题微乎其微，关键原因就是我国的技术法规、标准及检测体系不健全，技术贸易壁垒体系远未建立起来。例如 2007 年美国食品和药品管理局（FDA）发布警告，禁止中国鲶鱼、巴沙鱼、鲮鱼、虾和鳗鱼的进口，除非国内出口商能提供相关详细材料，证明其对美出口的水产品未使用任何非法添加剂，美国才对该出口商的产品予以放行，造成我国对虾等养殖水产品出口量下降，出口企业蒙受较大损失。

四、我国水产品质量安全技术体系不够完善

首先，我国与一些亚洲国家特别是西方发达国家相比，在技术法规建设方面差距较大。我国在渔业生产方面的立法与我国作为农牧渔业生产大国的位置极不相称。很多国家把涉及到安全、卫生、环保等因素的标准和规范都是以法律、法令形式公布，其目的就是限制进口，推动出口，加强企业国际间竞争力，保护民族产业。

其次，我国与国际上涉及水产品的标准化机构及组织接轨不够。尽管我国已经连续多年派人员参加国际食品法典委员会（CAC）鱼及鱼制品专业委

员会（CCFFP）会议，但对与水产品质量安全有关联的国际兽医事务局（OIE）、国际电工委员会（IEC）等组织的标准化活动还未全面参与，因此在安全、卫生、健康、环保等标准上还落后于国际水平。

最后，我国水产品检测体系仍然存在着检测体系缺乏整体规划；执法人员素质低，突发事件处理不及时；检疫手段薄弱，设备和资金落实不到位；检测机构低水平重复建设等问题。使得我国出口水产品很难满足进口国的检疫要求，严重制约了我国水产品的出口。

第四节 我国水产品应对 SPS 措施的对策思考

突破水产品技术性贸易壁垒是一项系统工程，需要水产品生产及贸易链上所有从业者以及管理者的共同努力。SPS 措施是一种技术性措施，其应对也应从技术层面入手。针对中国目前的状况以及 SPS 措施的作用机理，应从三个层面进行应对。

一、完善法律法规体系，制定和实施渔业标准化战略

首先，是完善渔业标准化法律体系。加强符合 WTO 规则和国际标准的我国水产品质量安全等方面法律法规体系的建立及宣传贯彻实施工作，以适应国际水产品市场日益严格的要求，加强企业国际间竞争力，保护民族产业。

其次，是实施水产品国际标准化战略。要积极参与国际标准化活动，加大参与水产品国际标准制修订和协调工作的力度，在制修订我国水产品国家（行业）标准时要考虑到国际间的认同性和等效性。按照 WTO 协议中关于食品安全和动植物卫生健康标准的协议，积极研究和采用国际标准，特别是 FAO/WHO 国际食品法典委员会关于食品的标准、国际兽医组织关于动物健康的标准、国际植物保护联盟关于植物健康的标准以及国际标准化组织等方面的标准，提高产品质量，促进我国水产品走向世界。

再次，是实行标准化生产。标准化生产包括：标准化的基地建设、标准化的养殖加工、标准化的检测体系、标准化的追踪追溯。

最后，是健全和完善 TBT/SPS 通报、咨询、协调机制和信息渠道。

二、针对重点水产品出口目的地国建立预警、跟踪和评估体系

我们应广泛收集出口水产品目的地国的法律法规及相关国际标准，进行

综合分析，选择重点，按国际规范的格式进行危险性风险评估，按国际规范完善我国检验检疫法规，合理地采取动植物卫生检疫措施来促进我国水产品企业出口，维护我国的经济利益。建议在渔业主管部门，建立一套预警、跟踪和评估体系，要围绕我国水产品出口受阻的重点产品，对设置壁垒的目的地国开展情报信息跟踪调研工作，建立配套的分级预警信息通报制度并及时发布信息，可以有效地提醒水产品出口企业预防风险，为水产品出口企业和政府决策部门提供信息服务。跟踪调研内容要尽量全面、动态，主要包括：壁垒设置国的水产品质量安全管理体系；水产品质量安全标准和操作规范的发展动态、趋势及具体要求；农药、兽药、饲料添加剂等渔业投入品的标准残留限制量；水产品包装、商标、形状、尺寸及相关辅助材料要求；水产品质量安全体系，如具体的标志、步骤、指标、机构、要求等，让出口企业和政府能够第一时间得到资讯，并作出出口决策。

三、实施 HACCAP 管理体系，增强水产品企业突破技术贸易壁垒的能力

在 HACCP 管理体系原则指导下，食品安全被融入到设计的过程中，而不是传统意义上的最终产品检测。因而，HACCP 体系能提供一种能起到预防作用的体系，并且更能经济地保障食品的安全。目前，HACCP 管理体系已被世界上许多组织如联合国粮农组织、世界卫生组织、食品法典委员会所认可，批准了《HACCP 体系准则》，使其成为在世界范围内生产安全食品的准则。许多国家都将 HACCP 管理体系作为考核认可食品加工厂尤其是肉类、水产品加工厂的一个强制性标准。部分国家的 HACCP 实践表明实施 HACCP 体系能更有效地预防食品污染。例如，美国食品药品管理局的统计数据表明，在水产加工企业中，实施 HACCP 体系的企业比没实施的企业食品污染的概率降低了 20%~60%。另一方面，要增强水产品的国际竞争力就必须培养掌握先进技术的专业人才，培养从事水产行业的经营管理的专业人才和熟悉国外法律法规和国际标准的国际贸易专业人才。使企业真正建成无公害水产品基地、水产品加工标准化基地和水产品养殖 HACCP 基地。这是我国水产品在国际市场上保持优势的基础，从根本上提高我国水产品的国际竞争力，增强企业开拓国际市场能力，促进水产品贸易健康持续发展。

对于政府而言，由于《SPS 协定》主要是用来约束政府行为的，因此，政府必须为企业提供完善的秩序环境和透明及时的信息来源，完善国外 SPS

措施的预警机制，紧盯国外标准的变化，在 SPS 措施中实施政府、行业协会、企业和专家的四体联动策略，加强对企业的培训沟通等。另外，政府必须组织科研力量，进行相关风险评估，积极参与国际标准的制定，增强在国际规则中的话语权。需要强调的是，只要存在经济、技术和收入水平的差异，SPS 措施的负面效应就不可能完全消除。通过企业、协会和政府三个层面的努力，将其负面效应降低到最低程度。

SPS 措施是乌拉圭回合后国际贸易中新兴的非关税贸易措施。SPS 措施表现为法规、标准、合格评定和检验评估方法等，是凝结政治、经济、文化甚至部门利益的一个复杂结晶体。实践证明，SPS 措施已成为中国水产品贸易面临的主要障碍。"氯霉素事件""斑点叉尾鮰事件"和"鳗鱼事件"演绎着中国水产品的多舛遭遇，日本、美国和欧盟 3 大主要市场扣留数的增加又一次证明了 SPS 措施影响的真实存在。研究表明，SPS 措施对于水产品贸易的作用机制为，控制标准的提升抬高了市场准入门槛，达到贸易禁止或贸易限制的目的；检验认证项目的增多推高了遵从成本，导致企业利润丧失，退出市场；SPS 措施负面消息的扩散放大造成了长时间和大范围的贸易禁止或贸易限制。针对 SPS 措施的影响机制，我国政府、行业协会和企业要共同努力，将 SPS 措施对出口贸易的影响效应降到最低程度。

第六章 以肉产品为例研究我国农产品出口应对 SPS 措施的对策

中国的肉产品所涵盖的种类多种多样,其中初级肉产品,即鲜冷冻肉❶的产量居世界前茅,但是出口状况非常惨淡,中国肉产品出口具有代表性,通过分析初级肉产品的出口贸易状况,来研究我国农产品出口应对 SPS 措施的对策。

第一节 我国肉产品出口现状分析

一、全球市场贸易状况

在发达国家中,美国是世界上最大的肉产品生产与消费国之一,欧盟也是肉产品生产和消费的重要地区。从整体上来看,目前欧盟各类畜产品生产量都已经超过了美国。澳大利亚和新西兰同样属于世界上重要的肉产品生产国与出口国,由于两国得天独厚的地理优势,在羊肉和牛肉生产上占有重要的位置。日本和韩国受资源的限制,畜牧业不是优势产业,尤其是 20 世纪 90 年代以来肉类产量呈下滑趋势,导致肉类进口量增加,特别是禽肉和猪肉,进口量较大,成为中国、美国、巴西等国家肉产品出口的必争之地。俄罗斯这几年来由于多种原因的影响,肉类产量远远不能满足国内需求,成为肉产品进口大国,是中国肉产品出口的重要目标市场之一。

在发展中国家里,中国的肉类产量最大,2010 年我国肉类出口总量 88.4

---

❶ 冷鲜肉,又叫冷却肉,冰鲜肉,是指严格执行兽医检疫制度,对屠宰后的畜胴体迅速进行冷却处理,使胴体温度(以后腿肉中心为测量点)在 24 小时内降为 0~4 摄氏度,并在后续加工、流通和销售过程中始终保持 0~4 摄氏度范围内的生鲜肉。

万吨,肉类进口总量 154.9 万吨,肉类进口总量大于出口总量,逆差 66.5 万吨;2011 年我国肉类出口总量 89.4 万吨,肉类进口总量 190.5 万吨,肉类进口总量大于出口总量,逆差 101.1 万吨,比上年逆差 66.5 万吨扩大 52%;2012 年我国肉类出口总量 88.4 万吨,肉类进口总量 207.9 万吨,肉类进口总量大于出口总量,逆差 119.5 万吨,比上年的 101 万吨增加 18.5 万吨,逆差扩大 18.3%;2013 年我国肉类出口总量 106 万吨,肉类进口总量 252 万吨。肉类贸易逆差 146 万吨,比上年的 119.5 万吨增加 26.5 万吨以上。❶ 此外,巴西的肉产品生产发展也很快,逐渐成为肉产品的输出国,特别在鸡肉出口方面,是仅次于美国的输出大国。印度由于受宗教信仰的影响,肉类生产一直发展缓慢。东南亚国家和地区受资源的限制,是主要的肉产品进口区。新加坡、马来西亚和印度尼西亚等国家的肉类主要依靠进口。我国香港和澳门地区的肉产品也主要靠进口。中东地区由于战争和宗教等因素,禽肉和羊肉的需求量越来越大,也成为禽肉和羊肉出口国家的主要目标市场。

从肉类生产结构的变化情况来看,过去 10 年间世界猪肉产量占肉类总产量的比重一直居首位,并且比重保持在 39% 左右,猪肉仍然是肉类消费的主体;牛肉产量的比重下降较多,10 年间从 34.6% 下降到 24.9%,主要原因是牛肉生产周期长,产量增长速度慢,加上受疯牛病的影响,牛肉生产受到一定程度的限制;羊肉产量的比重一直最低,近几年来稍有上升,预计随着消费水平和消费观念的变化,羊肉的生产和消费会逐步增加;而禽肉产量的比重上升明显,10 年间上升了 10%,禽肉的消费主要是替代了部分猪肉的消费,特别是大型肉鸡的培育,大大提高了肉鸡的生产性能,促进了肉鸡生产的快速发展。2003 年美国的禽肉产量占肉类总产量的比重已经达到了 45.1%,比牛肉的比重高出了 12%。其他如英国、日本和巴西等国家的禽肉比重也都接近或超过了 40%。❷

二、中国肉产品出口现状

(一)生产与出口

中国肉产量居世界前列,但是出口量却占世界总出口额的极小份额。中国肉的产量一直占据世界总产量的四分之一多,但是出口量却与产量极其不

---

❶ 联合国粮农组织数据库,www.faostat.fao.org。
❷ 详见中国畜牧业信息网。

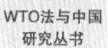

相称,中国初级肉产品的出口占世界总出口的份额仅为个位数。

在出口创汇方面,禽肉和猪肉是出口主体,牛羊肉的出口份额极小。2004年以前,禽肉出口额比重最大,但是由于卫生检验检疫制度的增强,发达国家尤其是欧盟,对中国禽肉频频制裁,以及遭受禽流感的冲击,都使得禽肉的出口呈下降趋势,2004年的出口比重最低,为21.41%,不到1996年出口比重的三分之一,猪肉的出口跃居第一。❶

(二) 出口市场格局

中国鲜冷冻肉出口的市场集中度较高,中国对某国或地区的出口市场集中度是指对该市场的出口值占中国肉类出口总值的比重。该指标反映了中国肉类出口集中于某一或几个市场的程度。中国一半以上的肉产品出口到日本、中国香港、韩国、朝鲜和俄罗斯,市场集中度较高。2001年中国初级肉产品出口额9.59亿美元,其中71.5%来自这五大市场。不过自2005年开始,市场集中度有所下降,2007年中国出口鲜冷冻肉6.79亿美元,五大市场所占份额下降到57%。❷ 近几年来,各国纷纷制定了严格的检验检疫标准,使中国鲜冷冻肉的出口受到遏制。2003年日本发令禁止进口中国禽肉,2006年日本实施"肯定列表制度"对中国肉产品的出口又产生了很大的冲击;2004年俄罗斯对中国猪肉实行封关措施,原因是其农业部认为中国猪肉有可能携带口蹄疫等疾病病菌。这都迫使中国必须开拓其他市场,降低市场的集中度,分散风险。

1. 禽肉市场格局

由于受近几年频发的禽流感影响,世界各国尤其是发达国家,在禽肉方面实施的SPS措施越来越广泛,检验检疫标准也越来越严格,导致了中国的禽肉出口市场变动较大。

2000年以前,亚洲与欧盟市场是中国禽肉的主要出口地,其中约80%的出口禽肉进入亚洲市场。亚洲市场以日本和中国香港为主,日本市场几乎囊括了中国禽肉出口的70%。韩国、朝鲜、新加坡和马来西亚也占据了重要的位置。欧盟虽然对禽肉的需求也很大,但是1996年欧盟禁止中国的冻鸡肉进入,降低了中国禽肉出口到欧盟的份额,但是每年也有近10%的禽肉进入欧盟市场,其中德国、荷兰、瑞士和捷克是主要的进口国。

---

❶ 联合国粮农组织数据库,www.faostat.fao.org.
❷ 联合国贸易数据库,www.somtrad.un.org.

第六章 以肉产品为例研究我国农产品出口应对SPS措施的对策

自2001年开始,世界各国,主要是发达国家对SPS措施的应用骤增,对产品质量安全卫生检验检疫越来越严格。在亚洲市场,日本所占据的份额逐渐减少,2002年日本的市场份额为49.42%。2005年迅速降至0.04%,据联合国贸易委员会记载,2006年中国没有禽肉出口到日本。2006~2007年,韩国和新加坡的进口也为零,与此同时,中国香港的进口量自2001年开始,一直呈上升趋势,2005年开始,中国香港的市场份额达到了60%以上,成为中国禽肉出口的第一大市场。[1]

2002年,欧盟对中国动物源性产品实施了更加苛刻的检验检疫标准,禽肉出口再度下降,中国禽肉逐渐淡出了欧盟市场。但是自2001年以后,中国积极开拓新的市场,伊斯兰国家和地区成为中国禽肉出口的新生市场,并越来越占据较大的份额,如沙特、伊拉克和阿联酋等国家的市场份额逐年增加。

2. 猪肉出口市场格局

较禽肉生产格局来说,猪肉出口市场格局比较稳定,变动不大,亚洲市场和地区及与中国毗邻的国家,如中国香港、俄罗斯、中国澳门、新加坡、朝鲜一直是中国猪肉出口的主要目的地,占据了90%以上的份额,其中,中国香港的进口一直处于上升趋势;俄罗斯在2000年曾出现过迅速下降,2002年以后又逐步回升;对新加坡的出口有波动;对中国澳门、朝鲜的出口较稳定;对韩国一直保持不大的出口份额;对日本每年都有出口,但是出口份额很少,且波动很大,1997年猪肉出口到日本的最多,也仅出口了20万美元。

欧美市场非常薄弱,只对荷兰和德国有少量出口,但自2001年以后,德国的进口几乎为零,荷兰的进口额也在逐渐减少。此外,独联体与东欧市场逐渐兴起,尤其在2000年以后,这些市场正逐渐成为中国猪肉出口的主要目的地,如哈萨克斯坦、乌兹别克斯坦、摩尔多瓦、吉尔吉斯斯坦和阿尔巴尼亚等国家和地区。

3. 牛羊肉市场格局

中国牛羊肉比较优势相对薄弱,出口极少,出口市场集中在亚洲和中东,几乎没有欧洲市场。欧美市场几乎被澳大利亚、新西兰和乌拉圭所垄断。

(三)出口受阻状况

从上述分析可以看出,我国禽肉和猪肉是肉产品出口的主体,牛羊肉的

---

[1] 段辉娜.《实施卫生与植物卫生措施协议》对中国畜产品出口的影响研究 [M].北京:经济科学出版社,2010:100-186.

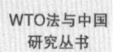

出口份额很小。因此，出口受阻现象主要集中在禽肉与猪肉的出口贸易中。

1. 禽肉受阻状况

中国禽肉出口受阻事件主要发生在与发达国家的贸易中。

1996年8月1日，欧盟以我国出口的鸡肉中含有动物疫病和农药、兽药残留等为由停止进口我国冻鸡肉，欧盟的这一举措使我国失去了每年近3万吨鸡胸肉的出口市场，少收入外汇近1亿美元。直到2001年5月25日欧盟才对上海和山东等地区的14家企业开关，要求是每批出栏的鸡不少于15万只，不得并群等，并要求对出口禽肉进行"新城疫"❶的检测。由于欧盟只认可北京和上海两家的检测实验室，这两家实验室即使满负荷运转也难以完成检测任务，而且检测费用较高，每次约3000美元，检测周期需要30天，导致企业成本大幅度增加。2002年初，欧盟又以中国出口的禽肉、龙虾制品农药残留及微生物超标为由，全面禁止中国动物源性食品进口，市场又被重新关闭。直到2004年7月才全面解除对我国动物源性食品的禁令，之后受到"非典"和禽流感疫情的影响，欧盟对我国鸡肉产品再次关闭了大门，直到2008年12月才对中国禽肉熟食制品开始试进口，鲜冷冻鸡肉仍然被禁止。

20世纪90年代初，日本和韩国以克球酚超标为由，禁止进口我国鸡肉产品，当我国通过努力整改达标后，2001年6月，日韩以韩国从我国某地进口的新鲜鸭肉中分离出禽流感病毒为由，先后宣布禁止进口中国的禽肉产品。2001年日韩以进口中国鸡肉中磺胺类抗生素超标为由设限，又以农药和重金属残留超标为由进行堵截。2002年中国冻鸡肉出口量比2001年减少了8.2万吨，出口额减少18 955万美元，105万人就业受到影响，养鸡农民至少减少纯收入2亿多元。2003年5月，日本以从中国山东一家企业对日出口的一批鸭肉中分离出两例禽流感病毒为由，对我国禽肉禽蛋产品全面封关。2004年1月，日本以我国发生禽流感为由对我国鸡肉产品封关。近几年，日韩又以我国使用疫苗有问题为由大肆炒作，甚至以我国农药和兽药残留监控体系和疫病控制机制不完善为由设置市场准入障碍，对进口我国鸡肉产品进行严格限制。从2006年5月29日起，日本开始实施"肯定列表制度"，受其影响，我国冷鲜鸡肉产品一度无法进入日本市场。

1997年，中国香港在鸡肉中检测出禽流感病毒，世界上17个国家停止进

---

❶ 一种家禽疫病。新城疫（Newcastle Disease，ND）是由新城疫病毒引起禽的一种急性、热性、败血性和高度接触性传染病。以高热、呼吸困难、下痢、神经紊乱、黏膜和浆膜出血为特征。具有很高的发病率和病死率，是危害养禽业的一种主要传染病。

口中国禽肉。

根据农业部农村经济研究中心的统计，仅1996~2002年，我国禽肉共11次因SPS措施被进口国禁止进口。根据联合国数据显示，2001~2006年，我国禽肉出口下降幅度较大，速度较快，2006年的出口额仅占2001年的28%。

2. 猪肉受阻状况

2005年7月，四川发生猪链球菌疫情，对我国尤其是四川猪肉出口造成严重的影响，一些主要的出口市场，例如新加坡，虽然在2005年10月恢复进口四川猪肉，但是至今为止仍未能全面恢复其他省份的猪肉进口。

2007年，国外在食品安全方面设置的技术限制继续升级，几近苛刻。欧盟新的食品卫生法规的生效，要求食品安全必须建立在"从农田到餐桌"的全过程控制管理基础上，这对中国猪肉的出口又是一大障碍。2007年我国猪肉出口比2006年下降了29.2%。❶

日本的"肯定列表制度"规定非常繁复和严苛的检测程序和限量标准，2005年以后，中国猪肉对日本的出口几乎为零。

三、中国肉产品出口主要竞争对手的状况

中国肉产品出口受阻状况严重，这给竞争对手以可乘之机，但是分析竞争对手的经营状况，吸取其经验，也可以作为提高我国肉产品出口的有效手段之一。

巴西和泰国的生产状况与中国有相似之处，是中国肉产品出口的有力竞争者，尤其在鸡肉出口方面。1996年，欧盟以中国禽肉生产不符合其卫生检验检疫标准为由，禁止中国冻鸡肉进入欧盟市场。在中国禽肉被禁期间，巴西、泰国等冻鸡肉出口国填补了中国在欧盟的市场份额，如在1996年欧盟从巴西和泰国进口的禽肉只有3000吨，到了2001年已经达到了40万吨，之后巴西和泰国的鸡肉出口一直是中国强有力的竞争对手。

据巴西家禽出口商协会统计，2007年巴西新鲜鸡肉出口上涨了21%，达到330万吨，该行业的出口总值达到49亿美元，比2006年上涨了55%。

2003年和2004年，美国、日本、中国以及东欧很多国家发生了高致病性禽流感，而泰国由于前两年已经爆发多起高致病性禽流感，并导致至少12人死亡，所以泰国对此进行了充分的防疫工作而躲过了此劫。因此，泰国的鸡

---

❶ 联合国贸易数据库，www.comtrad.un.org。

肉出口大幅增加，2005年熟鸡增长同比上年增长了67%，冻鸡增长51%。❶泰国的鸡肉产品的质量和安全逐渐受到国际市场的认可，出口份额也逐渐增加。

第二节 中国肉产品生产经营现状

一、中国肉产品的行业现状

（一）养殖分散化程度高

改革开放以来，畜禽饲养业逐渐繁荣起来，饲养禽畜逐渐从农户的副业行为转向主业行为，大规模的养殖也逐渐发展起来。但是我国养殖业的行业集中度低，区域化养殖明显。目前我国养殖分散化程度很高，如2005年我国出栏数在50头以上的生猪养殖户出栏生猪2.34亿头，仅占全国总数的37.9%；出栏2000只以上的肉鸡养殖户（场）达43.14万个，出栏肉鸡41.2亿只，占全国家禽出栏总数的45.5%；出栏10头以上的肉牛的饲养户（场）共有41.2万个，出栏肉牛1522.7万头，只占全国肉牛出栏总数的35.4%；出栏30只以上肉羊（场）户数达176.5万个，出栏肉羊1.25亿只。❷

区域性养殖分布明显，例如前10位的生猪养殖大省占全国总量的比重基本维持在66%左右，而且主要分布在四川、湖南和河南等省份。

（二）养殖与加工环节的连接不紧密

目前畜产品的生产经营模式主要是"企业＋农户"，生产环节以农户的分散饲养方式为多数，龙头企业提供技术、种苗并进行监督。但是饲养与加工环节间的结合程度仍然是比较松散。❸"企业＋农户"这种半紧密组织形式通常是以合同为纽带，联系性不强，违约现象经常发生。如企业提供的种苗品种不良，技术服务不到位等。对于农户来说，他们并不是企业的有机部分，饲养者更关注的是产量，为了提高出栏率，使用激素饲料，为了降低患病率，大量使用抗生素疫苗或药物。

---

❶ 中国食品商务网，http://www.21food.cn/html/news/10/48904.htm.
❷ 中国统计部．中国农业统计年鉴［M］．北京：中国统计出版社，2006.
❸ 邓蓉，张存根，王伟．中国畜牧业发展研究［M］．北京：中国农业出版社，2005.

此外，由于规模化养殖的发展，对环境的污染也在逐渐加重，增加了农兽药残留的种类和数量。2002年出口欧盟的鸡肉被检测出残留抗生素——氯霉素。由于鸡肉残留大量药物，日本、欧盟曾对我国的鸡肉发布过禁令。

（三）肉产品加工行业集中度低

2006年，行业前三强双汇发展、雨润食品和大众食品（金锣）的屠宰总量不到我国生猪屠宰总量的5%，而美国前三家屠宰企业总体市场份额已超过65%。同时，我国猪肉加工的行业集中度也非常低，2006年，行业前三强的加工总量仅占全国总量的10%。而发达国家这一比重都很高，主要的猪肉生产国都在50%以上。另外，从肉类的深加工率看，2006年该比例为11.8%，发达国家一般在50%以上。❶

（四）出口基地建设水平尚需提高

近30年来，为供中国香港、澳门地区畜产品以及向其他国家出口畜产品，在全国相继建立了不少的出口基地。然而这些出口基地都是计划经济的产物，基地分散、规模小、生产条件参差不齐。普遍存在的问题是疾病的防治水平差，基地内诊实验室，特别是病毒学诊断实验室远没有达到国际现行标准和水平，国际规定的疾病尚不能得到完全控制；屠宰加工厂的检疫程序没有在国际兽医师的兽医卫生监督之下进行，产品质量管理也没有达到国际标准，特别是对病畜禽的处理等程序不够规范；出口基地内的动植物防疫监督机构对疫情的监测、疫情的上报、疫病的诊断和防治也不够规范，记录和档案材料也不完整。这些都导致我国的畜产品出口基地没有符合规定的"病虫害非疫区"或"低度流行区"。

（五）环境污染严重

我国从事养殖或与养殖有关的企业数量庞大，集中度较低，难以实施标准化生产，产品质量难以控制。虽然我国养殖业规模位居世界第一，但是因为产品质量和食品安全等问题，我国养殖产品的国际贸易额还不到世界养殖产品贸易额的1%。

因集中度低，我国养殖环境恶劣，畜禽极易感染各种疾病，一旦疫情发生并蔓延，容易引起恐慌，进而导致市场价格"跳水"，如禽流感引起的禽类产品滞销，猪链球菌引起养猪户全面亏损等。由于追求产量，一些养殖户超

---

❶ 段辉娜.《实施卫生与植物卫生措施协议》对中国畜产品出口的影响研究［M］.北京：经济科学出版社，2010：100-186.

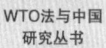

量或违禁使用矿物质、抗生素、防腐剂和激素，甚至个别养殖户使用安定、瘦肉精，不仅养殖户产品品质下降，食品安全性也随之降低。❶

二、肉产品企业的经营现状

（一）企业管理水平落后

国家对畜产品的管制放开比较晚，所以相关企业的起步也比较晚，而且没有经验可循，很多企业是从家庭作坊起步发展起来的，管理机制带有强烈的家庭作坊式色彩，不能做到职责明确、管理科学，整体管理体系落后于我国工业企业，距离国际水平差距更大。

现在国际市场瞬息万变，当前贸易保护主义盛行，很多国家借保护人类与动植物健康为名，不断出台新的技术标准。对信息掌握的迅捷程度，决定了企业产品在国际市场能否掌握市场主动权。但畜产品企业管理理念比较滞后，很多企业只重视产量，忽视企业声誉的建立、市场的开拓与把握，相应地，在这些方面的投入及相关部门的建立方面吝啬资金。管理缺位严重制约企业的发展。

（二）企业生产技术仍显落后

肉品企业通常不建立饲养场，或者自己的饲养产量远远不能满足其深加工所需，所以"公司+农户"的模式是中国现在肉品生产的主要模式。公司一般通过订单与农户或小规模的饲养场联系起来，生产环节主要以分散的和小规模的饲养为主。农户一般对先进科技的认知比较落后，为了以最小的成本获得最大的产量，往往忽视产品的质量。

中国传统的牲畜屠宰技术目前仍然占据主要位置。这种方式是极不科学的，因为牲畜在受到惊吓时，分泌肾上腺激素，这种激素累积于肉中会对人类健康产生危害，不符合保护人类健康的宗旨，也违背了动物的保护原则。

现在国际社会呼吁人道屠宰技术，既保护人类健康，又维护动物的福利。现在这种技术在中国也开始引入，但是人道屠宰技术需要专业的屠宰技术员，人员需经过培训并考核合格方可取得该资格，此外，设备必须更新，由于技术、资金的限制，人道屠宰在中国的推广还需要一段时间。

在加工方面，由于国内肉加工工业尚处于起步阶段，精加工产品少。许

---

❶ 段辉娜.《实施卫生与植物卫生措施协议》对中国畜产品出口的影响研究［M］. 北京：经济科学出版社，2010：100－186.

多发达国家经过深加工的肉类占本国总产量的30%，有的高达70%，而我国还不到5%。发达国家市场上的肉类几乎均经过初加工或深加工，如分割肉、冷鲜肉等，而我国多达90%的肉类未经过任何加工就会直接上市或出口。❶

在国际市场上，由于肉产品加工与保险技术的提高，以及人们消费品位的提高，除了对加工的肉制品采用冻肉制作外，在市场上出售的食用肉一般都是分割的保鲜肉。在世界肉品进出口总贸易量中，鲜、冷、冻肉的贸易量占总贸易量的2/3左右，其中保鲜肉所占的比重在上升，冻肉所占的比例则呈下降的趋势。一般来说，由于保鲜肉的营养价值和口味都比冻肉好，深受消费者青睐，但是保鲜肉的加工成本与技术含量要比冻肉高，因此价格要远远高于冻肉，这对加工厂和消费者来说也是有利可图的。然而，目前在我国出口的肉类中，仍以冻肉出口为主，保鲜肉出口份额很小。这也是造成我国肉类出口受阻的主要原因之一，牲畜的屠宰、肉品的加工与保鲜技术需要进一步提高。

第三节 中国对肉产品的管理现状

一、中国肉产品贸易体制现状

改革开放以来，我国有关畜产品的贸易体制逐步由原有的国家垄断经营转变为比较开放的贸易体制，但是畜产品仍然属于管制比较多的产品，对外贸易开放速度比较慢，对外贸易体制改革完善的步伐，跟不上国际畜产品市场的变化。

世界各国对农业和畜牧业大多实行一体化的管理方式，而我国的畜牧业管理体制仍然存在部门分割、产加销脱节、贸工农分离现象。我国管理农畜生产流通贸易的部门多达13个，对畜牧业的投资分散在4个部门进行。我国对畜产企业的支持还不够充分，按照入世的承诺，中国取消了农产品出口补贴和出口退税，增加了畜产品的成本，但在WTO允许的范围内的很多支农补贴，却不能到位，加重了畜产企业的负担。

---

❶ 段辉娜.《实施卫生与植物卫生措施协议》对中国畜产品出口的影响研究[M]. 北京：经济科学出版社，2010：100-186.

二、中国肉产品的质量管理现状

（一）中国动植物产品质量安全法律体系

我国已经建立了一系列法规和条例，这使得我国肉产品质量卫生的法制化建设大大向前迈进了一步，如《家畜家禽防疫条例》《兽药管理条例》《传染病防治法》《允许作饲料药物添加剂的兽药品种及使用规定》，2001年国务院颁布了《饲料和饲料添加剂管理条例》《禁止在饲料和动物饮用水中使用的药物品种目录》《食品动物禁用兽药及其他化合物清单》，2002年4月国家公布出口畜禽《禁用药物名录》《允许使用药物名录》《饲料卫生标准》《饲料添加剂标准》和《畜禽养殖业污染物排放标准》，2006年开始实施《中华人民共和国畜牧法》等，其中《中华人民共和国动物防疫法》于2007年进行了修订。这说明中国关于肉产品质量安全的法规体系已初具雏形。

但是，在执法环节尚有不足之处，各执法主体各自为政、相互推卸责任，执法人员玩忽职守。如肉类产品分别由农业部、卫生部、商务部、质检总局、工商部门等对肉类产品的各个环节负责，共同监督、相互责任的划分不明确、管理监督混乱，使法律法规不能有效发挥监督监控作用。

（二）动植物产品质量检验标准

中国近几年，尤其是加入WTO之后，在有关肉产品质量监管方面有了很大进展，但是至今我国仍然没有全国统一的畜禽与肉类的质量标准，就更谈不上与国际统一标准接轨或完全满足较发达的进口国所规定的产品质量标准，这严重影响了我国肉产品参与国际市场的竞争能力。

目前，国际通行的食品安全标准是CAC（国际食品法典委员会制定的被世界各国普遍认可的食品安全标准），它是联合国粮农组织237种食品的检测标准和41个卫生安全标准，对158种农药、54种兽药、1005种添加剂和25种食品污染物进行评估，一共有8000个左右标准与食品相关，其中大部分涉及肉产品质量安全，包括农药、兽药残留物限量标准、添加剂标准、各种污染物限量标准、辐照污染标准、感官、品质检验标准、检测分析方法标准、取制样技术设备标准以及检验数据的处理准则等。20世纪80年代初，英、法、德等国家采用国际标准已达80%，日本有90%以上的标准采用国际标准，有些发达国家的某些标准甚至高于现行CAC标准水平。中国国家标准只有40%左右等同采用或等效采用国际标准，在农药残留方面的国际采标率仅为20%，覆盖面远远不够。

(三) 疫病防护

在畜禽疾病防治方面,我国尚没有实行官方兽医制度,兽医体系没有与国际接轨。中央与省级的兽医管理人员为行政编制,而省级以下为事业编制、企业管理,工作人员不属于国家行政公务人员。因此,其执法的独立性和公正性受到影响,有时会为了地方和单位利益而放弃国家原则,使执法受到牵制,这是我国动物法规和质量安全标准不能在基层有效贯彻的根源之一。

三、肉产品的卫生检验检疫现状

(一) 管理机构

对动植物的检验检疫管理体系混乱,职责不明。横向看,我国实行进出境动植物检疫与国内动植物检疫是分立的体制。国内动植物检疫由农业和林业两个部门分别管理;纵向看,按照行政区划分,几乎每一行政阶层均设有农业、林业、出入境三套机构。从农业系统看,中央一级、农业部种植业司内设种子与植物检疫处,全国农业技术服务推广中心内设植物检疫处。在地方,省、地、县农业主管部门所属职务检疫机构,有植保站、植保植检站、植物检疫站、农业中心、综合执法大队等多种形式,集检疫执法、农业推广、经营服务为一体,机构设置不规范,执法主体不明确,机构的名称也不统一。

在出入境方面,1998年4月进出境动植物检疫、进出口商品检验和国境卫生检疫机构"三检合一"为国家出入境检验检疫机构,动物出入境检疫工作主管部门由原来的农业部调整为国家出入境检验检疫局,2001年4月以后进一步调整为现在的国家质量监督检验检疫总局,形成了单独设立出入境检验检疫机构、对动物检疫工作实行分段管理、内外检各司其职的管理模式,出入境动物检验检疫法律规范也自成体系,而且,随着出入境检验检疫机构变革和业务整合,"三检"业务高度融合、相互渗透,有机地结合在一起。

(二) 出入境检验检疫法律体系

我国出入境动物检验检疫法律体系是整个动物卫生法律体系的重要组成部分,根据《SPS协定》,目前我国与卫生检疫相关的主要法律有四部,其中三部是关于检验检疫的法律,一部是关于食品安全的法律,即《中华人民共和国国境卫生检疫法》《中华人民共和国进出口商品检验法》《中华人民共和国进出境动植物检疫法》和《中华人民共和国食品卫生法》,这四部法律与其他相关法律共同形成具有中国特色的出入境检验检疫法律体系。

我国出入境动植物检疫法律体系最主要的法律规范有《中华人民共和国

进出境动植物检疫法》及其实施条例。国家质检总局根据相关法律法规制定了一系列有关动物及其产品检验检疫的规章，这些规章按性质和内容主要可分为总局令、管理办法、公告与联合公告、风险警示通报、技术标准等几大类。在我国，出入境动物检验检疫法律自成体系，这是中国动物卫生法律体系有别于日本等其他国家的最主要的特点。

总体而言，我国动物卫生法律体系不够健全，尚未形成统一、科学、合理、完善的动物卫生法律体系框架，难以与国际动物卫生通行规则和世界贸易规则接轨。动物卫生法律规范与技术标准的衔接也存在一些问题，与我国当前畜牧业生产、动物防疫形势、食品安全监管、出入境动物检验检疫等的发展不相适应，必须完善和加强。

（三）兽医药及农药残留监控

早在20世纪70年代，国外就对食品中兽药、杀虫剂及农药残留问题给予极大的关注，欧美等发达国家就开始了食品中药残留的监控工作，现在已经形成非常完善的包括法律法规、检测机构和技术队伍以及技术标准的监控体系。目前美国、欧盟、澳大利亚、加拿大、日本等国家和地区都纷纷立法，对进口和国内食品中兽药、杀虫剂、农药及病原菌的残留进行监控。

改革开放以来，特别是近10年来，中国动物卫生工作有了长足的发展。随着《中华人民共和国动物防疫法》《中华人民共和国进出境动物检疫法》《中华人民共和国兽药管理条例》等一系列《SPS协定》相关法规条例的颁布，中国兽医工作开始法制化的进程，动物防疫、兽药管理工作也逐步向规范化、程序化方向发展，但是与发达国家相比，中国兽医药及农药残留工作在管理体制、法律法规、技术措施以及动物卫生水平等方面，还存在着较大的差距，而且中国至今未加入肉产品在药物检疫方面的国际组织。

第四节 《SPS协定》对中国肉产品出口的影响

WTO承认一国可以基于维护国家安全、人类安全和健康、动植物安全与健康等方面的正当理由而采取SPS措施，但是要求这些措施应以不给国际贸易造成不必要的障碍为前提。关于SPS贸易纠纷的多次磋商都是寻求合理保护和禁止保护主义两者之间的最佳平衡，SPS措施所带来的双重性不可避免。

一、《SPS 协定》对中国肉产品出口的正面影响

（一）有利于解决市场失灵

市场失灵导致有限的资源不能得到最优的配置，损坏了社会整体福利。与 SPS 措施相关的市场失灵主要表现是负外部性、信息不对称、不完全竞争和公共产品缺失。

1. 负外部性

国际贸易范畴下，负外部性主要指的是一个国家的生产或消费决策给另一个国家的经济造成可以评估的损害。如进口产品带来的疫病传播，损害了进口国企业的生产和消费者的健康，甚至导致进口国福利的下降。

负外部性如果发生在国内，可以通过税收或产权制度使外部成本内部化，但是通过国际贸易而产生的卫生或检疫风险的负外部性成本将由进口国的生产者、消费者和环境来承担，这种跨越国界的负外部性通过货币措施是难以达到理想效果的。这种贸易情形下，SPS 措施就是一种解决方法，进口国通过限制市场准入的技术标准、检验检疫措施和风险评估等制度安排，避免和减轻与贸易流动相关的负外部性的输入及对本国的危害，进而影响市场的均衡条件和社会福利条件。

2. 信息不对称

从经济学的角度来看，社会最优质量取决于生产更高质量产品的成本和消费者为既定质量水平的支付意愿。如果不存在信息不对称现象，则社会最优质量可以在质量的供给和需求自由作用的竞争市场达到。如果产品质量的信息是不完全的，即产生市场失灵。

信息不对称通常引发道德风险和逆向选择问题。道德风险是生产者具有控制风险、决定其产品质量的能力，但是出于一己私利放任低质量产品的生产。在信息不对称的情况下，消费者不能获得足够多的信息以甄别产品的质量。这种信息环境下，总有一些不良企业以次充好，损害消费者利益，影响消费者继续消费意愿。逆向选择是由于生产者在售卖行为发生前故意隐瞒某些信息，而导致低质量驱逐高质量产品的现象。如果在消费前得不到完全信息，消费者购买意愿不足以支付生产高质量产品的成本，高质量产品便会被低质量产品驱逐出市场。逆向选择的结果使得市场的平均质量不断下降，消费者的支付意愿也随之下降，最终导致没有贸易。市场开放导致本国产品和外国产品的并存，本国消费者对进口产品的质量不熟悉，便会视其为低质量

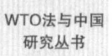

的产品，降低支付意愿。

贸易自由化可能带来更大的贸易流量，可是市场上产品信息的不确定性影响了消费者需求。如果减少的消费者支付意愿导致的福利损失超过了更加便宜的进口的福利所得，就可能导致世界范围内的总体福利减少。为了减轻市场失灵，需要公共规则来保护消费者。SPS措施在一定程度上是有利于纠正农畜产品市场信息不对称现象，通过SPS措施来规定最低质量的限制，实施强制性的认证和标签制度，促使企业给出其产品质量的信号，在一定程度上减轻信息不对称的现象。

3. 不完全竞争

在任何非完全竞争的市场状态下，社会资源都不可能达到最优配置。为了利润最大化，企业不愿提供最佳质量的产品，因为质量与成本成正比。市场上经常发生的价格战，遏制了企业生产高质量产品的动机，为了保持利润的可获得性，市场上的产品质量会随之下降，当消费者对价格的敏感度大于对质量的偏好时，某些高质量产品市场会消失。

不完全竞争会导致产品质量的次优选择。此时，SPS措施对产品质量标准的限制、检验检疫和产品认证等规定，迫使市场上流通的产品达到一定的质量水平，以保证消费者的人身健康和安全。

4. 公共产品缺失

现代经济学将公共产品定义为由政府部门生产的、并由社会全体成员共同享用的物品和劳务。国际贸易中涉及一些公共利益问题，例如保证产品质量和安全、保护人类和动植物安全和健康等。公共产品的成本很高，但是其具有的非竞争性和非排他性，又使得公共产品的盈利性极低。对于这些公共产品的获得，单个企业可能出于经济能力所限不可能承担投资的高额成本，也可能具有"搭便车"的企图，于是出现了公共产品缺失。这就要求公共干预来建立适当的法规和标准，通过各种形式向社会提供和补充公共产品。

SPS措施作为一个国家颁布的具有法律效力的规则规定，以政府为主导，针对人类和动植物的健康和卫生，建立健全检验检疫规定，配备人员和设备，以保证农畜产品质量，防止病虫害侵入，保护本国产业和消费者健康安全。

（二）《SPS协定》规范贸易市场

作为减缓市场失灵、维护市场公平的手段之一，《SPS协定》条款以规范世界贸易市场，促进自由化贸易为出发点，在一定程度上削弱了贸易保护主义的实施。

第六章 以肉产品为例研究我国农产品出口应对SPS措施的对策

1. 限制各成员选择卫生检验检疫标准的随意性

《SPS协定》的"科学依据原则"规定了各成员方应该确保任何SPS措施都要以科学为依据,不能实施或停止实施没有充分科学依据的SPS措施,即便是各国采取的检验检疫措施高于国际标准、指南和建议,这些措施也必须以科学为依据。

《SPS协定》产生之前,出口国对于进口国所提出的检验检疫标准只能被动接受,《SPS协定》的实施,改善了出口国的处境,打破了进口国对于检验检疫标准的"垄断性",出口国可以对进口国的检验检疫标准提出异议,并依据"科学依据原则"讨论这些检验检疫标准的合理性,使得双边贸易趋于合理化。

2. 限制成员进行过度保护行为

进口国,尤其是发达国家进口经常以保护本国人民、动植物的生命健康为由构架起很高的市场准入门槛,阻碍出口国的正常出口。《SPS协定》的"适度保护原则"对保护行为进行了原则上的规定。《SPS协定》第5条第4款规定了成员方在决定合理的卫生和植物检疫保护程度时,应该考虑尽量减少贸易负效应这一目标。[1] 各成员方在制定和实施SPS措施来保护其境内的人类、动物和植物生命或健康时,应该限于适当的保护水平或可接受的最低风险,应该达到在"保护人类和动植物生命健康"和"促进贸易自由化"这两个目标之间的一种平衡。这一规定,从某种意义上来说,为各成员实施贸易保护的程度提出了限制的准绳,防止贸易保护主义的再次抬头,保证了贸易自由化的主体地位。

3. 解决各成员的保护措施多样化问题

为了保护本国人民与动植物的健康安全,各成员纷纷建立了适合本国的SPS措施。贸易双方对于产品质量的卫生监管检查措施不尽相同,产品质量认证成为一道复杂的工序,增加了交易成本,甚至由于交易双方对相互的SPS措施予以否认,而阻碍了交易的正常进行。

《SPS协定》有一个"等效原则",针对这一情况,规定了如果出口成员对出口产品所采取的SPS措施,客观上达到了进口成员的动植物保护水平,则进口成员就应当接受这种措施,即允许这种产品进口,哪怕这种措施不同于自己所采取的措施,或不同于从事同一产品贸易的其他成员所采用的措施。

---

[1] 刘法公,陈明瑶. WTO文本英语 [M]. 北京:国防工业出版社,2005.

"等效原则"要求成员在不危及本国动植物保护的前提下,增强贸易合作方对其卫生与安全标准的信心。

对于各成员不同的检验检疫标准,《SPS 协定》鼓励各成员在建立 SPS 措施时,应该以现有的有关国际组织制定的国际标准、原则或建议为依据,并给出了三种建立途径:采取的 SPS 措施完全依照国际标准、准则和建议的要求实施;依据国际标准、准则和建议制定和实施 SPS 措施;实施的 SPS 措施没有采用国际标准或保护水平高于国际标准、准则和建议时,必须基于科学原理并进行风险分析。

这些条款要求各成员对相互间不同的 SPS 措施进行合理认同,防止贸易纠纷的产生。

4. 针对发展中国家提出"特殊与区别待遇"及"技术援助"措施

考虑到发展中国家与发达国家的差距,《SPS 协定》制定了"特殊与区别待遇"和"技术援助"条款。发展中国家与发达国家相比,在经济、科学技术等水平上差距很大,在国际贸易领域,这些差距容易造成交易不对等。发达国家可以利用其先进的技术提高 SPS 标准,而发展中国家由于技术和经济能力的限制,很难或根本不可能按照这些过高的技术标准进行生产,进而遏制发展中国家农畜产品的出口,保护发达国家本国的农畜企业和市场,产生贸易保护效应。❶

对于这现实的差距,保证公平交易,《SPS 协定》要求发达国家通过双边或适当的国际组织,向发展中国家提供技术援助,并且规定发展中国家对于新的 SPS 措施可以申请更长的调整期。虽然协定并没有进行明确具体的措施规定,但是发展中国家可以依据这些条款争取技术支持和出口机会。中国作为发展中国家,可以根据此条款,争取技术援助、更长的适应期等优惠待遇。

5.《SPS 协定》为贸易争端提供解决的平台

由于各成员经济、科技水平、民俗文化以及贸易保护情愫的存在,贸易纠纷频繁发生。贸易纠纷给交易双方带来了巨大的损失,若纠纷不能得到合理解决则会给其他进口方传递负面消息,进而给出口国带来连带损失。《SPS 协定》的"磋商和争端解决条款",明确表明农畜产品和食品的贸易纠纷按照《关于争端解决规则与程序的谅解》规定,上报贸易争端解决机构(DSB),由专家小组进行调研解决,使国际贸易进一步规范化。

---

❶ 段辉娜.《实施卫生与植物卫生措施协议》对中国畜产品出口的影响研究 [M]. 北京:经济科学出版社,2010:100-186.

由《SPS 协定》的条款可以看出协定在很多方面只是进行了原则性规定，并没有作出明确的、细节上的说明，这极易引起出口国对同一事件采取不同的措施，产生分歧和纠纷。针对这种情况，同样可以根据《SPS 协定》的规定，上报 DSB 进行解决。

(三)《SPS 协定》促进中国肉产品行业的完善

1. 促进中国对肉产品管理体制的改革

中国在肉产品管理体制方面缺乏统一性，多头管理现象严重，对肉产品的管理缺乏协调统一性，这制约了中国肉产品的市场行为。面对频发的 SPS 贸易纠纷，企业的应对能力非常薄弱，这时管理机构的地位举足轻重。《SPS 协定》允许发展中国家享有区别特殊待遇，面对贸易纠纷，《SPS 协定》也提供了解决的平台，但是特殊待遇的申请和纠纷的应对等工作单凭企业的力量很难实现，况且中国肉产品企业的经营管理能力以及经济实力有限，所以政府管理机构必须承担责任。在此形势下，根据《SPS 协定》，中国肉产品行业的管理体制必须改革。

2. 促进中国肉产品质量监管检疫体系的完善

总体来说，中国肉产品的生产技术比较落后，产品技术含量比较低，相应的肉产品的质量检验标准与发达国家相比有一定差距，而且中国肉产品质量的监管检疫体系也很不完善，难以达到国际水平的要求。不完善的质量监管体系纵容了低质量的肉产品产生，当这些低质量产品进入国际市场，往往会遭遇 SPS 措施，使企业蒙受损失，并且严重损害中国肉产品的国际形象。《SPS 协定》明确表明各成员要以国际标准为基准，以科学为依据建立适合自己国情的检验检疫体系，这给中国肉产品建立健全监管检疫体系指明了方向。

3. 促使中国肉产品企业管理模式的变革

中国关于肉产品的贸易体制改革及企业管理制度都处于逐步发展之中，中国肉产品企业普遍的经营管理水平离国际水平相差甚远，大部分还没有建立现代企业管理方式。在对外贸易中，如何应对贸易纠纷，如何利用《SPS 协定》来维护自己的利益，中国肉产品企业现有的管理模式及管理结构还不能有效地应对这些问题。

《SPS 协定》是专门针对农畜产品及食品的国际条约，这一协定给中国肉产品企业应该在哪些方面进行完善改革指明了方向。《SPS 协定》并没有对各成员采取的 SPS 措施进行具体规定，允许各成员自行选择，这要求肉产品企业必须扩大视角，时刻关注国际动向，密切注意各贸易对象国的检验检疫标准的发布。过去只关注产量的经营模式已经不能满足当前的市场需要。如果产生贸易纠纷,可以按照《SPS 协定》规定向贸易争端解决机构申请设立专家组调查,这要求肉产品企业必须设立相关的法律部门,以应对贸易纠纷。❶

4. 促进中国肉产品的技术提升

《SPS 协定》支持各成员为保护本国的人类、动植物的生命和健康采取适当的检验检疫标准。这表明,低技术、粗放式生产在国际市场的份额会越来越少,遭遇的贸易壁垒会越来越多。这也迫使中国肉产品企业必须提升自己的生产技术。

《SPS 协定》允许成员在有科学依据的前提下采用高于国际标准的检验检疫水平,若发达国家采用过高水平的检验检疫标准并为此提出了科学依据,那是很难区分其真正用意是保护人类及动植物健康还是进行贸易保护,这时出口方只能接受这一高标准。此时,中国肉产品企业低下的生产技术弊端充分显露出来,中国肉产品企业必须意识到,低下的生产技术已不能适应国际市场的需要,提升技术水平迫在眉睫。

《SPS 协定》针对发展中国家技术水平落后的现实制定了技术援助和特殊与区别待遇条款,鼓励发达国家向发展中国家提供技术援助,这些援助涵盖面很广,可以针对加工技术、研究和基础设施,还可以协助建立国家管理机构,也可以采取建设、信贷、捐赠和转让等方式。对于新的 SPS 措施的施行,发展中国家有权申请延长调整期,以维持出口机会。这些条款对于中国肉产品企业的技术提供了帮助。

《SPS 协定》的颁布和实施,总体上来说对各国间的肉产品贸易进行了规范,同时也对肉产品的质量提升尤其是发展中国家肉产品的质量,提出了要求和改革方向,虽然条款尚不够严密,但是从长期来看,《SPS 协定》对中国肉产品行业的完善和肉产品的出口贸易会产生促进作用。

二、《SPS 协定》对中国肉产品出口的负面影响❷

《SPS 协定》基于贸易自由化的初衷而建立,但是各成员在制定本国 SPS 措施时会产生保护主义倾向。协议本身存在很多不足,内容缺乏明确性,很

---

❶ 段辉娜.《实施卫生与植物卫生措施协议》对中国畜产品出口的影响研究[M].北京:经济科学出版社,2010:100-186.

❷ 段辉娜.《实施卫生与植物卫生措施协议》对中国畜产品出口的影响研究[M].北京:经济科学出版社,2010:100-186.

多规定不具体，属于原则化、指导性的，操作起来有很大的灵活性，这使各成员有机可乘。很多成员，尤其是发达国家利用协定规定的不明确性，在应用的过程中滥用协定，扭曲《SPS协定》建立的初衷。作为发展中国家，中国在肉产品交易中处于被动地位，发达国家对于《SPS协定》的滥用使原本就不乐观的肉产品出口雪上加霜。

（一）SPS措施的保护主义倾向

各国所颁布的SPS措施一方面有利于市场失灵的缓解、自由贸易的实现，但是另一方面，SPS措施产生壁垒效应，对本国农畜产业产生保护效应，造成对进口产品的歧视，同时也使本国消费者的利益受损。这一现象几乎是各成员，尤其是发达国家成员所共有的，SPS措施对社会造成的不良后果，往往是对本国的农畜产品有利的。

在SPS措施的制定过程中，本国企业期望通过SPS措施阻止国外产品的进入，以维护自身利益，即实行贸易壁垒；但是消费者希望通过产品的大量供给，形成完全竞争市场，使消费者剩余达到最大化，然而在两个群体的力量对比上，生产者明显占上风。生产者的寻租心理，促使他们联合起来，向政府提供有利于自己的信息，诱导政府制定具有贸易保护倾向的检验检疫标准，当然也会通过提供竞选经费、更多选票等方式达到自己的目的，于是SPS措施极易演变为贸易壁垒，对出口国的产品进行种种限制。

（二）协定不完善促使贸易壁垒的形成

《SPS协定》本身的不足是贸易壁垒产生的原因之一。

1. 《SPS协定》宗旨为产生和实施贸易壁垒提供了理由

《SPS协定》的宗旨是"保护人类、动物和植物的生命和健康"。这一宗旨为进口国采用高水平的检验检疫标准，实施贸易壁垒提供了冠冕堂皇的理由。

在乌拉圭回合达成在农产品方面降低关税及非关税壁垒后，出于防止一些发达国家以保护人类和动植物卫生健康为理由来限制发展中国家农产品进入的目的，WTO制定了《SPS协定》，其主要原则是：协定承认因为地理环境、气候等不同而导致各国对动植物检疫标准不同；允许各国使用自己的动植物卫生检验检疫标准，允许各国根据原产地原则对不同国家的产品使用不同的检验检疫措施；为了避免不公平，《SPS协定》鼓励各国使用国际标准，主要可以依据国际营养标准委员会、国际兽疫局和国际植物公约，如果出口国能证明其SPS措施能够达到保护动植物的目的，进口国应该考虑直接使用

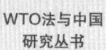

出口国的标准,《SPS协定》允许各国使用基于国际标准之上的较高标准,但是这些标准要建立在"科学依据"和"风险评估"的基础上。

从《SPS协定》主要原则的语言描述上,可以看出《SPS协定》在鼓励各成员保护本国人民及动植物健康的同时,也在具体实施方面给予各成员很大的自由度,这促使很多成员,尤其是发达国家,以冠冕堂皇的理由实施贸易壁垒,保护本国市场。

2.《SPS协定》条款原则性的描述,促使进口国实施贸易壁垒

《SPS协定》条款主要进行的是原则性的规定,缺乏对细节的具体描述,这样各成员在具体实施《SPS协定》时就拥有了一定的选择空间,进口国可以据此实施变相贸易壁垒。

"科学依据原则"是《SPS协定》的主要原则之一,规定了各成员应该确保任何动植物卫生检验检疫措施的实施不超过为保护人类、动物或植物的生命和健康所必需的程度,并以科学原理为依据,如无充分的科学依据则不再实施,但是具体实施起来,科学依据非常难以衡量,不同国家有各自不同的看法和解释,进口国可以选择最有利于自身的角度进行诠释。

《SPS协定》规定成员应该确保其SPS措施必须依据适应环境的对于人类、动物和植物的生命和健康的风险评估,并考虑到由有关国际组织制定的风险评估技术。协定中规定的"风险评估"究竟是用定性分析还是定量分析,没有做出明确的说明。

《SPS协定》允许各国使用自己的检验检疫标准,这容易导致标准的过分使用、滥用和故意歧视。按照协定规定,成员只要能够证明可以达到保护动植物的目的,可以采用高于国际标准的动植物检验检疫标准,《SPS协定》本身并没有规定详细可行的和其他国际组织合作的程序。同一产品服务的标准有可能在不同的国际组织有不同的要求,这使得发达国家在选择标准时,虽然《SPS协定》的"协调一致原则",鼓励进口国接受出口国的检验检疫标准,以便加强协调,减少贸易纠纷,但是不少国家对出口国的检验证明不予信任,从制度上规定在产品进入本国海关的时候,要按照发达国家的标准再检验一次,从而导致《SPS协定》有的规定很难落实。

(三) SPS措施增加成本

1. 增加产品成本

SPS措施会提高发展中国家的出口成本,SPS措施对出口国企业的影响是负面的,这源于检验检疫措施的使用会导致出口国企业的产品成本增加,由

于《SPS 协定》鼓励较高的国家标准，发展中国家为达到这些标准往往要花费大量的人力、物力和财力，成本是相当高的。

SPS 措施使出口国产品的成本增加，产品供给减少，出口产品价格上涨，最后使出口企业丧失优势，失去竞争能力。因此，虽然 SPS 措施不是贸易措施，但是通过对出口肉产品的成本控制产生关税效应。对于中国肉产品企业来说，由于企业规模相对较小，技术力量薄弱，SPS 措施的关税阻碍效应将更大。因为企业需要投入更多的成本，才能完成技术上的调整，或花费更多的时间和物力才能达到进口国所设定的检验检疫标准。

进口国通过严格的检验检疫标准，对进口产品提出高技术要求，对中国肉产品生产现状的分析，可以看出中国肉产品科技含量较低。为符合进口国的检验检疫标准，中国肉产品必须进行技术改革，先进技术引入，人员培训，设备更新，这些都需要投入大量的资金，增加了产品成本。

检验检疫成本也不容忽视，为达到进口国的卫生检验检疫标准必须添置新的检疫设备，为应对国外越来越严格的检验检疫标准必须加大对国内重点检验检疫实验室的投资建设。为适应新形势的需要，必须建设实验室，配备先进的检验仪器，组织专家攻克难度较大的检测技术，但是建一个实验室所要花费的经费是非常大的，进口先进检验仪器的费用也往往十分昂贵。另外，组织专家研究检测技术也是非常大的一笔开销，由于检疫技术涉及面广，非常复杂，如果我们对国外每一项检测技术进行研究，花费的科研资金一定会大得惊人。❶

2. 管理费用增加

《SPS 协定》的实施，凸现了中国畜牧业体系严重不足。首先，职能部门的机构设置与《SPS 协定》不十分相符，随着 SPS 措施的增多，中国必须建立专门的 SPS 管理体系；其次，现有的政策、法规或标准设置等必须修订、更新才能适应《SPS 协定》的发展；而且作为 WTO 成员，必须减少政策性的管制，最大限度保证贸易自由化，这对中国农畜市场发展提出很大挑战。面对《SPS 协定》的制定、实施，中国有关管理机制、体系处于被动应付状态，不能主动适应，急需政府投入资金，建立健全 SPS 管理机制。

此外，由于国外检验检疫标准提高，国内海关以及相关企业为验证出口产品符合某项标准所耗费的有关技术、行政支出将有所上升，国内海关的工

---

❶ 段辉娜.《实施卫生与植物卫生措施协议》对中国畜产品出口的影响研究［M］. 北京：经济科学出版社，2010：100-186.

作量大大增加。在企业内部必须设有产品检验部门,专门对出口产品进行合格性检验,因为检验检疫标准提高了,检验检疫项目增加或者检验检疫的难度和耗费的时间也相应增加。此外,还需要有专门的部门来时时关注各贸易对象国的检验检疫标准的变动,这些都使得企业增加管理费用。

3. 产生额外成本

检验检疫的标准提高往往将导致检验检疫的时间有所增加,这就会产生一些额外的费用。例如,检验检疫的工作中技术、行政管理人员的工时需要支付一定的报酬;检验检疫通常会导致产品积压,无法及时进入市场流通,占用了很大一部分资金,产生资金的机会成本;卫生检疫往往将耗费很长一段时间,为了进行卫生检疫将延长产品进入国外市场的时间,造成周转速度下降,引起库存、运输以及保鲜等其他费用的超额支出。

4. 风险成本增加

价格对于贸易的影响是极为重要的,一些国家往往通过设置更高的检验检疫标准以延长卫生检验检疫时间,这将导致出口产品因错过最佳销售时间而遭受损失。肉产品的易腐烂特性注定如果产品失去了最佳的销售时期,没有及时地进入国外市场,赢得一个比较好的价格,则给出口方带来致命损失的概率比工业产品要大得多。

此外,由于未能通过检验检疫措施而被就地没收、销毁造成损失的潜在风险也增加了。近年来我国出口产品在国外海关被扣留、销毁的案件随着国外检验检疫标准的提高而不断增加,也就是说随着进口国检验检疫标准的不断提高,企业出口产品未通过检验检疫措施的可能性也在不断上升,那么产品被没收或销毁的可能性也随之上升,则企业承担的风险也在不断上升。

日本规定对我国猪、牛、羊肉及其制成品要经过指定设备加热消毒处理后才可进口,而且对一些活家畜的进口要求程序非常复杂,首先要提前 1~4 个月申报,出口前需要专门隔离 35 天,到岸后实行逐个检验,需耗时 10~15 天,致使成本过高,削减了我国出口产品的竞争力。发展中国家即使达到了标准,也往往会因为生产成本太高,出口竞争力被削弱而不得不败下阵来,退出国际市场。❶

(四)《SPS 协定》会降低发达国家的竞争压力

因为发达国家所实行的 SPS 措施一般都是以本国的实际情况作为参考而

---

❶ 邓蓉,张存根,王伟. 中国畜牧业发展研究[M]. 北京:中国农业出版社,2005:109 - 121.

制定的，因此其制定的 SPS 措施不会超出本国企业的可承受能力。这就意味着进口国企业不会因为 SPS 措施的执行而产生过多的、额外的生产成本，况且，有些国家的 SPS 措施只是针对进口国企业而设定的，因此当出口国企业因为 SPS 措施而面临成本提高、进入障碍时，进口国相同产业却会面临比过去较少的竞争，可以说，在其他条件不变的情况下，SPS 措施含有的准入障碍越大，该措施的利润效果就越明显，或者说 SPS 措施所产生的关税进口替代效果就越明显。如果进口国是高收入的发达国家，检疫标准往往是由这些国家最早制定的，发达国家的进口企业便会获得更大的好处，他们会作为标准的制定者、持有者而拥有更多的控制市场的能力，从而造成竞争者的进入障碍，保证市场份额的占有。

第五节 中国肉产品出口应对 SPS 措施的对策

一、充分、有效应用《SPS 协定》

（一）积极参与《SPS 协定》的制定和执行

发达国家是《SPS 协定》内容的主要制定者，发展中国家几乎没有话语权，《SPS 协定》内容对发达国家具有倾向性。与《SPS 协定》关系紧密的国际营养标准委员会、国际兽疫局和国际植物公约同样由发达国家掌控着。

中国自加入 WTO 以来，认真履行了规定义务和责任，熟悉了相关规则。现在中国要充分发挥 WTO 成员的权利和义务，积极参与《SPS 协定》的谈判与协商。随着中国综合国力的增强，在国际事务上，中国越来越有话语权，中国政府应该充分利用这一点，在《SPS 协定》的进一步协商与修订时积极发挥作用，完善《SPS 协定》，增强其可操作性，推进贸易自由化的进程。中国还要不断提高参与国际食品法典委员会、世界动物卫生组织、国际植物保护公约等国际标准制定组织的水平和能力，从规则和标准的遵守者尽快转变为相关规则和标准的制定参与者。此外，中国要积极争取发展中国家的正当权利，阻止发达国家利用其先进的技术以遵守《SPS 协定》为名，实施贸易保护。

（二）充分应用《SPS 协定》条款

《SPS 协定》的不完善经常被一些成员利用，作为提高市场准入的手段；

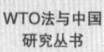

但是面对贸易阻碍时,《SPS 协定》仍然可以成为争取自我权益的主要依据,另一方面,我国同样可以利用条款的模糊性,根据自身发展的情况选择有利的角度进行诠释。

《SPS 协定》的"透明度原则"规定,一个成员在出台新的 SPS 措施之前,应该将有关情况通报,通过秘书处通知其他成员方,协定规定"该通知应当在仍进行修正或考虑意见时尽早发布",并且要给涉及的其他成员评议期和评议权。由于 SPS 措施已经成为阻碍中国出口产品出口的阻扰壁垒,因此要充分利用评议期。在此期间,根据新标准迅速调整企业的生产经营环境,并寻求应对措施,同时充分利用评议权,通过评议来指出某成员的 SPS 措施中不符合 WTO 或《SPS 协定》有关规则的条款,这能够有效阻止或限制这些 SPS 措施合法化,是打破 SPS 壁垒的一个突破口。❶

此外,作为发展中国家,中国可以充分利用"技术援助"和"特殊和差别待遇"等条款,通过发达国家的技术援助完善中国畜产品生产技术,同时为肉产品争取较长的适应期。当遇到贸易阻碍时充分利用发展中国家的身份,为肉产品的出口争取最有利的机会。

(三) 在 WTO 范围内增加农业支持力度

WTO 组织为发展中成员提供了很多优惠条款,但是中国应用得不够充分。作为发展中国家,我国应该深入研究,充分利用这些条款待遇。例如绿箱政策❷,美国在绿箱政策的基础上,大大增加了对农业的拨款,自 2002 年开始的十几年时间里,拨款逐渐增加到以前的近三倍;同时,欧盟对农业的财政支持数量也在持续增加。相比之下,拥有更大支持权限的中国却没有充分利用这一优惠待遇,对农业的支持力度还不够,而且中国所提供的农业支持大部分用在了粮食安全方面,用于肉产品的少之又少。在与肉产品卫生有关的农产品检验服务、质量标准和市场信息等服务体系的建设、产品结构调

---

❶ 段辉娜.《实施卫生与植物卫生措施协议》对中国畜产品出口的影响研究 [M]. 北京:经济科学出版社,2010:100 – 186.

❷ 绿箱政策(Green Box Policies)是用来描述在乌拉圭回合农业协议下不需要作出减让承诺的国内支持政策的术语,是指政府通过服务计划,提供没有或仅有最微小的贸易扭曲作用的农业支持补贴。绿箱政策是 WTO 成员国对农业实施支持与保护的重要措施。农业协议规定:政府执行某项农业计划时,其费用由纳税人负担而不是从消费者转移而来,没有或仅有最微小的贸易扭曲作用,对生产的影响很小的支持措施,以及不具有给生产者提供价格支持作用的补贴措施,均被认为是"绿箱"措施,属于该类措施的补贴被认为是绿色补贴,可免除削减义务。

整等方面的投入非常不足。还有黄箱政策❶和微量补贴政策。按照中国入世协议，我国可以在农业总产值的 8.5% 以内对农业或某一农产品实施绿箱政策以外的其他支持政策。❷ 这一政策给我国较大的调节空间，但是长期以来，我国没有给予农民充分的支持。

此外，还有保障措施协议、补贴与反补贴协议以及《SPS 协定》等都给予了发展中国家很大的优惠待遇，但是中国缺乏充分利用，所以在农业支持方面，尤其是在畜牧业支持方面，中国尚有很大的调节空间。

二、建立完善的 SPS 管理体制

（一）建立协调统一的 SPS 管理机构

我国应该设立专门的 SPS 工作机构，统一管理 SPS 事务，协调国内各有关部门与国际组织及外方相关机构的谈判，该机构的职权、地位和编制应该在相关法律中明确，同时为保持法律的连续性，应该在有关动植物检疫法律和食品卫生法中强制规定各自部门完成工作，并与 SPS 机构保持紧密联系，接受该机构的指导和监督，同时提高国际社会对中国 SPS 工作的认可度。

针对 SPS 措施，我国应及早建立政府领导的，包含政府部门、行业协会与企业的产业预警机制，建立健全预警信息搜集与整理系统、预警信息分析与识别系统、预警信息发布系统与决策调控系统。相关部门应密切监控《SPS 协定》的修订，各成员 SPS 通告、SPS 纠纷等，针对 SPS 措施能够及时、准确地作出反应并有效应对。

（二）完善肉产品质量安全及检验检疫法律体系

中国在肉产品质量及卫生检验检疫方面的立法，还不够全面，与国际规则不能完全接轨。法律法规不能适时修改，有一定滞后性。有的法律衔接存在交叉，甚至法律空白。随着各国对《SPS 协定》应用得越来越广泛，我国在动植物质量以及检验检疫方面的法律体系需要进一步完善。

1. 完善肉产品质量安全立法

完善肉产品质量安全法律法规建设，质量安全立法要贯穿"从农场到餐

---

❶ 根据《农业协定》将那些对生产和贸易产生扭曲作用的政策称为"黄箱政策"，要求成员方必须进行削减。"黄箱政策"措施主要包括：价格补贴，营销贷款，面积补贴，牲畜数量补贴，种子、肥料、灌溉等投入补贴，部分有补贴的贷款项目。

❷ 对外经济贸易合作部世界贸易组织司译. 中国加入世界贸易组织法律文件 [M]. 北京：法律出版社，2002：115 - 125.

桌"的全程管理，贯穿肉产品从生产到消费的全过程。立法要建立以科学为基础的风险分析体系，通过风险评估为风险管理提供科学的依据，强调通过建立信息系统，公开信息的发布，减少信息不对称，畅通风险交流的渠道，逐步加大管理的透明度、合理性和科学性。此外，要加快饲料、兽药和物流等配套法律体系的完善。❶

2. 动植物检疫立法

中国出入境动物检验检疫法律体系还不完善，不能与国际规则完全接轨。随着国内外形势的发展，尤其是 SPS 措施应用得越来越频繁，我国动植物检验检疫工作成为其他国家攻击的目标。

要建立健全动植物卫生检疫法律体系，首先要有正确的理论为基础。我国应该以《SPS 协定》的原则和 OIE 等相关国际组织的有关规定为依据，重新审视我国出入境检验检疫法律体系建设问题，以及现行的相关法律规范和检验检疫制度，构筑与国际接轨的，更加科学、合理、完善的出入境动物检验检疫法律体系。

此外，要适时修改动植物检验检疫法规。国际市场瞬息万变，各国的检验检疫手段也在不断变化，随之，中国的动植物卫生状况以及防疫形式也在不断改变，这要求我国的动植物检疫法律必须要适时修改，以适应国际市场发展。

(三) 健全肉产品质量和卫生检疫标准

中国肉产品质量及检疫标准逐渐成形，但是非常不规范，国家标准、行业标准、企业标准共存，且主体不清，存在互相冲突现象，国内的标准不能适应国际市场变化，与国际标准也没有很好衔接。

根据《SPS 协定》要求，建立结构合理、层次分明、重点突出、面向国际的中国肉产品质量与卫生检疫标准体系，要跟踪国际标准制定动态，积极参与国际标准制定，增加我国在标准制定方面的发言权。在具体制定方面，中国的检疫标准要以国际标准为依托，遵循等效原则，研制可能限制或潜在限制国外肉产品进入的国内动植物检验检疫标准。

(四) 健全质量监控体系

对肉产品要实施"从农场到餐桌"的全面质量管理，推广 HACCP 技术，

---

❶ 段辉娜.《实施卫生与植物卫生措施协议》对中国畜产品出口的影响研究 [M]. 北京：经济科学出版社，2010：100－186.

对肉产品的产前、产中、产后进行严密监管。对肉产品实施追踪技术,从禽畜的培育到其成为餐桌食品,进行全程监督。此外,要建立健全的食品召回制度,全面保障肉产品质量安全,更重要的是,要明确责任机构,防止多头管理,相互推诿现象。

三、促进中国畜牧业产业升级[1]

（一）发挥政府部门的服务职能

中国肉产品行业的管制时间较长,贸易体制还存在有计划经济的色彩,所以在中国肉产品结构升级过程中,政府的作用不容忽视。

政府部门最主要的任务就是加快肉产品对外贸易体制的完善,建立起符合社会主义市场经济条件的外贸体制,切实发挥政府部门的服务职能。各有关部门应该尽快按职能进行重新整合,为肉产品企业提供完善的系统服务,促使产供销、贸工农的实质结合,同时有关部门要为生产及销售企业提供资金、信息、疾病防疫等全方位支持,增强肉产品的市场适应力和竞争力。

面对频发的贸易壁垒,政府要发挥外交职能,有所侧重地进行外交活动。如中国大部分肉产品出口目的地集中在中国香港、日本、韩国和俄罗斯等几个国家和地区,市场集中度较高。政府在与主要肉产品进口国发展外交关系时,要为肉产品出口争取更多机会。

增加财政支持力度,充分利用绿箱政策,适当选用蓝箱政策和黄箱政策,给予禽畜养殖户和肉产品企业以政策和资金支持。近年来中国用于农业方面的支持力度不断加大,但是财政支农比重仍远远落后于西方发达国家。此外,由于国际肉产品市场复杂多变,且信息搜集成本高,企业不能全面、正确、及时地搜集信息。同时由于信息产品的公共性,使搭便车现象存在,削弱了企业搜集、传播 SPS 信息的动力,但是政府拥有大量的人力、物力和财力,能够通过国与国之间以及国际组织间的协作关系,及时掌握各国 SPS 政策以及市场信息,收集成本相对较低,所以在信息的收集环节,政府要充分发挥其优势。

（二）提高行业集中度

中国畜牧行业分散度较大,分散化、小规模的生产结构,使中国畜牧业

---

[1] 段辉娜.《实施卫生与植物卫生措施协议》对中国畜产品出口的影响研究 [M]. 北京:经济科学出版社,2010:100-186.

难以形成规模经济,进而限制先进生产、管理技术的应用,影响畜产品质量的提升。提高行业集中度,实现规模生产,形成规模经济,这是提升中国肉产品竞争力的关键。

首先要大力发展龙头企业,龙头企业外联市场,内联基地、农户是中国肉产品走向世界的关键。扶持龙头企业,使其形成规模生产,有利于先进技术与管理理念的引进和实施。同时,加强龙头企业之间的联合,面对SPS事件能够形成行业力量,提升中国肉产品在国际市场上的竞争力和产品形象。

其次,要加强龙头企业与养殖户的结合。中国的龙头企业与养殖户之间一般以契约方式联系,结构较松散,企业或养殖户违约率较高。由于双方联系不紧密,沟通不顺畅,很多养殖户为节省成本,不按照合约规定的科学方式进行畜禽养殖。另一方面,龙头企业为自身利益而损坏养殖户利益的现象也时有发生,应当进一步加强龙头企业与养殖户之间的联结,使其形成紧密的利益合作体,同时,大力发展规模化养殖基地的建立,使养殖业形成规模经济,提高行业集中度。

(三)调整与优化肉产品结构

SPS措施本质上是通过产品技术进行设限的,中国肉产品附加值较低,技术含量不高,这是肉产品出口屡遭SPS措施限制的根本原因。我国肉产品多属低端产品,如保鲜肉的营养价值和口味都优于冻肉,国际上消费者更加偏好保鲜肉,但是由于保鲜肉的加工成本和对技术含量的要求均较高,中国肉产品企业很难满足此要求,所以我国出口的肉类中仍以冻肉为主,冻肉的附加值低,利润少,且易受SPS措施的限制,使企业遭遇很大损失。因此,引进和应用先进生产和管理技术,提高产品技术含量迫在眉睫。

中国肉产品企业要加大研发资金的投入,依据国际标准提高肉产品的生产、加工技术,如引进应用HACCP技术对产品质量进行全程监控。加大信息技术的应用,时刻关注肉产品生产加工技术以及检验检疫标准的国际动态,改善产品的生产加工技术,优化产品结构。

(四)实施多元化贸易战略

我国肉产品出口市场较为集中,如我国肉产品出口多集中在日本、韩国和俄罗斯等亚洲国家,与邻国的贸易往来较多,市场集中度较高,回旋余地不大,导致风险较高,这就要求肉产品企业要时刻跟踪潜在进口国的SPS措施动向,积极开拓新市场,分散贸易风险,扩大市场的互补性,避免本国产品恶性竞争,减少风险。

第六章 以肉产品为例研究我国农产品出口应对SPS措施的对策

生产经营者要加强国际市场研究，开发新产品，根据不同国家的消费习惯、宗教习俗和动植物卫生检疫标准，制定不同的出口策略，有针对性地开发新产品，借鉴泰国的经验，细分市场，扩大出口，降低风险。

（五）充分发挥行业协会与出口商会的作用

目前我国的肉产品出口存在经营分散、规模小、低价出口、无序竞争等问题，要抓紧建立和完善肉产品出口行业商会、协会与中介组织，对肉产品出口进行协调管理，加强自律机制。以保证公平、公正、公开、有序的肉产品出口秩序。促进企业之间的沟通、交流，在国际市场上树立良好的形象。

行业协会在收集信息，联系政府职能部门与肉产品企业，传递SPS信息，组织企业应对SPS诉讼等方面具有重要作用。行业协会要搭建一个通畅的信息平台，一方面使政府有关部门及时了解肉产品企业的出口经营状况，另一方面使政府掌握的先进信息能够及时传递到肉产品企业，同时使国内各企业之间、国内与国外企业之间能够互通信息，增加信息的利用率。

肉产品出口状况的改变，涉及方方面面，从政府管理到企业经营，从产品生产到法律监管。面对瞬息万变的国际市场，中国肉产品必须不断完善，从宏观管理到微观经营都要随国际形势的变化不断改进，才能使中国肉产品出口尽快摆脱被动局面，与肉产品生产大国的形象相一致。[1]

---

[1] 段辉娜.《实施卫生与植物卫生措施协议》对中国畜产品出口的影响研究［M］.北京：经济科学出版社，2010：100 – 186.

第七章　以茶叶为例研究我国农产品出口应对 SPS 措施的对策

第一节　我国茶叶出口现状

一、我国茶叶的市场现状

茶叶生产和饮用已经历了几千年的历史过程，人们对茶叶的需求也出现了新的要求。这是因为，在社会发展中，一旦人们对衣、食、住、行的要求得到了满足，就特别注重保健和文化生活方面的需求。茶，这种天然保健饮料必将愈来愈受到人们的青睐。与此同时，由于它含有大量的对人体起着一定的保健和防病的成分，更会吸引大量消费者去饮用它。茶叶，已成为人们生活中不可缺少的伴侣。❶

（一）中国茶叶生产现状

我国是茶叶的故乡，加之人口众多，幅员辽阔，因此茶叶的生产和消费居世界之首。我国地跨六个气候带，地理区域东起台湾基隆，南沿海南琼崖，西至藏南察隅河谷，北达山东半岛，绝大部分地区均可生产茶叶，全国大致可分为四大茶区，包括江南茶区、江北茶区、华南茶区、西南茶区。全国茶叶产区的分布，主要集中在江南地区，尤以浙江和湖南产量最多，其次为四川和安徽。甘肃、西藏和山东是新发展的茶区，年产量还不太大。

目前我国茶叶生产呈现以下特点：

首先，茶产量稳步增长，不断开发茶叶精深加工产品。名优茶生产在中

---

❶ 许亚运．绿色贸易壁垒对我国茶叶出口的影响及对策［J］．时代金融，2012（12）．

国各茶叶主产区得到大力发展,许多企业开始致力于实施茶叶品牌战略,不断开发茶叶精深加工产品。为了充分利用茶叶的营养成分,吴裕泰茶叶公司还开设了内府菜,提出不仅要"喝茶"更要"吃茶"。目前,已经在北京开设了两家内府菜餐厅,效益较好。这说明,消费者较为喜欢茶营养食品,关于"吃茶"的概念,企业还需要多宣传,多推出类似的产品。

其次,茶叶产区域分布明显,特色茶区快速发展。红茶主要在广东、云南;乌龙茶主要在福建,花茶区主要在福建、广西、湖南等,名优茶区主要有浙江、湖南、四川、安徽等省及主要的茶区、特色茶产区已经成为我国茶叶发展的新亮点,如新昌的龙井产区,湖南环洞庭湖的银针产区、安溪的乌龙茶区、云南的普洱茶区等。❶

最后,产品结构优化加快。传统茶叶创新速度加快,茶产品结构正在朝优质、有机、特色、质优价廉方向发展,总体结构不断优化。2011年名优茶和质量安全茶叶有明显增加。名优茶总产量53万吨,同比增加4.4万吨,增加9%;总产值308亿元,同比增加49.8亿元,增加19.3%。无公害茶园面积1763万亩,同比增加187万亩,增加11.9%;有机茶园面积136万亩,同比增加17.8万亩,增加15.1%。

(二) 中国茶叶出口现状

1. 茶叶出口形势比较乐观

我国茶叶品种丰富齐全,产茶区域辽阔,是世界茶叶的主要生产国和出口国。近年来,中国茶叶产业得到快速发展,产业规模不断扩大,出口数量和金额屡创新高。据国家统计局发布的统计公报显示,2013年我国茶叶产量195万吨,成为带动全球茶叶产量持续增长的主要原因。2002~2012年,我国茶叶出口从23万吨增长到31.4万吨,出口量稳居世界第二位,出口规模持续增长;出口金额从3.4亿美元增至10.4亿美元。2011年全国茶叶农业总产值接近729亿元,较2010年增加121亿元,增幅超过20%。❷

2. 绿茶、红茶、乌龙茶出口增加,特种茶出口呈下降趋势

茶叶出口规模的不断扩大对提高中国茶叶产业的水平和竞争力、增加茶农收入发挥了重要作用。我国的茶叶出口主要包含了绿茶、红茶和特种茶这三大部分。其中,绿茶出口规模居世界首位,占世界绿茶贸易总量的85%,

---

❶ 许亚运. 绿色贸易壁垒对我国茶叶出口的影响及对策 [J]. 时代金融, 2012 (12).
❷ 中华人民共和国统计局数据库, http: //www.stats.gov.cn/tjsj/ndsj/, 访问时间: 2013年3月。

我国的绿茶销往世界上110多个国家和地区；红茶是现今世界消费的主要茶叶种类，我国红茶的贸易总量超过100万吨，约占世界茶叶总贸易量的75%。

3. 六大市场仍是中国茶叶出口的重点

2010年我国茶叶出口量上万吨的市场依次为摩洛哥、乌兹别克斯坦、俄罗斯、美国、日本、巴基斯坦、阿尔及利亚、贝宁和毛里塔尼亚。上述市场占2010年我国茶叶出口总量、总额的60%和56%。❶ 未来中国茶叶出口仍应把独联体，亚、非地区伊斯兰国家，美国，欧盟，日本和中东等六大市场作为重中之重。我国红茶市场主要集中在欧美国家和中东地区；❷ 特种茶类是我国独有的出口茶品，在国际茶叶市场上占有绝对的市场份额，出口主要集中在美国、日本和欧盟等国家和地区。❸

近年来，我国茶业出口量和出口额不断提高，出口企业在资本、设备、质量、管理和仓储等方面取得较大进步。根据国家统计局的数据，1992~2011年，我国茶叶的生产量、单产、出口量和出口额均在上升，其年均增长率分别为5.84%、2.17%、3.53%和5.80%，比较我国茶叶的产量与出口量（见图7-1和图7-2），可以得知，平均每生产1吨茶叶就有0.294吨茶叶用于出口，2003~2006年出口量占生产总量的比值较大，但2006年之后出口量与生产量比值开始呈现减少的趋势，2013年降到最低16.71%，我国茶叶出口受阻，茶叶更多地开始要转向国内消费。2013年我国茶叶出口同比下降1.23%，主要原因是出口到欧盟和日本的数量减少，因茶叶生产成本提高，2013年茶叶出口总金额为12.47亿美元，同比上升19.64%，出口金额有所提高。❹

我国作为茶叶原产地，茶叶出口一直处于传统优势地位，但是我国茶叶出口在2004年之后不容乐观，虽然出口量和出口额有所提高，但在出口增速方面却低于斯里兰卡、越南、肯尼亚等国家，竞争对手茶叶出口的强势上升使得我国茶叶的国际市场占有率开始下滑，我国不仅丧失了世界最大的茶叶

---

❶ 金德有. 中国应对技术性贸易壁垒策略［M］. 北京：中国标准出版社，2009：200 - 203.
❷ 海关统计咨询网，http：//www.chinacustomsstat.com/aspx/1/NewData/Stat_ Data.aspx，访问时间：2013年3月。
❸ 许亚运. 绿色贸易壁垒对我国茶叶出口的影响及对策［J］. 时代金融，2012（12）.
❹ 中华人民共和国统计局数据库，http：//www.stats.gov.cn/tjsj/ndsj/，访问时间：2013年3月。

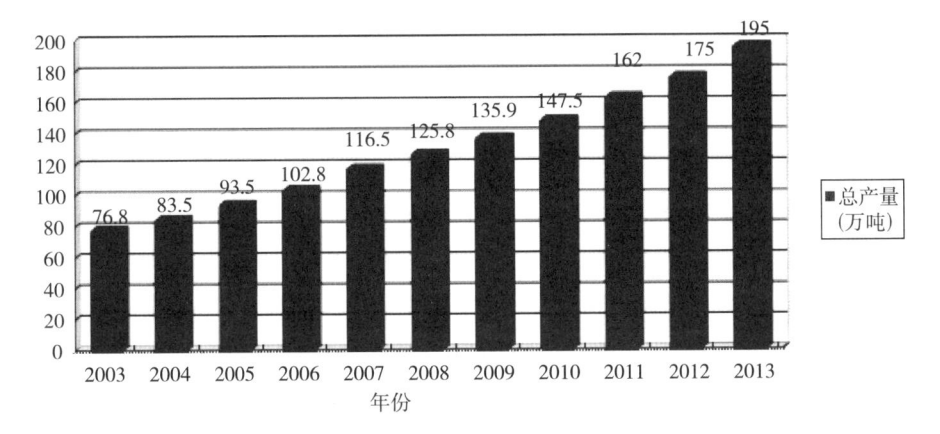

第七章 以茶叶为例研究我国农产品出口应对SPS措施的对策

图 7-1 2003~2013 年全国茶业产量（万吨）❶

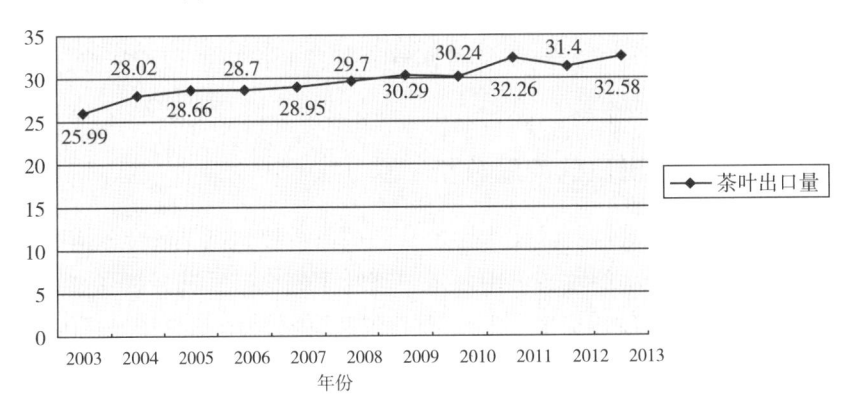

图 7-2 2003~2013 年全国茶叶出口量（万吨）❷

出口国地位，而且面临重重压力，发展前景令人担忧。❸

根据我国茶叶出口产品的出口结构来看，在大、小包装的绿茶出口方面我国"一枝独秀"，2010 年绿茶的国际市场占有率高达 74% 以上，居于主导地位；红茶出口数量长期徘徊不前，乌龙茶、花茶、白茶等其他特种茶类尽管有资源优势，但市场优势还比较薄弱。在与印度、印度尼西亚、肯尼亚以及斯里兰卡出口的茶叶相比较中，绿茶依然是中国最具竞争优势的茶类，我

---

❶ 中华人民共和国统计局数据库，http://www.stats.gov.cn/tjsj/ndsj/，访问时间：2014 年 3 月。

❷ 海关统计咨询网，http://www.chinacustomsstat.com/aspx/1/NewData/Stat_Data.aspx，访问时间：2013 年 3 月。

❸ 周海川，刘合光，杨秀平．我国茶叶出口存在的问题与对策［J］．农业展望，2012（9）：22-26.

国红茶出口的国际竞争力有待提升；大、小包装绿茶在国际市场上均具有比较优势，且大包装绿茶的比较优势更明显，国际市场占有率更高，不过大包装绿茶在2002~2006年的比较优势虽高于其他四国，2007年后却低于斯里兰卡。❶ 在出口单价方面，我国小包装绿茶低于斯里兰卡，略高于印度，大包装绿茶仅高于印度尼西亚，低于印度、肯尼亚和斯里兰卡。这些数据不仅说明了国际上对茶叶的包装需求不同，而且说明我国茶叶出口的溢价能力还比较薄弱，我国茶叶出口正在遭受竞争对手的威胁，需要引起我们的重视。❷

进入21世纪以来，全球茶叶出口贸易格局有所调整，肯尼亚在2005年超过斯里兰卡成为全球第一的茶叶出口国并保持至今；斯里兰卡平均市场占有率为20.25%；中国茶叶的市场占有率为18%左右；印度占有率有所下降；越南作为新兴的茶叶出口国，上升趋势非常强劲。❸ 我国在茶叶的国际竞争中要面对越来越多的挑战，因此要及时调整我国茶叶出口的国际战略，维护好我国茶叶出口强国的地位。

二、我国茶叶出口的问题分析

茶叶出口过程中遭遇到的技术性贸易壁垒都主要包括茶叶生长环境标准、茶叶病虫害防治过程中的农药可用规定、茶叶采摘标准、茶叶加工参数标准、茶叶初加工和精加工环境标准、茶叶产品包装材料标准、茶叶产品农药残留量的标准以及茶叶运输过程的监控等标准。

在茶叶产品方面，农药残留标准至关重要。根据欧盟相关指令法规的规定，当某一特定的植物活性产品被授权为商品并可以流通之后，硫丹在茶叶中的残留限量将按照 0.01mg/kg 来执行，而之前欧盟执行的茶叶硫丹限量为 30mg/kg，也就是说限量标准比原来紧缩3000倍，标准可以说是非常严苛。❹

（一）发达国家的农药残留限量标准

欧盟从2000年7月1日起，大幅度提高茶叶卫生要求，将大部分农药最大残留限量标准降至原来的1/100 ~1/10；在2002年12月16日发布的新标

---

❶ 中华人民共和国国家统计局数据库，http：//www.stats.gov.cn/tjsj/ndsj/，访问时间：2013年3月。
❷ 周海川，刘合光，杨秀平. 我国茶叶出口存在的问题与对策 [J]. 农业展望，2012 (9)：22 – 26.
❸ 陈富桥，姜爱芹，李彦成. 2001~2010年全球茶叶出口贸易格局分析 [J]. 饮料工业，2012 (2)：3 – 7.
❹ 中国技术性贸易措施网，http：//www.tbt-sps.gov.cn/riskinfo/riskanalyse/Pages/riskreport-cn.aspx，访问时间：2013年2月。

准中,绝大部分农药以仪器最低检出限作为最大残留限量标准;在2003年3月14日发布的法规中规定,将从2005年起对未在欧洲登记注册,或没有充分依据说明其残留对消费者不构成危害的农药在食品中的残留量均不得超过最小的"违约标准"。❶

(二) 发达国家的茶叶检验项目

近几年,发达国家规定的茶叶检验项目不断增加。欧盟在2003年的新标准中规定了193种农药项目,比2001年颁布的标准又增加了59项;德国在2003年的新标准中规定了146种农药和有关化合物项目;日本在2003年的新标准中规定了121种农药项目。

(三) 发达国家的技术法规、标准和合格评定程序

欧盟自1993年以来,先后发布了至少15个涉及茶叶中农药残限量的指令;从1991年以来,先后出台了一系列法令和法规,陆续禁止了460种农药在欧盟销售和使用;目前还在对约600种农药进行重新评估和审定;最近又出台了若干关于修订标准的法规和指令,以后将有一系列标准被修订。尽管已经加入了WTO,但是我国茶叶出口在国际贸易中遭受到技术性贸易壁垒的影响却有愈演愈烈之势,这些技术性贸易壁垒无形中提高了茶叶的准入门槛,成为了影响我国茶叶出口最主要的障碍之一。❷

除了欧盟之外,作为传统的亚洲茶叶消费国的日本,于2006年5月正式实施修改后的《食品卫生法》,设定标准的农药从83项增加到了144项;原来600多项没有设定标准的农药现在都有了相应的检测标准,而且采用统一的标准为0.01ppm;检测方法从原来的茶水检测更改为干茶检测,设限外的农残超标就会被视为违法,同时,日本还通过了"肯定列表制度",对于来自中国等发展中国家的茶叶进口设置了严格要求,"肯定列表制度"对进口茶叶共设定了276项限量指标。可见,"肯定列表制度"检测项目非常繁多,标准要求也非常苛刻。我国茶叶出口日本为了符合"肯定列表制度",要经过自检、出口检验和第三方检验等多重检测,这些检验使得企业需要改进生产环境和检测、认证茶叶产品等,增加了出口企业成本,另外,苛刻的标准要求使得出口企业面临废弃或者退货的危险,不合格批次增多便是例证,对我国茶叶出口商造成巨大损失。更为严重的是,日本的"肯定列表制度"引起诸

---

❶ 许亚运. 绿色贸易壁垒对我国茶叶出口的影响及对策 [J]. 时代金融, 2012 (12).
❷ 许亚运. 绿色贸易壁垒对我国茶叶出口的影响及对策 [J]. 时代金融, 2012 (12).

多国家效仿,自其实施以来,美国、欧盟、澳大利亚等国家对其残留检测标准进行制定和修订。❶

三、SPS 措施对我国茶叶出口的影响

SPS 措施对中国茶叶的出口贸易无疑产生了重要的影响。一方面这些 SPS 措施可以在一定程度上提高我国茶叶出口检验检疫标准并逐步改善中国出口茶叶的质量。但是,它对中国茶叶的出口破坏性作用却更加明显。由于我国是一个发展中国家,农业总体发展水平不高,出口产品结构落后,档次较低,一些出口的茶叶在安全和质量方面确实存在各种问题,但是部分发达国家和地区严苛的检验检疫标准却是造成我国茶叶出口受阻的最主要的原因。总体而言,SPS 措施对我国茶叶品出口所产生的负面效应远远大于正面效应。❷ 发达国家和地区中具有代表性的就是美国、日本和欧盟,它们制定的检验检疫条件苛刻、不公正或带有歧视性,导致了我国茶叶无法达到它们所设定的标准,即便我国能够达到这些标准,但是随着技术手段的不断提高,引起成本的增加也会降低我国出口茶叶的国际竞争力,这样的效果就如同征收关税一样。

根据《SPS 协定》的第 10 条"特殊和不同待遇条款"的规定,发达国家和地区对来自发展中国家的相关产品的检验检疫措施和标准是需要分阶段实施的,这也就意味着给予发展中国家一段时间的适应过程,而且根据第 9 条"技术支持条款",发达国家在检验检疫技术上要给予发展中国家技术支持和知识培训,使发展中国家能够进一步提高自身的卫生检验检疫水平。❸ 因此,发达国家和地区设置严苛的技术性贸易措施,变相阻碍国际贸易的正常发展,是完全不符合《SPS 协定》的精神的。

(一) 消极影响

1. 直接导致茶叶出口量下降

欧盟食品中农药残留标准(EC149/2008)于 2008 年 7 月 29 日已经实施,对我国茶叶出口造成了严重的阻碍,而且随着欧盟主要茶叶进口国人均收入

---

❶ 李玲娣. 我国茶叶出口面临的主要贸易壁垒及应对措施 [J]. 中国对外经济,2010 (20):33 - 36.

❷ 李玲娣. 我国茶叶出口面临的主要贸易壁垒及应对措施 [J]. 中国对外经济,2010 (20):33 - 36.

❸ 详见附件《SPS 协定》。

水平的进一步提高，消费者对茶叶的需求将从低价茶转移到无公害茶、有机茶以及符合欧盟农药残留检测标准要求的茶叶。受此项标准的影响，2009年我对欧盟（27国）茶叶出口1.83万吨，金额5997万美元，同比分别下降10.75%和12.39%。❶

2. 致使我国茶叶的市场占有率下降

我国拥有世界23%的茶叶品种，生产的茶叶种类在世界上最齐全。而且我国是茶树原产地，茶叶种植资源具有丰富的遗传多样性，是当今世界上收集茶树种植资源最多的国家。但是2011年国际市场占有率只有19.4%。事实上，随着我国茶叶出口经营权的放开和2006年茶叶出口配额许可证管理的取消，更多企业参与茶叶出口，但茶叶出口处于无序竞争的状态。同时，我国茶叶不但面临欧美、日本等发达国家的知名品牌的竞争压力，而且面临着印度、斯里兰卡等国对我国茶叶出口形成的冲击。

3. 增加了我国茶叶出口成本并削弱农产品的国际竞争优势

SPS措施的实施必然会涉及产品从生产到销售、报废处理的各个环节，它要求将环境科学原理运用到产品的生产、加工、储藏、运输、销售诸环节中，从而形成一个完整的无公害、无污染环境管理体系。为达到进口国严格的环境标准，我国出口茶叶的企业不得不增加有关环境保护的检验、检测、认证和鉴定手续，对生产产品的外观包装出口标签做大幅度调整，从而导致企业支付的相关费用增多，企业产品的内在化环境成本提高，最终推动企业营销成本总体上涨。单纯从价格上看，我国企业将失去原来的低价优势。

4. 改变茶叶出口的地理分布

欧盟、美、日等一直是我国茶叶的重要出口市场，自欧盟实施新的农残限量标准后，美、日、澳、俄等国亦仿效欧盟提高对茶叶农残的控制标准，增加非茶类夹杂物、重金属、放射性物质、黄曲毒素和微生物等项目的检测，对进口茶叶设限，导致我国对这些国家的出口量逐步减少。

（二）积极影响

为了帮助各地茶叶企业和茶农应对欧、日近乎苛刻的"SPS措施"，提高我国出口茶叶的质量安全，从2007年起，中国食品土畜进出口商会就与德国质量服务国际公司联手，在湖南、浙江、安徽、福建、云南等产茶大省共同举办了多期"出口欧盟茶叶质量安全培训"。由德国派来的技术专家深入到茶

---

❶ 许亚运. 绿色贸易壁垒对我国茶叶出口的影响及对策［J］. 时代金融，2012（12）.

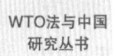

叶生产、加工第一线，向我国茶叶生产商讲解欧盟茶叶标准质量要求、种植加工规范及质量监控体系建设，帮助企业降低及消除潜在的食品安全危险，取得了良好的效果。

正是在政府、商会及企业的共同努力下，2012年以来，我国茶叶的质量有了较大的提高，高端品种出口不断增加，出口市场日趋多元，创历史出口最好业绩。中国食品土畜进出口商会的最新资料显示，在我国茶叶出口量与上年基本持平的情况下，出口平均价格比上年提高了13%～14%；出口创汇比上年提高了14%～15%。❶

第二节 美日欧针对我国茶叶出口的SPS措施分析

一、美国市场针对我国茶叶出口的SPS措施

（一）茶叶出口美国受阻情况

根据中国技术性贸易措施网的通报咨询中心的统计，近年来我国茶叶出口到美国市场的受阻情况如下：

2008年，我国出口到美国的茶叶出口受阻共计13次，具体形式以药物残留超标、产品中含有不安全食品添加剂为主；2009年，我国出口美国茶叶受阻5次，其中3批次是因为食品添加剂不合格，1批次是因为茶叶标签信息不合格，另1批次是因为不符合卫生要求；2010年我国茶叶出口美国受阻7批次，主要是由于标签信息不完整、治病微生物和未注册审批的原因导致受阻；2011年和2012年我国茶叶出口美国受阻情况有所缓和，两年共有8批次受阻，都是由于标签和农药残留不合格导致的受阻。❷

（二）美国有关茶叶中农药残留的规定

美国关于茶叶中的杀虫剂、除草剂和杀真菌剂的含量标准要求需要符合美国环境保护总署的规定，美国环境总署还制定了一个以健康为基准的严苛标准。这个标准主要是针对食品中的农药残留限量，该标准不分等级适用于

---

❶ 许亚运．绿色贸易壁垒对我国茶叶出口的影响及对策［J］．时代金融，2012（12）．
❷ 中国技术性贸易措施网，http://www.tbt-sps.gov.cn/riskinfo/riskanalyse/Pages/riskreport-cn.aspx，访问时间：2013年2月。

未加工和加工食品。其中，关于茶叶农药残留限量的标准可以在美国联邦法典（CFR）第40篇的第180章查到，美国针对茶叶制定的农药最高允许残留量较少，只对5种农药有限制，分别是草甘酸、蚊蝇醚、氟酮唑草、克螨特和苯基甲醇。❶

（三）美国食品药品管理局（FDA）的其他限定❷

2002年9月，FDA颁布了新的食品反恐规定《2002年公众健康安全和生物恐怖主义防范与应对法》。该规定要求从2003年12月12日起，美国国内和国外从事食品生产、加工与包装储存，供美国居民和动物消费的食品企业必须向FDA办理登记注册手续，否则其产品将被美国海关扣留，并将面临其他的严重后果。

二、日本市场针对我国茶叶出口的 SPS 措施

日本不仅是茶叶消费大国，也是我国茶叶的主要出口市场。中日之间的茶叶产品贸易在双方的国际贸易中都占有重要的地位。进入21世纪之后，日本市场对进口食品的质量和安全要求愈发苛刻，所设置的检验检疫标准也极为严苛。2006年6月，日本实施"肯定列表制度"之后，我国茶叶出口日本频繁受阻，这给我国茶叶出口造成了很大的损失。

（一）茶叶出口日本受阻情况

中日茶叶贸易有着悠久的历史，但近年来，日本频繁修订国内的食品卫生法对中日茶叶贸易产生了较大的负面影响。从2002～2009年中国对日茶叶出口可谓一波三折，自从2002年后，中日茶叶贸易出现两次大的滑坡，一次是2002～2003年，另一次是2004～2009年。这两次滑坡出现的关键节点正是日本修改《日本食品卫生法》中有关茶叶进口标准和"肯定列表制度"出台的时间。日本在2001之后连续三年修改《日本食品卫生法》，三次的修改使得日本对茶叶农药残留限量标准越来越严苛，严重影响了中国对日本的茶叶出口贸易。而自从2006年日本在"肯定列表制度"中对茶叶的农兽药残留限量标准做了严格的规定之后，中国茶叶出口到日本市场的贸易额出现了明显的下滑。过于严格的检测标准导致中国大量茶叶未能达到日方要求而受阻。

---

❶ 中国技术性贸易措施网，http://www.tbt-sps.gov.cn/riskinfo/riskanalyse/Pages/riskreport-cn.aspx，访问时间：2013年2月。

❷ 李先德，汤成超．中国农产品出口市场指南——美国［DB/CD］．北京：商务部对外贸易司，2005．

(二) 日本有关茶叶中农兽药残留标准的规定

日本有关茶叶中农兽药残留的标准的规定,主要记载于《食品中残留农业化学品肯定列表制度》即"肯定列表制度",该标准已经于 2006 年 5 月正式实施。"肯定列表制度"中关于茶叶农业化学品❶限量标准共有 510 条,其中暂定的标准有 368 条,这些标准中有 142 条主要涉及农药残留、兽药残留和食品添加剂残留限量标准等。同时,新的《食品卫生法》对茶叶农残限制发生了些许变化,例如设限农药残留由 83 种增加至约 144 种;设限以外的农药残留全部采用的限量标准均为 0.01ppm;运用干茶法进行检测等。❷ 日本对那些没有设限的农药采取非常严苛的标准和检测方法,极大地增加了我国出口茶叶被检出的概率,由于违禁被追究的可能性非常大,因此已经严重影响到我国对日本的茶叶出口贸易。

2012 年 8 月 20 日,日本对"肯定列表制度"中的农药残留限量做了最新修订,设定了螺甲螨酯、联苯菊酯、布洛芬和氟虫脲等在茶叶中的残留标准。从表 7-1 可以看出修订后的标准不仅增多,而且更加严苛。

表 7-1　日本肯定列表中茶叶农业化学品限量标准修订❸

农药名称	残留标准值(修订后)ppm
氟虫脲	15
布洛芬	5
联苯菊酯	25
螺甲螨酯	30
艾克敌	2

(三)"肯定列表制度"对我国茶叶出口的影响

首先,我国对日本出口的茶叶风险越来越大。

我国茶叶出口到日本市场受阻增加,其主要原因和"肯定列表制度"中关于农产品出口贸易的相关规定息息相关,主要有两点:第一,所有出口到日本的茶叶不仅需要出具出口国检验检疫机构所签发的卫生证明文件,同时

---

❶ 日本肯定列表中农业化学品包括农药、兽药和饲料添加剂。
❷ 中国技术性贸易措施网,http://www.tbt-sps.gov.cn/riskinfo/riskanalyse/Pages/riskreport-cn.aspx,访问时间:2013 年 2 月。
❸ 中国技术性贸易措施网,http://www.tbt-sps.gov.cn/riskinfo/riskanalyse/Pages/riskreport-cn.aspx,访问时间:2013 年 2 月。

第七章 以茶叶为例研究我国农产品出口应对SPS措施的对策

还需要接受并且通过日本政府方面对出口到日本的茶叶抽检，对于任意抽检不合格的茶叶均采取废弃或者退回出口国的方式来处理；第二，出口国同一批次的茶叶若是在抽检中有超过两次不符合相关的标准，该种食品则会被界定为具有高风险性的食品，同时需要接受高风险性食品所要接受的严格强制性检查。❶

由此可知，我国茶叶出口日本风险增大主要原因有两个：第一，检查项目增加。我国出口到日本的茶叶为了符合"肯定列表制度"要求需要经过日方进口检验等多重检测和进口商指定的第三方检验等，而这些过程的增加会间接或者直接地使得我国出口到日本的茶叶成本上升，并最终导致了我国茶叶的国际竞争力的直线下滑。第二，退货数量增加。由于"肯定列表制度"中关于对向日本出口的农产品的要求和标准极为苛刻，即便我国对日本出口的茶叶或者其他农产品经过了多重自检和他检，要顺利通过日方进口检验的概率并不容易，而一旦抽检不合格，整批茶叶将会面临废弃或者退货的危险，这都将对我国茶叶出口造成非常大的损失。❷

其次，我国茶叶在价格方面的竞争优势严重受损。由于茶叶本身在价格方面的需求弹性相对偏小，加之检测、运输、风险等方面使得我国出口到日本茶叶的成本激增，这就必然会导致我国出口到日本的茶叶价格日益上升。中国茶叶在价格方面的竞争优势不复存在，中国茶叶出口企业的利润流失，企业的整体出口能力受到重创，对我国茶叶出口市场造成了不小的损失。

最后也是最重要的一点，"肯定列表制度"带来了全球范围内的多米诺骨牌效应。自2006年5月正式实施以后，美国、澳大利亚、加拿大和欧盟等国家和地区也纷纷效仿日本对"肯定列表制度"的修改，对来自其他国家和地区的农产品的残留检测标准进行了相应的修改或制定，修改或制定后的标准较之以前的标准更加严苛，这些制度和标准的制定和实施给我国茶叶出口带来的不利影响更是致命性的。❸

---

❶ 孙龙中，徐松．技术性贸易壁垒对我国农产品出口的影响与对策［J］．国际贸易，2008：45-47．

❷ 陈玉成．技术性贸易壁垒对我国茶叶出口的影响及对策——基于日本"肯定列表制度"［J］．中国商贸，2012（10）：16-22．

❸ 陈玉成．技术性贸易壁垒对我国茶叶出口的影响及对策——基于日本"肯定列表制度"［J］．中国商贸，2012（10）：16-22．

三、欧盟市场针对我国茶叶出口的 SPS 措施

（一）茶叶出口欧盟市场的受阻情况

根据中国技术性贸易措施网的通报咨询中心的数据统计，近年来我国茶叶出口遭遇欧盟扣留的事件频发：

2008 年出口欧盟受阻的 11 批次茶叶产品中，有 7 批次因为茶叶中含铅过量，因为扑虱灵和二苯胺、砷、氰戊菊酯和高效氰戊菊酯药物残留超标各占 1 批次，还有 1 批次因为茶叶中含有昆虫尸体；2009 年同样有 7 批次茶叶受阻，主要是由于滋生昆虫、含有治病微生物和重金属污染等原因；2010 年也有 7 批次的茶叶因为辐照、滋生昆虫、含有治病微生物和农兽药物残留标准不合格等原因受阻；2011 年则有 5 批次中国出口的茶叶产品通报受阻，主要是由于农兽药残留标准不合格；2012 年中国茶叶出口欧盟受阻的批次激增，达到 35 批次，其中有 32 批次的受阻是由于农兽药残留标准不合格，其他一些受阻原因是由于茶叶的标签和品质不合格。❶ 显然，欧盟在 2012 年提高了对我国茶叶出口的检验检疫标准和要求，使得我国大量批次的茶叶出口受阻。

由于欧盟有关农药残留标准涵盖了几乎所有农业化学品的管理，设限众多、标准极其严格，对我国的茶叶出口造成了极大的不利影响。我国在茶叶出口欧盟的过程中多次受阻，和欧盟制定的苛刻的农药残留标准有着密不可分的关系。

（二）欧盟关于茶叶中农药残留的规定及其影响

2007 年 7 月 3 日，欧盟理事会修订了有关啶虫脒、二甲戊乐灵、吡蚜酮、唑菌胺酯和噻虫啉等农药的最大残留限量标准。如下表 7－2，这次修订增加了茶叶汇总欧盟有关啶虫脒、二甲戊乐灵、唑菌胺酯和噻虫啉允许的最大残留限量。

2008 年 1 月 28 日欧盟颁布了新的食品的农药残留标准并于 2008 年 7 月正式实施。在这些新的农药残留标准中，与茶叶相关的共计 390 个标准（分别记载于法令的附录 2 和附录 3），附录 2 是已颁布法令中的 220 个标准，附录 3 包含了 170 个临时标准，这 170 个标准是在之前的农药残留标准中都未曾规定过的，新法令中有关茶叶的农药残留标准包括二溴乙烷、滴丁酸、二嗪

---

❶ 中国技术性贸易措施网，http：//www.tbt-sps.gov.cn/riskinfo/riskanalyse/Pages/riskreport-cn.aspx，访问时间：2013 年 2 月。

第七章 以茶叶为例研究我国农产品出口应对SPS措施的对策

表7-2 2007年欧盟关于茶叶中农药最高残留限量规定❶

名称	修订限量（mg/kg）	修订前限量（mg/kg）
啶虫脒	0.1	—
二甲戊乐灵	0.1	—
唑菌胺酯	0.05	
噻虫啉	0.05	
吡蚜酮	0.1	0.1

磷和氟胺氰菊酯的残留标准都有一定程度的提高。❷ 同时，新法令中有关茶叶的170种新增农药中，绝大部分是新型农药，其中鱼藤酮、除虫菊素和印楝素与茶叶生产关系较大，属于植物源类农药，在茶园中并没有限制使用，有机茶园中也可以使用，遗憾的是在新法令中也被列入名单，萎锈灵、唑螨酯、哒螨灵、赤霉酸和西玛津❸在新法令中也有列入，硫元素和铜元素的新标准中分别定为5mg/kg和40mg/kg，这对我国广为应用的石硫合剂和含铜的杀菌剂产生很大的影响。❹

2012年7月4日，欧盟592号文件中新颁布了茶叶中噻螨酮的4mg/kg标准，同时在2012年7月2日的欧盟582号文件中对联苯菊酯进行了专门讨论，并批准在2019年7月31日才可正式使用。欧盟通过两年的广泛调查和检测发现欧洲的食品（包括茶叶）和饲料中普遍含有具有杀菌活性的季铵类化合物，现已正式规定了氯苄烷铵和二癸基二甲基氯化铵两种化合物的残留标准为0.01mg/kg，这两种化合物主要用于灭菌和消毒之用。经市场抽样结果，大量样品中的含量都高于0.01mg/kg，所以目前先出台一个临时指导性的0.5mg/kg。❺ 在2012年8月28日欧盟通过了37种农药残留标准的修改意见，如表7-3所示，许多农药残留的标准将进一步降低。其中十三吗啉的标准将由20mg/kg

---

❶ 陈宗懋. 欧盟近期关于茶叶出口中农药残留和其他污染物的信息［J］. 中国茶叶，2012（10）：4-5.

❷ 孙新涛，林乃铨，周先治.《SPS协定》下的欧盟茶叶农药残留新标准解读［J］. 中国农学通报，2011（8）：119-122.

❸ 萎锈灵是一种内吸性杀菌剂，主要用于茶饼病的防治；哒螨灵是防治茶叶害虫常用的药剂；赤霉酸是茶叶生长调节药物；西玛津是取代脲类除草剂。

❹ 陈宗懋. 欧盟近期关于茶叶出口中农药残留和其他污染物的信息［J］. 中国茶叶，2012（10）：4-5.

❺ 陈宗懋. 欧盟近期关于茶叶出口中农药残留和其他污染物的信息［J］. 中国茶叶，2012（10）：4-5.

降为 0.05mg/kg，二氯喹啉酸也由原来的 0.1mg/kg 降为 0.05mg/kg，欧盟的农药残留标准越来越严苛。❶

表 7-3　2012 年欧盟关于茶叶中农药最高残留限量规定❷

名称	修订限量（mg/kg）	修订前限量（mg/kg）
甲萘威	0.05	0.1
丁硫克百威	0.05	0.1
杀螟硫磷	0.05	0.5
呋线威	0.05	0.1
灭锈胺	0.05	0.1
久效磷	0.05	0.1
甲拌磷	0.05	0.1
伏杀磷	0.05	0.1
腐霉利	0.05	0.1
丙溴磷	0.05	0.1
二氯喹啉酸	0.05	0.1
敌百虫	0.05	0.1
十三吗啉	0.05	20
氟乐灵	0.05	0.1

自 2000 年欧盟实施逐渐严格的农药残留标准以后，对我国茶叶出口影响显著。2008 年欧盟决定将硫丹在茶叶中的残留限量从 30mg/kg 调整为 0.01mg/kg，这一新标准把原先的检测标准缩减了 3000 倍，硫丹是农业部门在我国茶叶产业推广使用的 20 余种农药中的一种，在全国广泛使用，除了少量有机茶外，大部分出口到欧盟的茶叶的硫丹残留量都没有办法达到欧盟的这一新标准。❸ 因此，欧盟严苛的农药残留标准对我国茶叶出口到欧盟市场造成了相当严重的影响。

---

❶ 中国技术性贸易措施网，http：//www.tbt-sps.gov.cn/riskinfo/riskanalyse/Pages/riskreport-cn.aspx，访问时间：2013 年 2 月。

❷ 陈宗懋．欧盟近期关于茶叶出口中农药残留和其他污染物的信息［J］．中国茶叶，2012（10）：4-5．

❸ 孙新涛，林乃铨，周先治．《SPS 协定》下的欧盟茶叶农药残留新标准解读［J］．中国农学通报，2011（8）．

四、中国茶叶出口频受 SPS 措施制约的原因分析

（一）《SPS 协定》条款不完善

《SPS 协定》的双重性决定了 SPS 措施的存在，尤其目前，《SPS 协定》条款还很不完善，其内容主要是对动植物卫生检疫进行原则上、建议性的规定，较少对具体细节进行明确和详尽的描述，每个成员在应用《SPS 协定》时都有很大的选择空间，可以根据自身的利益选择 SPS 措施实施的最佳角度。由于不同的选择角度，贸易双方就极易发生纠纷。❶

1. 条款语言模糊

《SPS 协定》在动植物检疫方面的规定大多是原则上、建议性的规定，很多条款的语言模糊，缺乏详尽的描述，这增加了各成员在应用时的自由度。由于规定的不明确，削弱了 WTO 的监督能力。在对发展中国家提供技术援助及特殊和差别待遇方面，条款用词模糊，没有对发达国家进行强制规定，只是建议发达国家考虑发展中国家的状况。至于发达国家在实施 SPS 措施的时候是否考虑这一状况，在哪些方面，多大程度上给予不同待遇，《SPS 协定》没有规定，因此 WTO 也无法进行监督和要求。这些条款的实施完全由发达国家自己决定。❷

2. 条款规定不明确

《SPS 协定》在很多规定上，缺乏明确的描述，致使有的成员在不违反《SPS 协定》的前提下，滥用条款，对本国产业和市场进行保护。

《SPS 协定》对科学依据的规定中没有对"科学原理"进行明确描述，发达国家可以凭借其经济实力，提高科学标准，借此规定对发展中国家的检疫措施和规定妄加评论。如果这些发展中国家没有能力提出足够的科学依据，则其有关检疫措施将面临被迫取消的压力。"各成员的卫生与植物卫生措施应根据现有的国际标准、准则或建议制定"，这一条款对于各成员所采取的卫生措施进行了指导，并没有对成员采用何种标准进行强制要求，这相当给予了各成员自由选择动植物卫生检验检疫标准的权力。针对各成员的卫生检验检疫标准不同的状况，《SPS 协定》要求各成员所采用的卫生检验检疫措施要根

---

❶ 段辉娜.《实施卫生与植物卫生措施协议》对中国畜产品出口的影响研究 [M]. 北京：经济科学出版社，2010：168 – 172.

❷ 段辉娜.《实施卫生与植物卫生措施协议》对中国畜产品出口的影响研究 [M]. 北京：经济科学出版社，2010：168 – 172.

据现有的国家标准，这样很多成员尤其是发达国家或地区，便有理由选用有利于自己的检验检疫标准。

另外，对风险评估的规定也很不明确，例如对风险的评估是进行定性分析还是定量分析，风险达到何种程度就可以实施 SPS 措施。这种原则性的规定，给了各成员非常大的自主权，目前很多成员实行"零风险"或"无风险"的做法，一旦不能达到规定，就视为可以实施 SPS 措施；或者对是否实施 SPS 措施的风险临界值规定得很低，而且很多成员在进行风险评估的时候进行定性分析，不经过详细的统计调查，这样就降低了 SPS 措施的门槛，凸显了 SPS 壁垒的实施。

（二）中国茶叶出口体系的问题

中国茶叶出口体系存在的问题，是导致茶叶产品出口频受 SPS 制裁的主要原因之一。

1. SPS 管理体系混乱

目前我国的 SPS 管理体系还很不完善，在管理体制上、法律法规上、标准体系建设上等都存在严重不足。

（1）多头管理，缺乏协调

SPS 管理涉及多个政府部门，各部门分别按照各自的职能管理各自业务。管理部门间缺乏有效沟通和合作机制，还没有能形成协调统一、一致对外的管理机制。比如国务院批准成立了由国家质检总局牵头，各相关部门参加的技术性贸易壁垒措施部际联席会议机制，而在参加联席委员会会议时，却一直是由商务部牵头。我国加入 WTO 后，商务部只邀请国家质检总局参加 WTO 委员会会议，会前往往缺乏与其他部门的协调。只有国家质检总局发函向其他部门征求意见。会议结束后，有关会议讨论的情况、委员会的建议、国际上管理条款的新动向等也不向其他部门进行通报和反馈。因此，我国尚未形成内部协调、一致对外的有效机制。这种情况一直持续到我国入世 3 年后，在第三十一次会议时，在国家质检总局的强烈建议下，中国代表团才第一次吸收了农业部、卫生部和国家食品药品监督管理局的人员参加会议。[1]

中国的动植物检验检疫体制也很混乱，缺乏统一性，检疫机构分立，导致动植物检疫管理职能分叉，制度重复建设，各机构自成体系，动植物检验

---

[1] 段辉娜.《实施卫生与植物卫生措施协议》对中国畜产品出口的影响研究［M］. 北京：经济科学出版社，2010：168 - 172.

检疫工作无法高效地实施。

(2) 法律法规体制漏洞多、效能低

新中国成立以来,中国在动植物卫生检验检疫方面的法律法规逐渐建立和完善起来,但是缺乏对出入境动植物检验检疫法律的理论基础和体系建设进行全面的梳理和深入的研究。随着国际经济一体化的发展,出现了许多与《SPS 协定》相冲突的问题。

首先是法律程序性规制不足。动植物检疫和食品安全由国家行政主管部门负责管理,理应把行政程序作为立法的重要部分和执法的必要依据,但是我国的相关立法却恰恰缺乏对此的规定。法律只赋予了检疫机构享有检验检疫的实体权利和程序上的原则性规定,缺乏程序上的可操作性的规制,程序上的缺失将间接或者直接导致争端的产生。❶

其次是检疫法规的不健全。我国法律关于动植物检验检疫的部门较少,且不健全,法律法规也不能做到与时俱进,法律陈旧,不能适应现代国际经济形势,不但不能有效规制动植物检验检疫,而且还会产生拖后腿的现象。《中华人民共和国进出境动植物检疫法》及其实施条例分别自 1992 年 4 月 1 日和 1997 年 1 月 1 日起正式实施,2001 年我国加入 WTO 后,经济快速发展,动植物及其相关产品的对外贸易逐年增加,国内外的动植物卫生状况和防疫形势发生了很大的变化,但是该法及其实施条例却鲜少做过修改。从目前的情况来看,有些条款已经不适应市场经济发展的需要,与国际通行规则难以接轨,与《SPS 协定》以及 OIE 等相关国际组织的标准、准则和建议存在一定的差距;有的条款与《SPS 协定》不相适合,甚至有悖于《SPS 协定》的相关原则,严重制约了我国进出境动植物检验检疫的进一步发展。立法中缺乏对动植物检验检疫的风险评估,不符合《SPS 协定》的要求,根据《SPS 协定》附件 A 第 4 段,风险评估可以分为两种:一是对一种害虫或疫病进入一个进口方成员领土定居或传播的可能性,以及可能的生物和经济后果的评估;另一种是对因食物、饮料或饲料内的添加剂、毒素或致病生物而引起的对人类或动物健康的可能的负面效应的评估。《SPS 协定》还明确了用以评估对人类、动物或植物生命或健康风险的明确标准。我国的立法中缺乏这样的

---

❶ 段辉娜. 《实施卫生与植物卫生措施协议》对中国畜产品出口的影响研究 [M]. 北京:经济科学出版社,2010:168 – 172.

风险评估程序，在多边贸易中可能会因此而蒙受损失。❶

最后是法律执行力差。我国动植物检验检疫手段落后，设备不足，从业人员少而且专业水平有待提升，在贸易争端的申辩、谈判过程中明显处于劣势。长期以来，我国的动植物检验检疫经费一直在植物保护费、森林保护费和国有农场生产费中安排，只有特大疫情的防治费才可由国家酌情予以补助。由于专项资金十分有限，而大部分资金分配到植物保护领域，用于动植物检验检疫的资金非常少，无法保障特大疫情的防治。没有稳定的经费作为支持，导致了国内动植物检验检疫效能低下。我国应该遵循WTO规则，根据《SPS协定》的有关原则和OIE等相关国际组织的有关规定，审视我国出入境检验检疫法律体系建设的问题，以及现行的相关法律规范和检验检疫制度，构筑与国际接轨的、科学的、合理的和完善的出入境动植物检验检疫法律体系。

（3）风险预警和快速反应管理机制的缺失

到目前为止，我国还没有建立起有效的风险预警和快速反应机制。只有当危害性因素对人类生命、动物卫生和植物保护造成实质性危害后，才开始采取措施，而且这些措施的实施往往是孤立且互不关联的、临时性而非制度性的。

（4）标准体系混乱

目前，我国农产品质量存在不同的标准体系。既有国家标准、地方标准和行业标准，又有无公害产品标准、绿色食品标准和有机食品标准等，现行标准体系多，类别名杂，而且没有制定统一的分级标准，因而不适应市场经济的发展，不利于优质农产品的开发，阻滞了农产品市场的发育和成长。同时，不同的标准体系之间检测、管理又分属不同的机构，认证缺乏权威性，而且在认证过程中存在许多乱收费，认证不规范，执行不严格等现象，这严重地挫伤了种植户从事标准化生产的积极性，降低了消费者对标准化产品的信任度，使得农产品标准化的工作大打折扣。❷

2. 茶叶企业自身的不足

（1）我国茶叶出口企业科技创新意识不强

由于茶叶产品行业的标准及监管体系不完善，产茶企业又比较分散，难

---

❶ 段辉娜．《实施卫生与植物卫生措施协议》对中国畜产品出口的影响研究［M］．北京：经济科学出版社，2010：168－172.

❷ 段辉娜．《实施卫生与植物卫生措施协议》对中国畜产品出口的影响研究［M］．北京：经济科学出版社，2010：168－172.

以形成规模效应,致使先进生产加工技术的引进很缓慢,目前茶叶产品的技术水平较低,茶叶出口主要以初级产品为主,技术含量和产品附加值较低,面临着国际市场的激烈竞争以及各国实施的技术性贸易壁垒措施,我国茶叶及附属产品缺乏足够的竞争力。

(2) 茶叶出口经营主体实力较弱

茶叶企业现代化经营意识很弱,只注重成本的降低和产量的提高,而忽视发展前景。大部分茶叶出口企业只注重眼前利益,缺乏长远打算,经营管理理念与工业企业有较大的差距,与国际先进管理方式差距更大。企业自身的检疫检测机制不健全,缺乏市场风险意识,信息管理机制不健全,不能及时捕捉国际市场风向变动的信息。我国茶叶出口产品存在质量隐患,国际市场的"门槛"在不断提高,而茶叶出口产品的质量如果没有相应的改善,我国茶叶产品在国际市场上一定会频频受阻。

(3) 我国茶叶行业的生态环保意识较差

随着经济的发展,各国政府及公民越来越重视身体健康和均衡营养,于是各个发达国家逐渐实施了各项食品卫生标准、检验检疫标准等,使得我国茶叶产品因为质量、包装等问题频频退出国际市场。

第三节 我国茶叶出口应对SPS措施的对策建议

《SPS协定》主要涉及动植物及其相关产品的进出口检验检疫规则,茶叶出口必然会受到《SPS协定》的规制,各国应该在《SPS协定》下制定相应的卫生与植物卫生措施标准,不应该制定苛刻的检验检疫标准变相限制他国产品的进口。为应对发达国家和地区的SPS措施,我国可以利用《SPS协定》中的相关条款,有理有据地维护好我国茶叶出口贸易的正常发展。

一、"适当"——利用《SPS协定》的等效条款

《SPS协定》中的等效条款是一个互利互惠的条款,目的主要是取消进口国的边境检验及其他相关程序,使获得等效承认的出口国的产品在经出口检验后能够自由地进入进口国的市场,这样可减少因重复检验带来的支出费用,提高产品消费者和生产者的福利。利用等效条款实质上就是通过实施这一条款来促使各成员方的卫生和植物卫生标准或保护水平能够不断趋同,同时在

实现这一目标的过程中，允许各成员方根据其自身国情采取不同的卫生与植物卫生措施。❶

《SPS协定》鼓励和推荐成员方能够采用国际统一标准，同时也允许成员方采取高于国际标准的措施，前提是基于科学证据表明实施国际标准无法达到其适当的保护水平。❷根据目前我国茶叶出口贸易的形势，我国在利用《SPS协定》的等效条款应对SPS措施时，可以考虑以下对策：

首先是要完善我国的卫生安全体系，制定符合我国经济和社会发展水平的保护标准。低下的保护水平和薄弱的卫生安全体系，是没有办法取得其他国家或地区对我国出口产品的信赖和认可的，适当的保护水平和可靠的卫生安全体系不仅能够保障国民免受存在卫生安全隐患的农产品的损害，同时也是我国接受其他成员方的相关茶叶产品等效承认的前提。需要明确的是，我国所要确立的适当保护水平应当符合我国的经济和社会发展水平。❸

其次，加强我国相关卫生行政许可制度的建设，加快与茶叶认证相关的卫生与植物卫生的措施、国家和行业标准的制定和修订进程，提高我国卫生检验检疫技术。为了促进我国有关等效问题的双边和多边谈判，就必须要求我国的卫生行政许可机构和相关检验检疫部门做好《SPS协定》的等效条款以及《关于适用〈SPS协定〉第4条的决议》规定的程序和受理其他成员方的等效承认的申请准备。在茶叶出口认证方面，我国要加快相关的国家及行业标准、有关技术法规的制定、修订进程，尤其是相关农兽药残留标准的完善和使用规范，同时，我国可以和几个茶叶出口大国例如肯尼亚、斯里兰卡、印度尼西亚和印度等共同制定统一的茶叶认证的国际标准体系，使茶叶认证标准层次分明并具有国际公信力，在实际工作中具有可操作性。❹

最后，积极开展对外交流。要广泛收集整理成员方特别是一些我国茶叶的主要进口成员方的保护水平、卫生安全标准和卫生与植物卫生措施的实施信息，并与我国的保护水平、卫生安全标准和卫生与植物卫生措施进行比较

---

❶ 师华. 《SPS协定》中"等效"条款的最新解释及我国的对策 [J]. 法学，2007（6）：107－116.

❷ 师华. 《SPS协定》中"等效"条款的最新解释及我国的对策 [J]. 法学，2007（6）：107－116.

❸ 赵丹宇. 中国食品卫生标准与CAC标准接轨问题的探讨 [J]. 中国食品卫生杂志，2004（2）：2－5.

❹ 师华. 《SPS协定》中"等效"条款的最新解释及我国的对策 [J]. 法学，2007（6）：107－111.

分析。在此基础上，如果发现我国茶叶对实施的卫生与植物卫生措施达到的保护水平不低于进口成员方的保护水平，就可以考虑向该成员方申请等效承认，推进双边和多边互认工作，增强互信互惠，这样可以大大减少我国茶叶出口过程中被检出的几率。❶

二、"适时"——开展风险评估

根据《SPS协定》的规定，风险评估是指"根据可能适用的卫生与植物卫生措施评价病害或虫害在进口成员国领土内传入、传播或定居的可能性，以及评价相关潜在的生物学后果和经济后果；或评价饲料、食品或饮料中的毒素、致病有机体、添加剂或污染物对人类或动物的生命健康所产生的潜在不利影响。"❷

风险评估是制定科学合理的卫生与植物卫生措施的基础。《SPS协定》的第2条第1款规定，各成员有权采取为保护人类、动植物的生命或健康所必需的卫生与植物卫生措施，并且不能与《SPS协定》的规定相抵触。该条规定了成员方采用卫生与植物卫生措施的目的，还规定了这些措施的表现形式，包括所有相关的法律、法规和法令，也特别列举出了一些标准、方法、程序和要求等。成员方在制定这些相关措施时必须考虑进行风险评估。《SPS协定》第3条第1款规定："为在尽可能广泛的基础上协调卫生与植物卫生措施，各成员的卫生与植物卫生措施应依据现有的国际标准或建议制定和修改，除非另有规定。"❸该条第3款指出了在符合一定的条件下成员方可以采取比国际标准更高水平的保护措施，同时，协定也规定了在有"科学理由"的情况下需要对有关风险的科学信息进行科学评价，否则不能作为"科学理由"在WTO进行举证。❹

我国在茶叶出口过程中应对SPS措施应当建立在风险评估的基础上，由于我国的风险评估机制还不够完善，所以这使得我国在应对美国、日本和欧盟的SPS措施或在WTO举证的时候产生了不利影响。我国主要有TBT、SPS通报预警和国外相关法律标准的及时通报等途径来减少我国出口受阻的风险。就茶叶出口而言，根据我国茶叶出口受阻的现状，我国需要针对农兽药残留

---

❶ 赵丹宇．中国食品卫生标准与CAC标准接轨问题的探讨[J]．中国食品卫生杂志，2004（2）：2-5.
❷ 刘思文．浅析《SPS协定》中的风险评估[J]．合作经济与科技，2011（3）：11-15.
❸ 详见《SPS协定》。
❹ 刘思文．浅析《SPS协定》中的风险评估[J]．合作经济与科技，2011（3）：11-15.

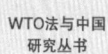

标准进行独立的预警和详细分析，聘请相关茶叶方面的专家学者进行相关的评估，这样一来可以应对这些发达国家未来可能继续出台的检验检疫标准，保护我国茶叶出口企业的合法权益。

三、"适地"——划分病虫害非疫区和低度流行区

划分病虫害非疫区和低度流行区是WTO的各成员方博弈的产物，体现了价值上的平衡。一方面，成员方要保护本国或本地区的人员或动植物免受其他国家和地区的病虫害和疾病的威胁，实现这一目标的最有效、最直接的方法就是阻止其他地区之货物或人员的进入。另一方面，成员方希望促进出口，发展国际贸易。建立病虫害非疫区和低度流行区的同时，赋予各个成员方根据自身适当保护水平的需要确定合适的自由贸易地区的权利，平衡这些价值是有利于国际贸易的自由发展的。❶

我国地理环境比较复杂，幅员辽阔，地区间的自然环境条件差异较大，而且地区间社会经济发展水平参差不齐，直接导致了各地区的卫生与植物卫生状况差异较大。为此，在我国推行建立病虫害非疫区或低度流行区工作确实必要，而且病虫害非疫区或低度流行区建成之后，不能坐享其成，而是应该努力获得国际社会特别是进口国对这些地区的承认，否则，建立病虫害非疫区或低度流行区对于突破进口成员的有关技术性贸易壁垒不会有任何帮助，也就根本不会对国际贸易有任何促进作用。❷ 为此，我国应当采取以下对策：

第一，根据我国的实际国情，稳步推进动植物病虫害非疫区的管理和建设工作，为接下来开展向进口国申请病虫害非疫区或低度流行区的承认工作打好基础。在《SPS协定》第2款规定的基础上，我们可以根据流行病监测、生态系统、地理环境以及卫生与植物卫生控制的有效性等因素来确定病虫害非疫区或低度流行区。此外，还可以考虑根据相关国际标准、指南或建议及进口成员的动植物检验检疫标准的要求来建设我国的病虫害非疫区或低度流行区。

第二，积极参与卫生与植物卫生委员会就第6条适用问题所召开的相关会议和讨论并继续加强和世界动物卫生组织、国际植物保护公约组织的交流

---

❶ 师华. 论WTO《SPS协定》"适用地区"条款及我国的对策[J]. 暨南学报，2012（7）：1-3.

❷ 师华. 论WTO《SPS协定》"适用地区"条款及我国的对策[J]. 暨南学报，2012（7）：4-7.

合作。参与委员会的讨论能最大程度上争取有关第 6 条适用的决议能够满足我国的国家利益。同时,加强与各类国际组织的交流合作能使我国在第一时间获得这些组织的最新动向,并使某些国际标准或建议在一定程度上更符合我国社会的经济发展水平。

第三,深入研究其他成员方的卫生和植物卫生的标准,尤其是我国主要茶叶进口国和地区的卫生和植物卫生状况和保护水平,进一步加强与这些国家和地区之间病虫害非疫区或低度流行区承认的谈判力度,争取获得这些国家和地区对我国相关病虫害非疫区或低度流行区的承认,也能使我国在接受其他成员方的承认申请时能够有理有据。

第八章　上海自贸区检验检疫负面清单制度与《SPS 协定》相关制度比较研究

在传统的货物贸易中，出入境的检验检疫制度是影响贸易流量、质量的重要环节。《国务院关于印发中国（上海）自由贸易试验区总体方案的通知》中，明确提到了自贸区的主要任务之一是推进贸易发展方式转变，建立整合贸易、物流、结算等功能的营运中心。在国务院的通知中，明确提出了"进境检疫，适当放宽进出口检验"模式。因此，出入境的检验检疫规则在上海自贸区制度中具有重要的影响意义。

《SPS 协定》是乌拉圭回合谈判建构的世界贸易组织法律框架中的重要协定之一，从属于货物贸易领域并和其中的农产品贸易有着密切的联系。❶《SPS协定》旨在同时达到以下两个目标：其一，承认各个成员方基于主权而行使其认为合理的保护生命的措施。其二，确保 SPS 措施不会对国际贸易产生不必要、非科学的或者其他隐蔽性限制。❷ 在 SPS 措施实施过程中，最具有现实影响力的是"控制、检查和批准程序"。该制度直接将 SPS 措施中的原则付诸实践，限制并规范各个成员方相关法律法规。从"控制、检查和批准程序"的地位在《SPS 协定》第 8 条及附件 C 所占篇幅之广，可见一斑。

第一节　《SPS 协定》第 8 条及附件 C 的分析

《SPS 协定》的第 8 条及其附件 C 规定了检验检疫审批程序。该条文仅作出了兜底性的不与本协定其他内容相冲突的规定，而将各成员实施动植物检

---

❶ 师华：论 WTO《SPS 协定》"适用地区"条款及我国的对策［J］. 暨南学报，2012（7）.
❷ WTO 官网，Introduction to the SPS Agreement, http://www.wto.org/english/tratop_e/sps_e/sps_agreement_cbt_e/c1s1p1_e.htm, 2014-5-23.

第八章　上海自贸区检验检疫负面清单制度与《SPS协定》相关制度比较研究

验检疫批准程序的相关要求指引到附件C。附件C"控制、检查和批准程序",共3个条文,从不同的角度对WTO各成员方实施动植物检验检疫的程序做出了规定。

一、审批期限

动植物检验检疫批准程序的期限,规定在附件C第1条a、b两项中。该规定从整个程序的时限上作出了限制,检验检疫流程应保证在一定期限内,不应影响正常国际贸易秩序与效率;从产品来源国的角度,作出了平等对待的规定;从具体的实施程序上,作出了告知预期期限、通知审查的阶段及结果等内容。这两项关于动植物检疫检疫控制、检查及审批程序中期限的规定,是符合WTO及该协议的整体价值、相关原则的要求的。

其中,此类程序的实施与完成不受到不适当的迟延,是必要合理性原则的体现。《SPS协定》要求成员方采用的检验检疫措施是不能超过合理保护程度的限制的,这项原则意味着当有两项以上的检验检疫方式时,实施检验成员方应在技术和经济因素允许的前提下,采取最低限度的限制贸易的措施。❶关于必要合理性原则,规定在《SPS协定》第5条,各成员方应保证其措施在必要的、适当的限度,同时考虑其技术和经济可行性。❷虽然,第5条将其与风险评估相并列,但是根据必要合理性原则在整个《SPS协定》出现频率与蕴含深度,它是可以作为独立原则之一的。

对进口产品的审批程度不严于国内同类产品,则是非歧视性原则的体现。非歧视性原则没有在《SPS协定》的文本中专章列明,但是在基本权利和义务中被强调,说明其原则性。❸在检验检疫的时限要求中,它体现为国民待遇原则,要求的程度更高,以防止SPS审批程序变为贸易壁垒措施。

另外,成员方实施动植物检验检疫的机构应对相对人告知预期期限、通知审查的阶段及结果的相关要求,这是透明度原则的体现。在世贸组织协议中透明度原则是一项重要的基本原则,其目的是提供成员方相关政策、法规上更充分的信息,以提高其他成员方对该国政策、法规的可预测性。❹通过透明度原则,可以使得被检验检疫方对于期限的预测性、所处检查阶段的知悉

---

❶ WTO官网,Introduction to the SPS Agreement, http://www.wto.org/english/tratop_e/sps_e/sps_agreement_cbt_e/c1s1p1_e.htm, 2014-5-23.
❷ 余劲松. 国际经济法问题专论[M]. 武汉:武汉大学出版社,2003:157.
❸ 肖冰.《SPS协定》研究[D]. 厦门大学,2000.
❹ 余劲松. 国际经济法问题专论[M]. 武汉:武汉大学出版社,2003:157.

性增强，利于国际货物销售合同的履行。

二、相关信息要求

附件 C 第 1 条 c、d 两项条文规定了被检验产品的一方所要求提供的相关信息。其一，从提供相关信息以供检验检疫之时，对信息的开放程度做出了利于被检查一方的规定。《SPS 协定》将信息的开放要求限定在审批所需的范围内。其二，从检验检疫机构收到相关信息之后，对相关信息的保密性做出了利于被检查方的规定。以此来维护国际经济交流的商业秘密等相关信息的安全，维护国际经济秩序稳定。

信息开放程度的限定性要求，体现出必要合理性原则，它要求成员方应在其技术、经济条件允许情况下，采取对被检验检疫方影响最小、披露义务最轻的措施。

检验检疫中得到的相关信息的机密性保护程度不得低于对本国产品相关信息保护程度的要求，是国民待遇原则的体现。

三、样品及规格

附件 C 第 1 条 e、g、h 三项条文对被检验检疫产品的单个样品、样品选择、检验地点、改变规格等方面进行了规定。在 e 项中，统领性地规定了对于一产品中的单个样品的要求的最大限度。g 项是对于检验检疫设备的设置，即对检验地的选择、被检验检疫样品的选择做出原则性要求。h 项是因控制、检查和批准程序使产品规格受到改变时，应保持在《SPS 协定》要求的范围内。

这些关于样品及规格的要求分别体现了《SPS 协定》的基本原则。e 项全文、g 项后半句、h 项全文体现出必要合理性原则，必须保证在合理且必需的限度内进行检验检疫程序，使申请人、被检验检疫产品处于最便利的程度。g 项的前半句则是体现出国民待遇原则。

四、费用要求

关于进口产品检验检疫收取的费用，应限定在实施该程序所发生的实际费用之内，这体现了 WTO《SPS 协定》对于动植物检验检疫的费用限制，体现了对被检疫方的贸易成本进行保护的价值取向。

该条文主要的目的是对进口产品征收的费用应与本国产品或者其他成员

第八章　上海自贸区检验检疫负面清单制度与《SPS协定》相关制度比较研究

方产品处于公平的地位。此种非歧视原则表现为国民待遇原则与最惠国待遇原则。由于国民待遇原则与最惠国待遇原则所要求的保护程度不同，而该条文以"或"这样的选择性术语连接，表明赋予了成员方选择的空间。所以，关于费用选择适用要求上与检验检疫期限、信息等相比，程度上比较宽松。

五、投诉程序

附件 C 第 1 条最后一项（i）对投诉程序作出规定，各成员方应"建立审议有关运用这类程序的投诉程序，且当投诉合理时采取纠正措施"。《SPS 协定》赋予了被检查检疫一方权利救济措施。但此处的权利救济措施是行政性的投诉，并非司法形式的救济。且对于受理机关、纠正措施的实施机关以及当投诉不被采纳时如何与其他救济程序衔接等，均未明确。

六、其他要求

《SPS 协定》第 8 条及附件 C 所适用的对象范围包括了添加剂、污染物。当成员方实施控制、检查和批准程序而限制、禁止未获批准的产品时，应使用国际标准以确定之。这条规定是协调一致原则的体现。因此，某种程度上，SPS 措施的制定、采纳过程也就是各种实体与程序标准的制定与采纳的过程。❶《SPS 协定》通过此项协调一致的原则使得不同成员方的检验检疫标准趋于统一化。

附件 C 的第 2 条，规定了生产阶段的控制。东道国应对于其领土内有关成员提供协助，其不涉及检查、批准程序，而是单独对于控制程序的规定。

附件 C 最后一条规定，《SPS 协定》不阻止各成员领土内的合理检查，这是国家主权原则的体现。SPS 措施的基本目的是维护成员政府确定其认为适宜的保护水平的主权，但是，要求确保这些主权不以贸易保护为目的而被滥用，并且不对国际贸易产生不必要的限制。❷ 这也照应了《SPS 协定》前言部分关于不应阻止各成员为保护人类、动物或植物的生命或健康而采用或实施必须措施的相关内容。

---

❶ 丁彤波. 论《SPS 协议》及《TBT 协议》下世贸成员采取与标准有关措施的原则 [D]. 北京：中国政法大学，2002.

❷ 葛志荣. 实施卫生与植物卫生措施协定的理解 [M]. 北京：中国农业出版社，2003：72.

第二节 上海自贸区检验检疫负面清单制度分析

一、上海自贸区检验检疫负面清单制度

2013年9月27日，国家质检总局向上海出入境检验检疫局、上海市质量技术监督局发布《关于支持中国（上海）自由贸易试验区建设的意见》（国质检通［2013］503号）文件，具体包括了开展质检制度创新等十项内容。其中，提及支持试验区制定与国际标准及国际通行规则相适应的区域性地方标准，积极采用国际标准；根据产业特点和企业需求，采取相应的审批、申报、查验和检验检疫监管措施，提高管理效率。

2014年3月，国家质检总局单独向上海出入境检验检疫局发布《关于支持自贸区动植物检验检疫改革措施的通知》（质检办动函［2014］159号），要求落实《质检总局关于支持中国（上海）自由贸易试验区建设的意见》（国质检通［2013］503号），并就自贸区内开展动植检工作提出了五项措施和三项要求，明确了上海出入境检验检疫局负责自贸区相关审批程序的负面清单。该负面清单上罗列五项内容，分别为过境动物、进境动物、进境水果及粮食、进境饲料、国家禁止进境物。上海出入境检验检疫局根据国家质检总局以及其他上级机关的要求，制定了23项检验检疫具体制度，编制了中国（上海）自由贸易试验区检验检疫试行工作制度汇总目录。

二、上海自贸区检验检疫负面清单制度的法律位阶

依据2012年颁布的《党政机关公文处理工作条例》，国家质检总局在2013年9月、2014年3月先后给上海出入境检验检疫局发出的两份通知是第八条公文种类中第（八）项"通知"。该种公文是"适用于发布、传达要求下级机关执行和有关单位周知或者执行的事项"。通知行为是将已经存在的法律关系或即将采取措施的行为通知对方。这是准行政行为，自身并不直接产生法律效力和效果，但是它对产生法律效果的行政行为有直接的影响。❶ 基于此，国家质检总局的质检办动函［2014］159号通知是仅发布给上海出入境

---

❶ 应松年，朱维究. 行政法学总论［M］. 北京：工人出版社，1995：263.

第八章 上海自贸区检验检疫负面清单制度与《SPS协定》相关制度比较研究

检验检疫局。上海出入境检验检疫局再依据该份通知的负面清单的授权,在上海自贸区内实施具有普遍拘束力的抽象行政行为,以及实施具有具体行政行为拘束力的检验检疫活动。

上海出入境检验检疫局公布了包括《自贸试验区进境动植物检疫审批管理细则》在内涉及检验检疫的23项具体制度,属于行政授权性质的行政规范性文件。根据《上海市行政规范性文件制定和备案规定》,行政规范性文件是指除政府规章外,行政机关依据法定职权或者法律、法规、规章的授权制定的涉及公民、法人或者其他组织权利,具有普遍约束力,在一定期限内可以反复适用的文件。

虽然上海自贸区检验检疫制度相关规定的法律位阶较低,但是根据《SPS协定》附件A中"卫生与植物卫生措施包括所有相关法律、法令、法规、要求和程序",因此,并不影响上海自贸区检验检疫制度规定符合《SPS协定》相关要求。与此同时,由于《SPS协定》同样作用于成员方的动植物检验检疫的法律、法规、部门规章等规范,因此,作为下位法律规范的上海自贸区的检验检疫行政规范性文件,应该同时不违背我国上位法律规范的要求,也要符合《SPS协定》的原则与内容。

三、上海自贸区检验检疫负面清单制度与上位法律规范的关系

在我国动植物出入境检验检疫领域,已颁布实施了包括《中华人民共和国进出口商品检验法》《中华人民共和国卫生检疫法》《中华人民共和国食品卫生法》等17部法律法规和316个中央政府一级规章及其他规范性文件。❶其中,《中华人民共和国进出口商品检验法》及其配套的《中华人民共和国进出口商品检验法实施条例》《进境动植物检疫审批管理办法》是最直接调整该领域的法律规范。这些法律规范对出入境检验检疫的目的和任务、进口及出口检验检疫程序、法律责任等方面作出规定。

从《国务院关于印发中国(上海)自由贸易试验区总体方案的通知》中可以看出,投资准入前国民待遇和负面清单管理模式是统领自贸区建设的基本原则与模式。《自由贸易试验区总体方案的通知》的"法制领域的制度保障"亦强调了负面清单管理制度。目前"经全国人民代表大会常务委员会授权,暂时调整《中华人民共和国外资企业法》《中华人民共和国中外合资经营

---

❶ 王涵. 我国检验检疫制度发展现状、问题及对策研究[D]. 厦门:厦门大学,2009.

企业法》和《中华人民共和国中外合作经营企业法》规定的有关行政审批，自 2013 年 10 月 1 日起在三年内试行。"但对于进出口检验检疫相关的法律规范是否在自贸区暂停适用，并没有明确规定。从法律适用范围角度，自贸区所涉及的特殊制度与相关法律规范适用衔接上存在争论。对于动植物检验检疫领域，在自贸区检验检疫制度附件 12 第 1 条中，明确"按《进境动植物检疫审批管理办法》等有关规定"而制定。这说明自贸区相关制度与已有的检验检疫制度不矛盾，自贸区的相关法律制度仍然要与目前已有的上位法相一致。

四、上海自贸区检验检疫负面清单制度中附件 12 的分析

上海自贸区检验检疫制度附件 12 是《自贸试验区进境动植物检疫审批管理细则》。其是检验检疫制度中直接有拘束力的规范，决定了自贸区检验检疫制度的基本价值、卫生与动植物保护措施的程度。

该附件 12 的第 1 条与第 3 条规定了立法目的、适用范围及职责分工。国家质检总局负面清单上的过境动物、进境动物、进境水果及粮食、进境饲料、国家禁止进境物由上海检验检疫局动植处负责初审，之后送交国家质检总局终审；而对于负面清单以外的产品，上海检验检疫局具有终审的权利，其负责检验检疫终审。

第 2 条明确了审批范围。上海自贸区投资准入"负面清单"是将"禁止类"和"限制类"合并，从而明确了该清单的"负面"性质，即除非"清单"中提到的禁止或限制，否则就不存在禁止或限制。目前对"负面清单"之外是否就是当然允许的，存在理解分歧，即"法无禁止即可为"的法理是否可适用？❶

自贸区动植物检验检疫负面清单制度很好地规避与处理了类似于涉及投资领域负面清单制度产生的学术争议。虽然国家质检总局规定的是负面清单制度，但此处的负面清单制度针对上海市出入境检验检疫局权限而言，即，属于负面清单所列事项，国家质检总局有终审审批权。非属于负面清单所列举的事项，则授权上海检验检疫局终审审批。由于国家质检总局针对上海检验检疫局发布通知的行为是准行政行为，其具有间接效力，不具有普遍的拘束力。而上海自贸区检验检疫制度附件 12 是直接有拘束力的规范，其第 2 条

---

❶ 龚柏华．"法无禁止即可为"的法理与上海自贸区"负面清单"模式［J］．东方法学，2013：6．

"适用范围"以正面清单的形式注明需要检验检疫的产品,并以附录的形式注明需要检验检疫的名单目录。这样的规定既属于动植物检验检疫负面清单管理制度,又不会对负面清单之外的产品是否当然免于检验检疫以及如何衔接上产生模糊与争议。

第 4 条规定了申请人应具有法人资格。

第 5 条"审核批准"条款,详细规定了申请流程。首先由申请人申请备案,其次,动植处受理并告知所需要补充的材料,最后,"由上海分管局领导完成终审,特殊审批终审方为国家质检总局"。在时限上,初审合格的,由动植处在 3 个工作日内签署初审意见,并自受理审批申请之日起 7 个工作日内签发《检疫许可证》或者《检疫许可证申请未获批准通知单》,而需国家质检总局审核的,由国家质检总局出证。

检验检疫制度附件 12 细则的最后条款具体规定了许可单证的管理和使用、配套后续监管措施等内容,对动植物检验检疫其他事项作出规定,并与其他规范相衔接。

第三节 以《SPS 协定》规则分析上海自贸区检验检疫制度细则

《SPS 协定》附件 A 规定"卫生与植物卫生措施包括所有相关法律、法令、法规、要求和程序",说明该协定的调整范围包括了成员方所有的动植物检验检疫相关的法律法规。因此,作为 WTO《SPS 协定》的成员方,我国相关的动植物检验检疫法律法规应符合《SPS 协定》的规定。虽然上海自贸区属于特殊的贸易试验区,投资领域的部分法律在该区域内暂停适用,且对于自贸区负面清单管理制度"法无禁止即可为"的法理是否可适用仍存在争议。但是,根据前文对上海自贸区检验检疫规范性文件的制度、位阶、与上位法关系的分析,可得出上海自贸区检验检疫负面清单制度虽然某些方面比国内相关制度的执行略微宽松些,但是仍应符合 WTO《SPS 协定》的要求,不能违背 WTO《SPS 协定》的精神与原则。

一、自贸区检验检疫制度符合《SPS 协定》价值目标

《自贸区进境动植物检疫审批管理细则》(附件 12)的开端,规定了制定

本规范的目的与价值,既体现出国家对上海自由贸易试验区的制度创新、制度可复制的要求,又能反映出入境检验检疫机构对于境内环境、生命健康安全保护的需要与任务。

上海自贸区检验检疫规范文件的价值取向与《SPS 协定》前言部分所描述的不阻止各成员方为保护人类、动物或植物的生命或健康而采用或实施的措施相契合,且自贸区检验检疫规定中促进贸易有序发展的目的,与《SPS协定》所规定的不变相限制国际贸易的要求保持了一致的取向。

二、自贸区检验检疫行政相对人及提交材料的规定具备合理性

对于涉及国外货物进入自贸区而进行动植物检验检疫的行政相对人,自贸区检验检疫细则规定了其应具有法人资格,且应是对外贸易合同的直接当事人或其代理人,将自然人业务排除在外,该规定体现了自贸区的建设更倾向于商业领域的自由化交流。

对于动植物检验检疫所需提交的材料要求,《自贸区进境动植物检疫审批管理细则》第 4 条"申请"部分详细做出了规定,符合《SPS 协定》附件 C 中关于相关信息的要求。

首先,SPS 措施的必要合理性原则,包括三个条件,其一是考虑到技术和经济可行性、合理性;其二是能达到成员适当的保护水平;其三是比引起争议的 SPS 措施,其能大大降低对贸易的限制。[1]而在自贸区入境检验检疫细则关于申请材料的要求中,规定了法人资格证明、相关合同文本、国际相关机关颁发的证明文件,并不涉及检验检疫产品的商业秘密信息。

其次,《SPS 协定》规定相关信息不得违背国民待遇原则。该原则的主要目的是保证外国进口产品在进口国国内市场上获得与该进口国本国产品相同的地位、条件和待遇,防止进口方利用国内法律法规推行歧视性待遇、制造不公平竞争。[2]而同样的上海自贸区检验检疫附件 12 的细则中,没有对不同国籍的行政相对人作出具有差异性、歧视性的规定,因此,符合了《SPS 协定》中相关信息要求的国民待遇原则。

---

[1] 陈向前.《WTO〈SPS 协议〉实施机制及国际动物卫生法比较研究》[M].北京:中国农业科学技术出版社,2005:13.

[2] 师华,王玉玮.《WTO 与中国法律的整合》[M].上海:同济大学出版社,2007:16.

三、自贸区检验检疫产品的规定存在违背《SPS协定》的隐患

（一）检验检疫产品的分析

《SPS协定》要求被检验检疫的产品的单个样品、样品选择、检验地点、改变规格等方面符合必要合理性原则、国民待遇原则。

《SPS协定》附件A第4条对风险评估作出了界定，是指根据可能适用的动植物卫生检疫措施评价病虫害在进口成员领土内传入、定居或传播的可能性，及评价相关潜在的生物学后果和经济后果；或评价食品、饮料或饲料中存在的添加剂、污染物、毒素或致病有机体对人类或动植物的健康所产生的潜在不利影响。符合风险评估的原则，则应具有充分的科学依据证明。另外，WTO上诉机构认为还可以考虑其他的诸如消费者关注、社会价值判断等因素。❶

上海动植物检验检疫负面清单是国家质检总局对上海出入境检验检疫局授权检验检疫终审权的权限范围，并非指其他涉及产品进入自贸区的行政相对人免于检验检疫的产品清单。而在上海自贸区检验检疫制度附件12的"适用范围"条款中，明确列明需要检验检疫的产品，并以附录的形式注明需要检验检疫的产品名单具体目录。

按照负面清单制度，将疫情流行国家和地区产品的检验检疫终审权保留在国家质检总局。

自贸区产品名录中，"动植物病原体及动植物疫情流行国家和地区的动植物及其产品""动物尸体及土壤"这两类产品由国家质检总局特许审批，而"活动物""过境动物""非食用性动物产品""饲料及饲料添加剂"等九类产品则由上海出入境检验检疫局审批。

（二）检验检疫产品规定存在违背非歧视性待遇原则的隐患

关于非歧视性待遇，在WT/DS392（中国诉美国禽肉产品案）中，专家小组报告论述道，对于论证违反《SPS协定》第2.3条，需要有三个构成要素：第一，歧视性措施造成了该所涉及的成员方与被歧视方，或者在被歧视方与其他成员方之间的不平等待遇。第二，歧视性措施是强制性或非合理的，即没有科学证据、风险评估或其他证据。第三，存在确定或类似的合理措施

---

❶ 陈立虎，李晓琼. 从SPS看中国动植物检验检疫法的完善［J］. 世界贸易组织动态与研究，2005：5.

在整个实施方的领域内适用。❶ 依据2009年正式生效成为第111-8号公共法律的Omnibus Appropriations法案第727节，美国阻止建立、设立任何允许进口中国禽类产品进入美国市场的美国措施。在该案DSB专家小组的论述中，认为涉案的美国措施针对了中国，同时没有科学证据、风险评估或其他证据证明中国禽类产品不同于其他WTO成员方，并且在美国存在标准更低的程序适用于来自WTO其他成员方的禽类产品。

因此，对于特定时期内的特定其他国家和地区而言，上海自贸区检验检疫制度对于疫情流行国家和地区产品的管理规定，是否符合《SPS协定》保护人类、动植物生命和健康的基本目的以及风险评估原则的要求，主要在于有无科学证据、风险评估或其他证据来证明该措施的合理性。根据WTO/DSB专家小组在WT/DS392案的论证，当没有充足科学证据及风险评估结果来证明某个国家、地区属于疫情流行区，而对来自该国、该地区的产品实施审批程序更为复杂的措施时，就会因为存在其他情况类似且要求程度更低、更合理的措施在我国自贸区内实施，从而出现违背非歧视性待遇原则的隐患。

四、自贸区检验检疫流程的考量

（一）检验检疫流程符合透明度原则

上海自贸区检验检疫流程，根据附件12《自贸试验区进境动植物检疫审批管理细则》第5条规定，首先由申请人申请备案，其次由动植处受理并告知所需要补充的材料，最后由上海局分管局领导完成终审，特殊审批终审方为国家质检总局。

《SPS协定》规定审批时限应符合透明度原则。附件12《自贸试验区进境动植物检疫审批管理细则》规定了"一次告知企业需要补充的材料""并注明原因"等相关内容。该项规定是为了防止成员之间进行不公开的贸易管理，减少歧视性待遇的存在，从而保证成员真正享有权利、履行义务。❷ 故而，上海自贸区检验检疫制度本身的公布、每个检验检疫环节的公开与通知，与《SPS协定》附件C中"公布处理期限""准确和完整的方式通知申请人所有不足之处"相契合，符合透明度原则的要求。

---

❶ WT/DS392/R, http://www.wto.org/english/tratop_e/dispu_e/cases_e/ds392_e.htm, 2014-5-25.

❷ 师华，王玉玮：WTO与中国法律的整合[M]．上海：同济大学出版社，2007：19．

第八章　上海自贸区检验检疫负面清单制度与《SPS协定》相关制度比较研究

（二）检验检疫程序的例外规定存在违背必要合理性原则的隐患

上海自贸区检验检疫制度最为热议的特点是所需期限缩短，极大地减少了入关时间。新闻报道称，这套融创新、高效、安全于一体的监管机制，将解决国内实验室申请样本入境手续纷繁、独立运输成本高昂等问题，也让分散于全国各地的实验室，受到了自贸试验区制度创新的辐射。❶ 在时限上，自贸区检验检疫细则规定初审合格的，由动植处在3个工作日内签署初审意见，并自受理审批申请之日起7个工作日内签发相关证明文件。

《自贸试验区进境动植物检疫审批管理细则》第5条第5项"国家质检总局或上海局认为必要时"的规定，是对于自贸区负面清单检验检疫制度流程的例外规定，有助于在必要情形下保护境内动植物生命健康安全。但是，在WT/DS392案中，考虑到《SPS协定》附件C的真实含义，专家小组认为附件C并没有指定某一"程序"应遵从必要合理性原则，也没有排除某一"程序"可以不遵从必要合理性原则。❷ 根据专家小组的意见，附件C基本要求所有的涉及检验检疫程序都应符合必要合理性要求，即，一旦检验检疫申请被受理，合理的程序必须从开始一直到结束为止。❸

以上的论述在《SPS协定》附件C文本字面上并没有直白的体现，而是WT/DS392案专家小组根据以往的判例（Panel Report, EC—Approval and Marketing of Biotech Products），以目的解释的方法，探寻《SPS协定》的本意，以保证检验检疫措施的必要合理性处于稳定状态。而《自贸试验区进境动植物检疫审批管理细则》第5条第5项的例外规定，可能会与WTO《SPS协定》该项要求不符。对于此，在保护境内人类、动植物生命健康安全，与促进国际贸易交流的天平上，我国自贸区的验检疫制度负面清单包括了"国家禁止进境物"的兜底条款，可以据此来对危害境内环境安全的产品进行负面清单管理，因此，不必要在细则的流程中增加例外条款，产生违背《SPS协定》内容的隐患。

总之，上海自贸区负面清单检验检疫制度中，附件12《自贸试验区进境动植物检疫审批管理细则》是检验检疫制度中最具直接拘束力的内容。该规

---

❶ 杨群. 自贸区检验检疫制度创新突破［J］. 解放日报，2014：1.
❷ WT/DS392/R, http://www.wto.org/english/tratop_e/dispu_e/cases_e/ds392_e.htm, 2014 - 5 - 25.
❸ WT/DS392/R, http://www.wto.org/english/tratop_e/dispu_e/cases_e/ds392_e.htm, 2014 - 5 - 25.

范的制定目的符合了《SPS协定》关于保护境内人类、动植物生命健康，以及促进国际贸易发展的要求。

自贸区检验检疫制度附件12中行政相对人及提交材料的规定，符合《SPS协定》必要合理性原则与国民待遇原则的要求，具有合理性。

检验检疫对象中关于疫区产品规定，在没有充足证据及风险评估结果作为支撑时，就会因存在其他类似且要求程度更低、更合理的措施，从而出现违背非歧视性待遇的隐患。因此，加强对疫情流行国家和地区的产品的科学证据、风险评估和其他证据的收集是自贸区检验检疫工作的重要任务。

检验检疫流程符合《SPS协定》透明度原则，但是《自贸试验区进境动植物检疫审批管理细则》第5条第5项可能会违背《SPS协定》中关于合理的程序"必须从开始一直到结束为止"的要求，出现违背《SPS协定》的隐患。由于我国自贸区验检疫制度的负面清单包括了"国家禁止进境物"的兜底条款，因此，不必在该细则的检验检疫程序中再增加例外规定。

附录

附录1　WTO《实施卫生与植物卫生措施（SPS）协定》及其附件实施动植物检疫措施协定（《SPS协定》）

各成员：

重申不应阻止各成员为保护人类、动物或植物的生命或健康而采用或实施必需的措施，只要这些措施的实施方式，不得在情形相同的成员之间构成任意或不合理歧视，或对国际贸易构成变相的限制；

期望改善各成员的人类健康、动物健康和植物卫生状况；

注意到动植物检疫措施通常以双边协议或议定书为基础实施；

期望建立规则和纪律的多边框架，以指导动植物检疫措施的制定、采用和实施，从而使其对贸易的消极作用降到最小；

认识到国际标准、指南和建议可以在该领域做出重大贡献；

期望进一步推动各成员使用以有关国际组织制定的国际标准、指南和建议为基础的动植物检疫措施，这些国际组织包括食品法典委员会、国际兽疫局，以及在《国际植物保护公约》框架下运行的有关国际和区域组织，但不要求各成员改变其对人类、动物或植物的生命或健康的水平的适当保护；

认识到发展中国家成员在遵守进口成员的动植物检疫措施方面可能遇到特殊的困难，进而在市场准入以及在其制定和实施国内动植物检疫措施方面也会遇到特殊困难，期望在这方面给予全心全意的帮助；

因此期望对如何实施1994年关贸总协定中与动植物检疫有关的条款，特别是第20条（b）款①的实施制定具体协定如下：

第1条　总　则

1. 本协定适用于所有可能直接或间接影响国际贸易的动植物检疫措施。

这类措施应按照本协定的规定制定和实施。

2. 为本协定之目的，附件1中规定的定义都适用。

3. 各附件是本协定的不可分割组成部分。

4. 对不在本协定范围的措施，本协定不应影响各成员在技术性贸易壁垒协议项下所享有的权利。

第2条 基本权利和义务

1. 各成员有权采取为保护人类、动物或植物的生命或健康所必需的动植物检疫措施，但这类措施不应与本协定的规定相抵触。

2. 各成员应确保任何动植物检疫措施的实施不超过为保护人类、动物或植物的生命或健康所必需的限度，并以科学原理为依据，如无充分的科学证据则不再维持，但第5条第7款规定的情况除外。

3. 各成员应确保其动植物检疫措施不在情形相同或相似的成员之间，包括在成员自己境内和其他成员的境内之间构成任意或不合理的歧视。动植物检疫措施的实施方式不应对国际贸易构成变相限制。

4. 符合本协定有关条款规定的动植物检疫措施，应被认为符合各成员根据1994年关贸总协定有关采用动植物检疫措施的义务，特别是第20条（b）款的规定。

第3条 协调一致

1. 为在尽可能广泛的基础上协调动植物检疫措施；各成员的动植物检疫措施应以国际标准、指南或建议为依据，除非本协定、特别是第3款中另有规定。

2. 符合国际标准、指南或建议的动植物检疫措施应被视为是保护人类、动物或植物的生命或健康所必需的措施并被认为本协定和1994年关贸总协定有关条款的规定。

3. 各成员可以实施或维持比以有关国际标准、指南或建议为依据的措施所提供的保护水平更高的动植物检疫措施，但要由科学依据，或一成员根据第5条第1款至第8款中有关规定，认为该措施所提供的保护水平是合适的。除上述外，若某措施所产生的动植物卫生保护水平不同于以国际标准、指南或建议为依据制定的是所提供的保护水平，则一概不得与本协定中任何其他条款的规定相抵触。

4. 各成员应尽其所能全面参与有关国际组织及其附属机构，特别是食品法典委员会，国际兽疫局，以及在《国际植物保护公约》范围内运行的有关国际和区域组织，以促进在这些组织中制定和定期审议有关动植物检疫措施各个方面的标准、指南和建议的制定和定期审议。

5. 第 12 条第 1 款和第 4 款规定的动植物检疫措施委员会（本协定中称"委员会"）应制定程序，以监控国际协调进程，并在这方面与有关国际组织协同努力。

第 4 条 等同对待（等效）

1. 如果出口成员客观地向进口成员表明它所采用的动植物检疫措施达到进口成员适当的动植物检疫保护水平，即使这些措施不同于进口成员自己的措施，或不同于从事同一产品贸易的其他成员使用的措施，各成员应同等地接受其他成员的动植物检疫措施。为此根据请求，应给予进口成员进行检验、测试以及执行有关程序的合理机会。

2. 各成员应请求进行磋商，以便就所规定地动植物检疫措施的等同性的承认达成双边和多边协定。

第 5 条 风险评估和适当的动植物卫生检疫保护水平的确定

1. 各成员应保证其动植物检疫措施是依据对人类、动物或植物的生命或健康所做的适应环境的风险评估为基础，并考虑有关国际组织制定的风险评估技术。

2. 在进行风险评估时，各成员应考虑可获得的科学证据：有关工序和生产方法；有关检查、抽样和检验方法；某些病害或虫害的流行；病虫害非疫区的存在；有关的生态和环境条件；以及检疫或其他处理方法。

3. 各成员在评估对动物或植物的生命或健康构成的风险，并决定采取措施达到适当的动植卫生物检疫保护水平，在防止这类风险所时，应考虑下列相关经济因素：由于虫害或病害的传入、定居或传播，对生产或销售造成损失的潜在损害；在进口成员境内上控制或根除病虫害的成本；以及采用其他方法来控制风险的相对成本效益。

4. 各成员在确定适当的动植物检疫保护水平时，应考虑将对贸易的消极影响减少到最低程度这一目标。

5. 为达到运用适当的动植物卫生检疫保护水平的概念，在防止对人类生命或健康，动物和植物的生命和健康构成方面取得一致性的目的，每一成员应避免实施卫生与植物卫生措施协定在不同情况下任意或不合理的实施它所认为适当的不同的保护水平，如果这类差异在国际贸易中产生歧视或变相限制。各成员应根据本协定第12条第1、第2和第3款中的规定，在委员会中相互合作来制定指南，以推动本条款的实际贯彻。委员会在制定指南时应考虑所有有关因素，包括人们自愿遭受的人身健康风险的例外情况。

6. 在不损害第3条第2款规定的前提下，各成员在制定或维持动植物检疫措施以达到适当的动植物卫生保护水平时，各成员应确保对贸易的限制不超过为达到适当的动植物卫生检疫保护水平所要求的限度，同时考虑其技术和经济可行性。

7. 在有关科学证据不充分的情况下，一成员可根据现有的有关信息，包括来自有关国际组织以及其他成员方实施的动植物检疫措施的信息，临时采用某种动植物检疫措施。在这种情况下，各成员应寻求获得额外的补充信息，以便更加客观地评估风险，并相应地在合理期限内评价动植物检疫措施。

8. 当一成员有理由认为另一成员制定或维持的某种动植物检疫措施正在限制或潜在限制其产品出口，而这种措施不是以有关国际标准、指南或建议为依据，或这类标准、指南或建议并不存在，则可要求其解释采用这种动植物检疫措施的理由，维持该措施的成员应提供此种解释。

第6条 病虫害非疫区和低度流行区适用地区的条件

1. 各成员应确保其动植物检疫措施适应地——产品的产地及发运地的动植物卫生检疫特点——不论该地区是一个国家的全部或其部分地区，或几个国家的全部或部分地区。在评估一个地区的动植物卫生特点时，各成员应特别考虑特定病害或虫害的流行程度，是否存在根治或控制方案，以及由有关国际组织制定的适当标准或指南。

2. 各成员应特别认识到病虫害非疫区和低度流行区的概念，对这些地区的确定，应根据诸如地理、生态系统、流行病监测，以及动植物检疫有效性等因素。

3. 出口成员声明其境内某些地区是病虫害非疫区或低度流行区的，应提供必要的证据，以便向进口成员客观地表明这些地区分别是，并很可能继续分别是病虫害非疫区或低度流行区。为此，根据要求应向进口成员提供检验、测试以及执行其他有关程序的合理的机会。

第7条 透明度

各成员应依照附件B的规定通知其动植物检疫措施的变更,并提供有关其动植物检疫措施的信息。

第8条 控制、检查和批准程序

各成员在实施控制、检查和批准程序时,包括批准在食品、饮料或饲料中使用添加剂,或确定污染物允许量的国家制度时,应遵守附件3的规定,并应保证其程序不与本协定规定相抵触。

第9条 技术援助

1. 各成员同意从促成以双边形式或通过适当的国际组织便利向其他成员、特别是发展中国家成员提供技术援助。这些援助尤其可以在加工技术、研究和基础设施,包括成立国家管理机构,也可以采取咨询、信贷、捐赠和转让,包括以寻求技术知识为和设备等方式,以使这些国家能调整并遵从为达到其出口市场上的适当的动植物卫生检疫保护水平所必需的动植物检疫措施。

2. 当发展中国家出口成员为达到进口成员的动植物卫生检疫要求而需要大量投资时,后者应考虑提供这类技术援助,以使发展中国家成员得以维持和扩大其相关产品市场准入的机会。

第10条 特殊和差别待遇

1. 各成员在准备和实施动植物检疫措施时,应考虑发展中国家成员。特别是最不发达国家成员的特殊需要。

2. 在适当的动植物卫生检疫保护水平允许留有分阶段采用新的动植物检疫措施的余地时,则应给予发展中国家成员有利害关系的产品更长的适应期,以维持其出口机会。

3. 为确保发展中国家成员能遵从本协定的规定,委员会有权根据这些成员的要求,并视其财政、贸易和发展需要,允许这些国家对于本协定项下义务的全部或部分享有具体和有时限的例外。

4. 各成员应鼓励和促进发展中国家积极参加有关国际组织。

第11条 磋商和争端解决

1. 除非另有特别规定,经争端解决谅解和适用的1994年关贸总协定第

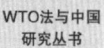

22条和第23条的规定,应适用于本协定的磋商和争端解决。

2. 在本协定涉及科学或技术问题的争端中,专家组应征询由专家组与争端各方磋商后选出的专家的意见。为此,专家组可根据争端双方中任何一方的要求或自己主动在它认为适当时候,成立技术专家咨询组,或与有关国际组织协商。

3. 本协定中的任何内容不应损害各成员在其他国际协定项下的权利,包括利用其他国际组织或根据任何国际协定建立的斡旋或争端解决机制的权利。

第12条 管 理

1. 现在成立动植物检疫措施委员会,为磋商提供经常性场所。它应履行为必要的职能,以执行本协定的各项规定,并推动其目标,特别是有关协调一致的目标的实现。委员会应通过磋商一致作出决定。

2. 委员会应鼓励和促进各成员之间就特定的动植物卫生检疫问题进行不定期的磋商或谈判。委员会应鼓励所有成员使用国际标准、指南和建议。在这方面,它应举办技术磋商并开展研究,以提高在批准使用食品添加剂,或确定食品,饮料或饲料中污染物允许量的国际和国家制度或方法方面的协调性和一致性。

3. 委员会应同动植物卫生检疫保护领域同有关国际组织,特别是食品法典委员会、国际兽疫局和《国际植物保护公约》秘书处保持密切联系,以获得用于管理本协定的最佳科学和技术意见。并确保避免不必要的重复工作。

4. 委员会应制定程序,监督国际协调进程及国际标准、指南或建议的采用。为此,委员会应与有关国际组织一起拟定一份它认为对贸易有较大影响的与动植物检疫措施方面的国际标准、指南或建议清单。该清单应包括各成员对国际标准、指南或建议所作的说明:哪些被用作进口的条件,或者在符合哪些标准的基础上进口产品才能进入他们的市场。在一成员不将国际标准、指南或建议作为进口条件的情况下,该成员应说明其中的理由,特别是它是不以为国际标准、指南或建议该标准不够严格,而无法提供适当的动植物检疫保护水平,如一成员在对采用标准、指南或建议作为进口条件做出说明之后又改变立场,则它应对改变做出解释,并通知秘书处以及有关国际组织,除非它以根据附件2程序做出这样的通知和解释。

5. 为避免不必要的重复,委员会可酌情决定使用通过有关国际组织实行的程序、特别是通知程序所产生的信息。

6. 委员会可根据一成员的倡议，通过适当渠道邀请有关国际组织或其分支机构审议与某个标准、指南或建议有关的具体问题，包括根据第4款对采用有关标准所作解释的依据。

7. 委员会应在WTO协议生效之日起的3年后，并在此后有需要时，对本协定的运作和执行情况进行审议。委员会在适当时，特别是根据在本协定实施过程中所取得的经验，可向货物贸易理事会提议修改本协定条款。

第13条　实　施

各成员有责任全面履行本协定中规定的所有义务。各成员应制定和执行积极的措施和机制，以支持中央政府机构以外的机构遵守本协定的规定。各成员应采取现有的合理措施，以确保其境内的非政府实体以及其境内有关实体是其成员的地方机构，遵守本协定的相关规定，此外，各成员不应采取产生直接或间接地要求或鼓励这类地方或非政府实体、或地方政府机构以不符合本协定规定的方式行事影响的措施。各成员应保证只有在非政府实体遵守本协定规定的前提下，才能依赖其提供的服务实施动植物检疫措施。

第14条　最后条款

对于最不发达国家成员影响进口或进口产品的动植物检疫措施，最不发达国家成员可在WTO协议生效之日起推迟5年执行本协定的规定。对于其他发展中国家成员影响进口或进口产品的现有动植物检疫措施，如由于缺乏技术知识、技术性基础设施或资源而妨碍实施时，发展中国家可在WTO协议生效之日起，推迟2年实施本协定的规定，但第5条第8款和第7条的规定除外。

附件A　定义

1. 实施卫生与植物卫生措施协定（SPS）——指任何一种措施，用以：

（a）保护成员境内的动物或植物的生命或健康免受虫害、病害、带病有机体或致病有机体的传入、定居或传播所产生的风险；

（b）保护成员境内的人类或动物的生命或健康免受食品、饮料或饲料中的添加剂、污染物、毒素或致病有机体所产生的风险；

（c）保护成员境内的人类的生命或健康免受动物、植物或动植物产品携带的病害，或虫害的传入、定居或传播所产生的风险；或

（d）防止或控制成员境内内因虫害的传入、定居或传播所产生的其他损

害。动植物检疫措施包括所有相关法律、法令、法规、要求和程序,特别包括:最终产品标准;工序和生产方法;检测、检验、出证和批准程序;检疫处理,包括与动物或植物运输有关的或与在运输过程中为维持动植物生存所需物质有关的要求在内地检疫处理;有关统计方法、抽样程序和风险评估方法的规定;以及与粮食安全直接有关的包装和标签要求。

2. 协调一致——由成员共同制定、承认和实施的动植物检疫措施。

3. 国际标准、指南和建议

(a) 在粮食安全方面,指食品法典委员会制定的有关食品添加剂、兽药和杀虫剂残存物、污染物、分析和抽样方法的标准、指南和建议,以及卫生惯例的守则和指南;

(b) 在动物健康和寄生虫病方面,指国际兽疫局主持制定的标准、指南和建议,以及卫生惯例的守则和指南;

(c) 在植物健康方面,指在《国际植物保护公约》秘书处与该公约框架下运行的区域组织合作制定的国际标准、指南和建议;

(d) 在上述组织未尽事宜方面,指经委员会认可,可参照向所有成员开放的其他有关国际组织公布的适当标准、指南和建议。

4. 风险评估——根据可能适用的动植物检疫措施来评价虫害或病害在进口成员境内传入、定居或传播的可能性,及评价相关潜在生物和经济后果;或评价食品、饮料或饲料中存在的添加剂、污染物、毒素或致病有机体对人类或动物的健康所产生的潜在不利影响。

5. 适当的动植物检疫保护水平——制定动植物检疫措施以保护其境内的人类、动物或植物的生命或健康的成员所认为合适的保护水平。

注:许多成员也称此概念为"可接受的风险水平"。

6. 非疫区——经主管当局认定无某种特定病虫害发生的地区,这可以是一个国家的全部或部分地区,或是几个国家的全部或部分地区。

7. 病虫害低度流行区——经主管当局认定,某种特定病虫害发生水平低,并采取了有效的监督、控制或根除措施的地区,这可以是一个国家的全部或部分地区,或是几个国家的全部或部分地区。

附件 B 动植物卫生检疫法规的透明度

法规的公布

1. 各成员应确保将所有已获通过的动植物卫生检疫法规及时公布,以便感兴趣的成员能熟悉它们。

2. 除紧急情况外，各成员应允许在动植物卫生检疫法规的公布和开始生效之间有合理时间间隔，以便让出口成员、特别是发展中国家成员的生产商有足够时间调整其产品和生产方法，以适应进口成员的要求。

咨询点

1. 每一成员应保证设立一咨询点，负责对有感兴趣的成员提出的所有合理问题作出答复，并提供有关下列内容的文件：

（a）在其境内采用或准备采用的任何动植物卫生检疫法规；

（b）在其境内实施的任何控制和检查程序、生产和检疫处理方法、杀虫剂允许量和食品添加剂批准程序；

（c）风险评估程序，所考虑的因素，以及适当的动植物检疫保护水平的确定；

（d）成员或其境内相关机构在国际和区域动植物卫生检疫组织和体系，以及在本协定范围内的双边和多边协议和安排中的成员资格和参与情况，以及此类协定和安排的文本。

2. 各成员应保证在感兴趣的成员索要文件副本时除运送成本外，应按向该成员国民提供的相同价格（如有的话）提供。

通知程序

1. 当国际标准、指南或建议不存在或所提议的动植物卫生检疫法规的内容与国际标准、指南或建议的内容实质上不一致，并且如果规定对其他成员的贸易有重大影响，各成员应：

（a）及早发布通知，以便感兴趣的成员能熟悉含有特定法规的提案；

（b）通过秘书处通知其他成员法规所涵盖的产品，并对所提议的规定的目的和理由作一简要说明。这类通知应尽早在规定仍可修改和采纳意见时发出；

（c）根据要求向其他成员提供提议的法规的副本，并在可能情况下，标明与国际标准、指南或建议有实质性偏离的部分；

（d）在无歧视的前提下，给其他成员以合理的时间作书面评论，并根据要求讨论这些意见，并对这些评论和讨论的结果予以考虑。

2. 然而，当一成员发生或出现发生紧急的健康保护问题威胁时，该成员可在必要的情况下省略本附件第5款中所列举的这些步骤，但该成员必须：

（a）立即通过秘书处通知其他成员特定的法规及其涉及的产品，并简要说明该规定的目标和理由，其中包括紧急问题的性质；

（b）根据要求向其他成员提供规定的副本；

（c）允许其他成员提出书面评论，应并根据这些评论进行讨论，并对这些评论和讨论的结果予以考虑。

3. 提交秘书处的通知应使用英文、法文或西班牙文。

4. 发达国家成员根据其他成员要求，应提供文件副本。若是多卷文件，则提供一份用英文、法文或西班牙文书写的具体的通知，并附上所涉及文件的摘要。

5. 秘书处应及时将通知的副本散发给所有成员和感兴趣的国际组织，并提请发展中国家成员，对涉及特殊利益产品的通知引起注意。

6. 各成员应指定一个中央政府机构，由其负责照本附件第5、第6、第7和第8款的规定在全国范围内负责执行有关通知程序。

附件 C 控制检验和批准程序

1. 关于检查和确保执行动植物卫生检疫措施的任何程序，各成员应确保：

（a）在执行和完成这类程序时没有不适当的延误，给予进口产品的待遇不低于类似的国内同类产品；

（b）公布每一程序的标准处理期限，或根据请求将预期的处理期限向申请人传达；主管机构在接到申请后立即审查文件的完整性；并以准确、完整的方式通知申请人所有不足之处；主管机构尽快以准确、完整的方式向申请人传达程序的结果，以便申请人在必要时采取纠正措施；根据申请人的要求，即使在申请存在不足之处时，主管机构也应尽可能继续进行该程序；并根据要求，通知申请人程序的执行阶段，并对任何迟延作出解释；

（c）对信息的要求局限于控制、检查和批准程序的适当需要，包括批准使用添加剂或为制定食品、饮料或饲料中污染物的允许量所必要的限度；

（d）在控制、检查和批准过程中，有关产生的或提供的进口产品的信息的机密性得到尊重，其方式不应低于国内产品，并使合法的商业利益得到保护；

（e）对产品的单个样品的任何控制、检查和批准要求要视其合理性和必要性而定；

（f）对进口产品程序征收的任何费用与国内同类产品或来自任何其他成员的产品所征收的费用相当，且不高于服务的实际成本；

（g）程序中所用设备的设置地点以及进口产品样品的选择应使用与国内产品相同的标准，以便将申请人、进口商、出口商或其代理人的不便减少到最低程度；

（h）根据适用的规定，由于控制和检查后产品规格发生了变化，则经过改进的产品程序仅限于是否该产品仍然符合有关规定有充分的信心的必要范围内；以及

（i）建立一种程序来审议对有关这类程序运行的投诉，且当投诉合理时采取纠正措施。当进口成员实行批准使用食品添加剂或制定食品、饮料或饲料中污染物允许量的体系，而这一体系禁止或限制未获批准的产品进入其国内市场，进口成员应考虑使用有关国际标准作为进入市场的依据，直到作出最后决定为止。

2. 若一种动植物检疫措施规定在生产阶段进行控制，则在其境内进行有关生产的成员应提供必要帮助，以便利这类控制及控制机构的工作。

3. 本协定的内容不应阻碍各成员在各自境内实施合理检验。

附录2　质检总局关于支持中国（上海）自由贸易试验区建设的意见

国质检通〔2013〕503号

上海出入境检验检疫局、上海市质量技术监督局：

为贯彻落实党中央、国务院全面提高开放型经济水平、促进区域经济发展的总体部署，质检总局就支持中国（上海）自由贸易试验区（以下简称"试验区"）建设提出如下意见：

一、积极开展质检制度创新

认真贯彻落实国务院关于试验区建设的总体部署，根据国家改革开放的新形势、政府转变职能的新要求，按照"进境检疫，适当放宽进出口检验；方便进出，严密防范质量安全风险"的原则，深入研究，大胆创新，探索建立旨在进一步提升质量、保障安全、促进发展的新的检验检疫制度体系。积极创新质监工作体制，借鉴国际惯例和通行做法，建立与国际接轨的质量安全保障体系、技术基础支撑体系和高效便捷的质量技术监督服务体系。在试验区内形成可复制、可推广的改革经验，使质检工作在国家经济社会建设中发挥更大的作用。

二、探索建立试验区检验检疫监管新模式

积极借鉴国际先进的自由贸易区经验，创新检验检疫监管模式。按照方便进出、严密防范质量安全风险的原则，"一线"最大限度予以便利，主要实施进出境检疫和重点敏感货物检验；"二线"在完善检验检疫便利化措施基础上，做好进出口货物的检验检疫监管工作。深入研究和运用以风险管理、诚信管理为基础的分类监管模式，建立和完善风险评估、预警和处置体系，切实将检验检疫工作重心转向安全、卫生、健康、环保和反欺诈，形成科学高

效的监管体系。积极研究对进出口产品实施前置备案注册、验证管理和后续监管的创新措施。探索实施原产地溯源制度，提升产品质量安全保障水平。建立对第三方检验鉴定机构的采信制度和管理制度，完善试验区集中查验和监督管理设施，全面提高履职效能。

三、支持试验区创新建立质量技术监督和执法体制

支持采用远程监控、全程监管、信息化等手段，创新特种设备监管模式，设立特种设备应急处置机构，加强对试验区内锅炉、电梯、压力容器、压力管道、场（厂）内专用机动车辆等特种设备的安全监管。支持试验区内建立以企业质量自我声明、流通环节抽样检验、风险监测、质量申投诉处理、质量安全突发事件应对为主要内容的产品质量监管模式。

四、支持深化试验区质量监督行政审批制度改革

将试验区内特种设备生产单位许可、进口非法定计量单位计量器具审批等行政审批事项下放给上海市质量技术监督部门实施。支持探索改革工业产品生产许可制度，取消一批审批事项，缩减审批目录范围，转变审批方式，逐步实行告知承诺审批。支持上海市质量技术监督局会同相关部门对试验区内检测机构资质审批事项进行整合，提高审批速度和效率，加强对实验室的事中和事后监管。支持统一实施检验检测机构后续监管，建立检测机构采信制度和信息共享平台。

五、促进试验区提升贸易便利化水平

加强与地方政府和口岸相关部门的协作配合，积极推动信息共享、联合执法和协同把关，为试验区货物和人员的进出提供更为便捷的服务。配合建立符合试验区内国际分拨、融资租赁、第三方维修、转口贸易等新业态发展需求的监管制度，推动"区港一体化"建设。鼓励探索进出口地理标志保护监管的便利化服务措施及信息采集，探索试行将有关行政许可及审批权限下放至直属局和放宽审批条件，试点简化进口备案和装运前预检验程序。积极推进与海关的"三个一"合作试点，提高口岸工作效率。

支持试验区制定、发布一批与国际标准及国际通行规则相适应的区域性地方标准。支持区内企业参与国际标准化活动，积极采用国际标准；引导、鼓励区内企业开展联盟标准创新试点。支持对区内企业进行 WTO/TBT 相关标

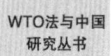

准、技术法规和合格评定程序的通报工作，并为消除、减少技术性贸易壁垒提供咨询与服务。

六、建立试验区检验检疫预警和防控体系

加强试验区突发公共卫生事件、动植物疫情和进出口产品质量安全事件的预警和防控体系建设，完善医学媒介监测、核生化有害物质监测、外来生物监测和食品安全风险监管等制度，提高应对和处置效能，切实做好与地方政府和有关部门的配合和衔接，共同为试验区的建设和发展提供安全保障。

七、支持试验区公共信息平台建设

积极支持试验区依托地方电子口岸建设公共信息平台，实现区内企业、相关单位与检验检疫机构申报信息、物流信息和监管信息的共享。创新技术与方法，提高检验检疫物流监控系统与试验区各类新业态运行模式的兼容性。利用物联网及无线通信等技术，在区内试行检验检疫移动执法，为区内企业提供通报通放、网上预约、在线办理等无纸化信息服务。

八、推动试验区诚信体系的建设和完善

支持试验区率先按照企业申请、联合征信、社会公示、政策叠加、滚动淘汰等原则，制定诚信企业名单，落实鼓励和扶持措施。支持建立统一的征信平台和诚信管理体系，共享企业诚信信息。逐步推行在企业分类管理、诚信管理、"AA级"企业评定等方面采用第三方信用报告，促进信用服务行业的发展。支持建立以组织机构代码实名制为基础的企业质量信用档案，依托企业质量信用档案探索建立市场退出机制。支持建立以物品编码管理为溯源手段的产品质量信用信息平台。

九、支持试验区跨境电子商务的发展

研究制定跨境电子商务检验检疫监督管理办法，建立跨境电子商务产品的质量安全溯源和监管机制，试点建立与跨境电子商务服务企业互联的检验检疫信息支撑系统，提高跨境电子商务产品的监管效率，促进试验区内跨境电子商务及相关服务企业的健康发展。

十、服务试验区产业集聚

支持试验区内生物医药、旧机电维修、入境再利用和再制造等产业发展。

根据产业特点和企业需求，制定相应的审批、申报、查验和检验检疫监管措施，提高管理效率，鼓励相关企业落户区内，促进试验区发挥对重点发展产业的集聚效应。

支持国家质检中心落户试验区，为金融服务业、专业服务业、软件与信息服务业等提供检测服务。支持强制性产品认证指定机构为自贸试验区提供便利服务。支持特种设备检验、检测社会化改革。支持推动试验区内检验机构的产品检验结果和检验标准与其他国家间的国际互认工作。逐步放开外资认证认可、检验检测机构在试验区设立分支机构并开展业务。

质检总局要求各有关质检机构，进一步增强促进地方经济发展的主动性，全面落实"抓质量，保安全，促发展，强质检"方针，在促进经济社会发展中做出新贡献。

附录3 质检总局办公厅关于支持中国(上海)自由贸易试验区建设动植物检验检疫改革措施的通知

质检办动函〔2014〕159号

上海检验检疫局:

为落实《质检总局关于支持中国(上海)自由贸易试验区建设的意见》(国质检通〔2013〕503号)要求,进一步简政放权,深化行政审批制度改革,适应建设面向全球的高标准自贸区的要求,总局将按照安全高效、科学有序、探索创新、稳步推进的原则,全力支持自贸区动植物检验检疫改革创新。现就自贸区动植物检验检疫改革措施及工作要求通知如下:

一、具体措施

(一)全面推行进出境动植物及其产品分类管理制度。在风险分析的基础上,由你局对自贸区进出境动植物及其产品实施风险分级、分类管理,根据风险水平确定相应监管模式,提高通关效率。

(二)科学调整进境动植物检疫准入制度。在风险评估和采取安全保障措施的前提下,你局有权允许部分未经准入的动植物及其产品经自贸区过境、国际中转或在自贸区内存放、使用(国家明令禁止进境动植物及其产品除外)。

(三)改革进境动植物检疫审批制度。实施检疫审批负面清单制度,授权你局办理负面清单以外已获我国准入的进境(过境)动植物及其产品的检疫审批。将检疫审批时限缩短为7个工作日,需质检总局审批的,要在受理后3个工作日内报总局;检疫许可证有效期延长为12个月;实施一次审批,分批核销。

(四)创新进出境动植物检验检疫查验模式。对经风险评估确定为低风险的进境深加工动植物产品,可适度简化查验程序并免于核查输出国家或地区的检疫证书。对除活动物以外的国际中转快件,免于核查输出国家或地区的检疫证书。在风险分析的基础上,对进出口动植物产品安全卫生项目实施抽查检验,一般品质检验项目不再实施强制检验。

(五)改革出境动植物检验检疫注册登记制度。输入国家或地区没有注册登记要求的,原则上不再对动植物产品的生产、加工、存放企业实施注册登记。

二、工作要求

你局务必高度重视,认真研究好上述改革措施,在确保安全的前提下制定具体的细化落实方案,通过先行先试,积极稳妥、有序推进,把全面深化进出境动植物检验检疫改革落到实处,取得实效。

(一)积极争取有关方面的支持。积极争取地方政府支持,尽快落实自贸区动植物检验检疫配套设施,建设信息化平台,完善动植物疫情疫病监测防控体系;加强与海关、边防等相关部门的沟通协调,建立配合协调机制;落实企业主体责任,发挥社会中介组织作用,共同促进自贸区发展。

(二)加强自身能力建设。加强适应自贸区发展要求的动植物检验检疫队伍建设,提高信息化管理水平;及时制修订自贸区动植物检验检疫措施,规范执法行为,提升监管效能;加强动植物检验检疫和检疫处理技术的研究与应用,保障国门生物安全,保护生态环境,推动检验检疫事业科学发展。

(三)做好改革经验总结。支持自贸区建设与发展是质检系统一项长期的重要的工作。在先行先试过程中,你局要持续深入研究自贸区运行规律和动植物检验检疫制度体系建设,总结改革成效,及时发现问题,为总局深化动植物检验检疫改革,进一步研究制定支持自贸区建设的改革措施提供决策依据。

质检总局办公厅
2014 年 3 月 4 日

附录4 中国（上海）自由贸易试验区进境动植物检疫审批管理细则（试行）

一、目的

为促进中国（上海）自由贸易试验区（以下简称"自贸区"）贸易有序发展，规范自贸区进境动植物检疫审批管理，防止动物传染病、寄生虫病和植物危险性病虫杂草以及其他有害生物的传入，根据《进境动植物检疫审批管理办法》，特制订本细则。

二、适用范围

本办法适用于进入自贸区内的按《进境动植物检疫审批管理办法》等有关规定需要审批的进境动物（含过境动物）、动植物产品和需要特许审批的禁止进境物的检疫审批。具体名单见附表。

三、职责分工

上海局动植处（以下简称动植处）对于申请进境的动植物病原体（包括菌种、毒种等）、害虫及其他有害生物、动物尸体和土壤，来自动植物疫情流行国家或地区的动植物及其产品和其他检疫物属于我国法律规定的禁止进境物，以及国家质检总局动植司发布相关警示通报和总局授权审批范围内涉及首次检疫准入的产品，申请单位必须提交书面申请，经动植处在3个工作日内（需要现场考核和递交国家质检总局材料时间的不计入）完成初审，报国家质检总局终审。

对于前述以外的其他需要办理进出境检疫许可证的动植物及其产品例如进境动物、二类动物源性生物材料及制品、羊毛、皮张、粮食、饲料、水果等，由动植处负责受理、初审、终审及出证。

四、申请

（一）申请办理检疫审批手续的单位（以下简称申请单位）应当是具有独立法人资格并直接对外签订贸易合同或者协议的单位。

过境动物的申请单位应当是具有独立法人资格并直接对外签订贸易合同或者协议的单位或者其代理人。

（二）申请单位应当在签订贸易合同或者协议前，向动植处提出申请并取得《中华人民共和国进境动植物检疫许可证》（以下简称《检疫许可证》）。

过境动物在过境前，申请单位应当向动植处提出申请并取得《检疫许可证》。

（三）申请单位应当按照规定如实填写并提交《中华人民共和国进境动植物检疫许可证申请表》（以下简称《检疫许可证申请表》），由动植处进行初审。

申请单位应当向初审机构提供下列材料：

1. 申请单位的法人资格证明文件（复印件）；

2. 输入动物需要在隔离场隔离检疫的，应当提供有效的《中华人民共和国进境动物指定隔离场使用证》；

3. 输入动物原毛（含羽毛）、原皮、生的骨、角、蹄、蚕茧等由国家质检总局公布的定点企业生产、加工、存放的，申请单位需提供与定点企业签订的生产、加工、存放的合同；

4. 按照规定可以核销的进境动植物及其产品，同一申请单位第二次申请时，应当按照有关规定附上一次《检疫许可证》（含核销表）；

5. 办理动物过境的，应当说明过境路线，并提供输出国家或者地区官方检疫部门出具的动物卫生证书（复印件）和输入国家或者地区官方检疫部门出具的准许动物进境的证明文件；

6. 因科学研究等特殊需要，引进进出境动植物检疫法第 5 条第 1 款所列禁止进境物的，必须提交书面申请，说明其数量、用途、引进方式、进境后的防疫措施、科学研究的立项报告及相关主管部门的批准立项证明文件；

7. 需要提供的其他材料。

五、审核批准

（一）自贸区一般审批流程：企业首次进口时在动植处分业务备案；动植处专人负责受理，初步核实企业资质，并一次告知企业需要补充的材料；动植处分业务初审，核实随附材料；上海局由分管局领导完成终审，特殊审批终审方为国家质检总局。

（二）动植处对申请单位检疫审批申请进行初审的内容包括：

1. 申请单位提交的材料是否齐全，是否符合本细则第4条的规定；

2. 输出和途经国家或者地区有无相关的动植物疫情；

3. 是否符合中国有关动植物检疫法律法规和部门规章的规定；

4. 是否符合中国与输出国家或者地区签订的双边检疫协定（包括检疫协议、议定书、备忘录等）；

5. 进境后需要对生产、加工、存放过程实施检疫监督的动植物及其产品，审查其运输、生产、加工、存放及处理等环节是否符合检疫防疫及监管条件，根据生产、加工企业的能力核定其进境数量；

6. 可以核销的进境动植物及其产品，应当按照有关规定审核其上一次审批的《检疫许可证》的使用、核销情况。

（三）初审合格的，由动植处在3个工作日内签署初审意见，并负责保存所有初审材料；需要时，将相关材料上报国家质检总局审核。

初审不合格的，由动植处出具《检疫许可证申请未获批准通知单》，并注明原因。

（四）同一申请单位对同一品种、同一输出国家或者地区、同一加工、使用单位一次只能办理1份《检疫许可证》。

（五）国家质检总局或上海局认为必要时，可以组织有关专家对申请进境的动植物及其产品进行风险分析，申请单位有义务提供有关资料和样品进行检测。

（六）对于《动植物检疫法》及其实施条例明确规定的菌种、毒种、来自动植物疫情流行国家地区的动植物及其产品、土壤等禁止进境物以及国家质检总局动植司发布相关警示通报和国家质检总局授权审批范围内涉及首次检疫准入的产品，动植处签署初审意见后，上报国家质检总局审核出证。

对于前述以外的其他需要办理进出境检疫许可证的动植物及其产品，动植处自受理审批申请之日起7个工作日内签发《检疫许可证》或者《检疫许可证申请未获批准通知单》。

六、许可单证的管理和使用

（一）《检疫许可证申请表》《检疫许可证》和《检疫许可证申请未获批准通知单》由国家质检总局统一印制和发放。

《检疫许可证》由国家质检总局统一编号。

（二）《检疫许可证》的有效期分别为12个月或者一次有效。

（三）按照规定可以核销的进境动植物及其产品，在许可数量范围内分批进境、多次报检使用《检疫许可证》的，分支机构应当在《检疫许可证》所附检疫物进境核销表中进行核销登记。

（四）有下列情况之一的，申请单位应当重新申请办理《检疫许可证》：

1. 变更进境检疫物的品种或者数量的；

2. 变更输出国家或者地区的；

3. 变更进境口岸、指运地或者运输路线的。

（五）有下列情况之一的，《检疫许可证》失效、废止或者终止使用：

1. 超过有效期的自行失效；

2. 在许可范围内，分批进境、多次报检使用的，许可数量全部核销完毕的自行失效；

3. 国家依法发布禁止有关检疫物进境的公告或者禁令后，已签发的有关《检疫许可证》自动废止；

4. 申请单位违反检疫审批的有关规定，国家质检总局和上海局可以终止已签发的《检疫许可证》的使用。

（六）申请单位取得许可证后，不得买卖或者转让。分支机构在受理报检时，必须审核许可证的申请单位与检验检疫证书上的收货人、贸易合同的签约方是否一致，不一致的不得受理报检。

七、配套后续监管措施

（一）上海局配套建设自贸区进境动植物及产品网上电子检疫许可系统，与国家质检总局联网，国家质检总局可以随时对上海局授权审批情况进行跟踪监督、修改和否决，并可随时动态调整授权。

（二）授权许可从自贸区进境动植物及产品网上电子检疫许可系统正式上线运行始，试行1年。上海局应及时上报授权开展动植物检疫审批的重大情况，每年进行授权开展许可进行总结并报国家质检总局审核评估，国家质检总局可根据跟踪评估的情况对授权许作动态调整。

（三）上海局对办理检疫审批的申请单位实行备案管理，首次办理检疫审批的单位向上海局申请备案，经审核合格后纳入备案管理。

八、附则

（一）本规程由上海局动植处负责解释。

（二）本规程自发布之日起实施。

附录5 中国（上海）自由贸易试验区进境动植物检疫审批产品名录（试行）

审批范围	具体种类	终审机构	备注
动植物病原体、动植物疫情流行国家和地区的动植物及其产品	动物病原微生物、寄生虫及相关病料（包括病原微生物具有感染性的完整或基因修饰的DNA/RNA）； 动植物病原体（包括菌种、毒种等）、害虫以及其他有害生物； 带有人类和动物病原微生物的动物模型； 动植物疫情流行国家和地区的有关动植物、动植物产品和其他检疫物（如：来自动物疫病流行国家/地区的动物及动物产品、动物组织、动物器官、动物血液及其制品，来自《中华人民共和国进境植物检疫禁止进境物名录》中的植物产品）	国家质检总局特许审批	
动物尸体、土壤	动物尸体、土壤	国家质检总局特许审批	
活动物	饲养、野生的各种陆生和水生的活动物及动物遗传物质，主要分为大中动物、小动物、实验动物、禽鸟、水生动物和其他动物； 大中动物主要包括猪、马、牛、羊、骡、驴、骆驼、象、斑马、鹿、狮、虎、狼、豹、狐狸、熊猫、猩猩及其他野生动物等；	上海局审批	涉及首次准入国家质检总局审批

续表

审批范围	具体种类	终审机构	备注
活动物	小动物主要包括犬、猫、兔、貂、猴等；禽鸟主要包括鸡、鸭、鹅、鸽、种蛋及其他鸟类动物等；水生动物主要包括鱼、虾、蟹、贝等；其他动物包括龟、蜂、蚕等；动物遗传物质包括动物精液、胚胎、受精卵等		
过境动物	所有过境的活动物	上海局审批	涉及首次准入国家质检总局审批
非食用性动物产品	动物生皮张、动物原毛、动物骨蹄角及其产品、动物明胶、蚕茧、油脂、血液、含有动物成分的有机肥料		
饲料及饲料添加剂	饲料用活动物；饲料用（含饵料用）冰鲜冷冻动物产品；饲料用（含饵料用）水产品；宠物食品和咬胶；含动物源性成分的添加剂预混合饲料；含动物源性成分的饲料添加剂；加工动物蛋白及油脂：包括肉粉（畜禽）、肉骨粉（畜禽）、鱼粉、鱼油、鱼膏、虾粉、鱿鱼肝粉、鱿鱼粉、乌贼膏、乌贼粉、鱼精粉、干贝精粉、血粉、血浆粉、血球粉、血细胞粉、血清粉、发酵血粉、动物下脚料粉、羽毛粉、水解羽毛粉、水解毛发蛋白粉、皮革蛋白粉、蹄粉、角粉、鸡杂粉、肠膜蛋白粉、明胶、乳清粉、乳粉、蛋粉、干蚕蛹及其粉、骨粉、骨灰、骨炭、骨制磷酸氢钙、虾壳粉、蛋壳粉、骨胶、动物油渣、	上海局审批	涉及首次准入国家质检总局审批

续表

审批范围	具体种类	终审机构	备注
饲料及饲料添加剂	动物脂肪、饲料级混合油、干虫及其粉等； 配合饲料； 饲料粮谷类； 饲料用草籽； 饲草类； 麦麸类； 糠麸饼粕渣类（麦麸除外）	上海局审批	涉及首次准入国家质检总局审批
果蔬类	新鲜水果	上海局审批	涉及首次准入国家质检总局审批
烟草类	烟叶及烟草薄片	上海局审批	涉及首次准入国家质检总局审批
粮谷类	小麦、玉米、稻谷、大麦、黑麦、燕麦、高粱等	上海局审批	涉及首次准入国家质检总局审批
豆类、薯类	大豆、马铃薯、木薯、甘薯等	上海局审批	涉及首次准入国家质检总局审批
植物栽培介质	植物栽培介质	上海局审批	涉及首次准入国家质检总局审批
生物材料	各种实验动物、模式生物，包括： 实验小鼠、大鼠、地鼠、田鼠、豚鼠等； 实验用猪、实验用兔、实验用犬、实验用猴等； 实验动物的胚胎、精液； 斑马鱼、果蝇、非洲爪蟾、拟南芥等； 不带有人类和动物病原微生物的动物模型	上海局审批	涉及首次准入国家质检总局审批

续表

审批范围	具体种类	终审机构	备注
生物材料	来自疯牛病、痒病国家含微量牛、羊血清（蛋白）成分的体外诊断试剂；来自非动物疫病流行国家/地区的动物（不含SPF级别及以上实验动物）器官/组织、血液及其制品、细胞及其分泌物、提取物等，如：动物血液、血浆、器官、组织、细胞裂解液、组织匀浆液、组织切片、组织蜡块、细胞、细胞株及细胞提取物等	上海局审批	涉及首次准入国家质检总局审批

参考文献

一、英文著作

[1] Philip Kotler, Kevin, Lane Keller, Taihong Lu. Marketing Management in China [M]. Pearson Education 1st Edition, 2008.

[2] Rudiger Wolfrum. Peter-Tobias Stoll and Anja Seibert-Fohr. WTO—Technical Barriers and SPS Measures [M]. Leiden; Boston: Martinus Nijhoff Publsihers, 2007.

二、英文报刊

[1] Fisher Ronald, Pablo Serra. Standards and Protection [J]. Journal of International Economics, 2000 (52).

[2] Wilson John S. Technical Barriers to Trade and Standards Challenges and Opportunities for Developing Countries [R]. WTO Trade Committee Meeting, 2000.

[3] Neil Gandal, Oz Shy. Standardization Policy and International Trade [J]. Journal International Economics, 2001 (53).

[4] Otsuki Tsunehiro, John S. Wilson, Mirvat Sewadeh. Saving Two in a Billion: Quantifying the Trade Effect to European Food Safety Standards on African Exports [J]. Food Policy, 2001 (26).

[5] Justin Kastner, Douglas Powell. The SPS Agreement Addressing historical factors in trade dispute resolution [J]. Agriculture and Human Values, 2004.

[6] Everett B. Peterson, David Orden. Effects of Tariffs and Sanitary Barriers on High-and-Low-Value Poultry Trade [J]. Journal of Agricultural and Resource Economics, 2005, 30 (1).

[7] Shannon Michael Allan, Peter Leitner., Attacking Agriculture with Radiological Materials—A Possibility? [J]. World Affairs, 2006, 168 (3).

[8] Edward A. Morse, Sound science and trade barriers: Democracy, autonomy, and the limits of the SPS agreement [J]. Journal of International Trade Law and Policy, 2007.

［9］Graham Mayeda. Developing Disharmony？The SPS and TBT Agreements and the Impact of Harmonization on Developing Countries ［J］. Journal of International Economic Law，2004（4）：737－764.

［10］Norbert L. W. Wilson，Jesús Antón. Combining. Risk Assessment and Economics in Managing a Sanitary—Phytosanitary Risk ［J］. American Journal of Agricultural Economics，2006，88（1）：194－202.

［11］Justin Kastner，Douglas Powell. The SPS Agreement Addressing historical factors in trade dispute resolution ［J］. Agriculture and Human Values，2004，19（4）：283－292.

［12］Sungjoon Cho. United States：Continued Suspension of Obligations in the EC—Hormones Dispute，WT/DS320/AB/R ［J］. The American Journal of International Law，2009，103（2）：299－305.

三、中文著作

［1］葛志荣.《实施卫生与植物卫生措施协定》的理解 ［M］. 北京：中国农业出版社，2001.

［2］肖冰.《实施卫生与植物卫生措施协定》研究 ［M］. 北京：法律出版社，2004.

［3］段辉娜.《实施卫生与植物卫生措施协议》对中国畜产品出口的影响研究 ［M］. 北京：经济科学出版社，2010.

［4］朱榄叶. 世界贸易组织国际贸易纠纷案例评析（2007～2009）［M］. 北京：法律出版社，2010.

［5］龚柏华. WTO 争端解决与中国（第三卷）［M］. 上海：上海人民出版社，2011.

［6］陈志刚等. 中国农产品贸易与 SPS 措施：贸易模式、影响程度及应对策略分析 ［M］. 杭州：浙江大学出版社，2011.

［7］董银果. 中国农产品应对 SPS 措施的策略及遵从成本研究 ［M］. 北京：中国农业出版社，2011.

［8］中华人民共和国国家质量监督检验检疫总局. 中国技术性贸易措施年度报告（2012）［R］. 北京：中国质检出版社，2012.

［9］中华人民共和国国家质量监督检验检疫总局. 中国技术性贸易措施年度报告（2013）［R］. 北京：中国质检出版社，2013.

［10］农业部农产品质量标准研究中心. 农产品技术性贸易措施通报评议与案例研究 ［M］. 北京：中国标准出版社，2008.

［11］黄冠胜. 中国特色进出境动植物检验检疫 ［M］. 北京：中国标准出版社，2013.

［12］姚文国. 国际多边贸易规则与中国动植物检疫 ［M］. 北京：法律出版社，1997.

［13］王传丽，史晓丽，周超等. WTO 农业协定与农产品贸易规则 ［M］. 北京：北京大学出版社，2009.

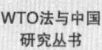

［14］许咏梅. 中国茶叶出口贸易影响因素及其效应研究［M］. 北京：中国农业出版社，2009.

四、中文期刊

［1］黄卫平，程大为. 国际贸易中动植物卫生检疫措施的壁垒含义分析［J］. 中国人民大学学报，2001（3）：54-60.

［2］欧安，李业林. 富贵竹出口与《SPS 协定》的运用对开拓农产品国际市场的启示［J］. 植物检疫，2001，15（6）：369-371.

［3］乐海洋，朱绍智，李冠雄等. 充分利用《SPS 协定》原则扩大我国农产品出口［J］. 植物检疫，2002，16（1）：33-36.

［4］漆彤.《实施卫生与动植物检疫措施协议》及相关争端解决案例评析［J］. 法学评论（双月刊），2003（1）：50-60.

［5］陈立虎. 以科学证据为基础——探析《SPS 协定》的风险评估规则［J］. 国际贸易，2004（5）：34-38.

［6］陈立虎，李晓琼. 从 SPS 看中国动植物检验检疫法的完善［J］. 世界贸易组织动态与研究，2005（5）：35-38.

［7］董银果. 卫生和植物检疫措施影响农产品贸易的理论模型——以猪肉为例［J］. 国际贸易问题，2006（2）：10-2108.

［8］滕颖. SPS 协议对我国农产品贸易带来的机遇与挑战［J］. 商场现代化，2006（8）：11-13.

［9］秦泰，霍学喜，赵金龙. 我国"后过渡期" WTO/SPS 措施与农产品国际贸易研究［J］. 商业研究，2006（21）：203-206.

［10］戚亚梅. 美国的农产品贸易和 SPS 管理［J］. 世界农业，2007（4）：42-44.

［11］师华.《SPS 协定》中"等效"条款的最新解释及我国的对策［J］. 法学，2007（6）：107-113.

［12］王国法，王静. 农产品出口应对 SPS 壁垒的对策研究［J］. 改革与战略，2007，23（11）：71-74.

［13］师华. 疫病非疫区的划分和承认对国际贸易的影响［J］. 法学家，2008（5）：154-160.

［14］董银果. SPS 措施影响贸易的模式——以中国农产品为例［J］. 上海大学学报（社会科学版），2008，15（3）：20-26.

［15］宋海英，陈志钢. SPS 措施影响国际农产品贸易的研究述评［J］. 农业经济问题，2008（6）：38-46.

［16］董银果. 国际贸易中 SPS 典型案例的关键争议点分析——兼对我国的启示. 国际经贸探究，2010，26（8）：52-58.

［17］戚亚梅. SPS 措施频出环境中的中国农产品贸易发展［J］. WTO 经济导刊, 2010 (11): 90 - 92.

［18］董银果, 张洁. 中国农产品 SPS 措施遵从成本的影响因素分析［J］. 农业经济问题, 2011 (10): 28 - 36.

［19］高晓露. 浅析 WTO 框架内的风险预防原则——以《动植物卫生检疫措施协定》第 5、7 条为视角［J］. 法学杂志, 2011 (11): 78 - 81.

［20］杨楠.《SPS 协定》中的"风险评估"问题——"量化风险方法"与"整体风险方法"［J］. 当代法学, 2011 (6): 127 - 133.

［21］PRA 课题研究组. 我国开展有害生物风险性分析 (PRA) 研究概述［J］. 中国进出境动植检, 1997 (2): 14 - 16.

［22］陈洪俊, 范晓虹, 李尉民. 我国有害生物风险性分析 (PRA) 的历史与现状［J］. 植物检疫, 2002, 16 (1): 28 - 32.

［23］张小蒂, 李晓钟. 论技术性贸易壁垒对我国农产品出口的双重影响［J］. 管理世界, 2004.

［24］全毅. 当前国际贸易中技术性贸易壁垒的现状与发展趋势［J］. 国际贸易问题, 2004.

［25］赵丹宇. 中国食品卫生标准与 CAC 标准接轨问题的探讨［J］. 中国食品卫生杂志, 2004 (2).

［26］李春顶. 技术性贸易壁垒对出口国经济效应综合分析［J］. 国际贸易问题, 2005 (7).

［27］师华.《SPS 协定》对非政府机构规制的探究［J］. 河北法学, 2009 (12).

［28］顾国达, 牛晓婧等. 技术壁垒对国际贸易影响的实证分析——以中日茶叶贸易为例［J］. 国际贸易问题, 2007.

［29］刘新. 国内外茶叶标准分析［J］. 农业质量标准, 2007.

［30］杨波. 我国茶叶出口遭遇绿色贸易壁垒的原因及对策［J］. 安徽农业科学, 2007 (7).

［31］苏祝成, 许咏梅. 中国茶叶贸易对国际市场茶叶价格影响的实证分析［J］. 农业经济问题, 2008.

［32］孙龙中, 徐松. 技术性贸易壁垒对我国农产品出口的影响与对策［J］. 国际贸易, 2008.

［33］张小蒂, 李晓钟. 我国茶叶贸易基于标准化生产增进比较利益的分析［J］. 农业经济问题, 2009.

［34］邱海蓉, 冯中朝等. 中国茶叶出口贸易变动趋势及影响因素实证研究［J］. 统计与决策, 2010.

［35］郭亚锋. 技术性贸易壁垒对我国绿茶出口的影响［J］. 贵州农业科学, 2010.

[36] 鲍晓华. 我国技术性贸易壁垒的贸易效应——基于行业数据的经验研究 [J]. 经济管理, 2010.

[37] 高维新. 直面贸易摩擦：我国贸易壁垒预警机制的构建与完善 [J]. 商业研究, 2010.

[38] 李玲娣. 我国茶叶出口面临的主要贸易壁垒及应对措施 [J]. 中国对外经济, 2010年（20）.

[39] 刘思文. 浅析《SPS协定》中的风险评估 [J]. 合作经济与科技, 2011 (3).

[40] 孙新涛, 林乃铨, 周先治.《SPS协定》下的欧盟茶叶农药残留新标准解读 [J]. 中国农学通报, 2011 (8).

[41] 师华. 论WTO《SPS协定》"适用地区"条款及我国的对策 [J]. 暨南学报（哲学社会科学版）, 2012.

[42] 张丽艳, 来文平. 英国茶叶市场格局变化及其对中国的启示 [J]. 世界农业, 2012.

[43] 魏格坤, 覃雄彪. 全球视角下技术性贸易壁垒周期性及贸易效应——兼论我国技术性贸易壁垒体系的缺失 [J]. 国际商务研究, 2012 (7).

[44] 陈宗懋. 欧盟近期关于茶口中农药残留和其他污染物的信息 [J]. 中国茶叶, 2012 (10).

[45] 陈玉成. 技术性贸易壁垒对我国茶叶出口的影响及对策——基于日本"肯定列表制度"[J]. 中国商贸, 2012 (10).

[46] 杨建平.《SPS协定》内容解析及相关问题探讨 [J]. 中国家禽, 2012年, 34 (2).

[47] 周海川, 刘合光, 杨秀平. 我国茶叶出口存在的问题与对策 [J]. 农业展望, 2012 (9).

[48] 师华, 王小婷. SPS领域私人标准规制问题研究 [R]//WTO的多边贸易机制：挑战与改革. WTO法与中国论坛暨中国法学会世界贸易组织法研究会年会论文.

五、法规类

[1] 对外贸易经济合作部国际经贸关系司译. 世界贸易组织乌拉圭回合多边贸易谈判结果法律文本 [R]. 北京：法律出版社, 2000.

[2] 国家质量监督检验检疫总局编译. 特别贸易关注：WTO成员间食品安全和动植物卫生措施纠纷汇编 [G]. 北京：法律出版社, 2009.

[3] 国家质量监督检验检疫总局编译. WTO卫生与植物卫生措施委员会区域化文件汇编 [G]. 北京：法律出版社, 2006.

[4] 国家质量监督检验检疫总局法规司著. 中华人民共和国质量监督检验检疫规范性文件汇编（进出口食品监管分册）[G]. 北京：中国标准出版社, 2012.

六、网站类

[1] 世界贸易组织官方网站，www.wto.org.
[2] 联合国粮食及农业组织，www.fao.org.
[3] 食品法典委员会，www.codexalimentarius.org.
[4] 上海 WTO 事务咨询中心，www.sccwto.net.
[5] 深圳市世贸组织事务中心，www.szwto.gov.cn.
[6] WTO/FTA 咨询网，chinawto.mofcom.gov.cn.
[7] 中国政府世界贸易组织通报资讯局，sms.mofcom.gov.cn.
[8] 中华人民共和国商务部，www.mofcom.gov.cn.
[9] 国家质量监督检验检疫总局，www.aqsiq.gov.cn.
[10] 中华人民共和国农业部，www.moa.gov.cn.
[11] 中国技术性贸易措施网，www.tbt-sps.gov.cn.
[12] 同济大学图书馆，www.lib.tongji.edu.cn.